郭

乌 尼 日

著

道

呼伦贝尔之子
郭道甫
家世生平、革命实践与著作研究

甫

中国社会科学出版社

图书在版编目(CIP)数据

呼伦贝尔之子郭道甫：家世生平、革命实践与著作研究／乌尼日著 . —北京：
中国社会科学出版社，2017.5
ISBN 978 - 7 - 5161 - 7814 - 0

Ⅰ . ①呼… Ⅱ . ①乌… Ⅲ . ①郭道甫(1893~1936)—人物研究
Ⅳ . ①K825.46 - 53

中国版本图书馆 CIP 数据核字(2016)第 052150 号

出　版　人	赵剑英
责任编辑	喻　苗
责任校对	胡新芳
责任印制	王　超

出　　　版	中国社会科学出版社
社　　　址	北京鼓楼西大街甲 158 号
邮　　　编	100720
网　　　址	http://www.csspw.cn
发 行 部	010 - 84083685
门 市 部	010 - 84029450
经　　　销	新华书店及其他书店

印刷装订	北京君升印刷有限公司
版　　　次	2017 年 5 月第 1 版
印　　　次	2017 年 5 月第 1 次印刷

开　　　本	710×1000　1/16
印　　　张	14.75
插　　　页	2
字　　　数	241 千字
定　　　价	59.00 元

凡购买中国社会科学出版社图书,如有质量问题请与本社营销中心联系调换
电话:010 - 84083683

本书由作者父母资助出版

目　　录

自　序

呼伦贝尔之子郭道甫，1931 年 12 月 11 日离开祖国之前撰写的最后一部著作为《呼伦贝尔问题》，他以一片赤子之情，讴歌了家乡的历史及未来。他的祖上奎苏是最早被清政府派驻呼伦贝尔的武官，可以说是清王朝守护祖国北部边疆的拓荒者。郭道甫姓郭博勒氏，是达斡尔民族中较大的姓氏之一，这一氏族在我国历史上为保卫祖国边陲呼伦贝尔做出了鲜为人知的贡献。内蒙古自治区呼伦贝尔市鄂温克旗莫和尔图嘎查（村）巴彦嵯岗有一个陈列馆，面积有 200—300 平方米，陈列馆中央有一尊雕像，他就是被尊为"达斡尔族政治家、教育家"① 的郭道甫先生。

2014 年是郭道甫先生诞辰 120 周年，他属马，恰逢 2014 年又是甲午马年，马对于马背民族来说是赖以生存的草原之舟，达斡尔族人对马有着特殊的情怀，骁勇善战是达斡尔人的特点，"达斡尔人尚武强悍，骁勇善战，勇猛精进，舞剑拉弓，骑马狩猎个个不在话下。当年，乾隆大帝万里调兵，镇守西部'卡伦'，实在是看中了他们这一点。"② 达斡尔人称得上是真正的马背民族，成为清政府时期守护祖国边陲的一支劲旅，"男丁都有终身当兵，终身服从的义务。这是呼伦贝尔的人民，所以强盛的原因，也是呼伦贝尔的人民，以尚武著名的最大来源罢。"③ 新疆塔城至今还有 200 多年前从黑龙江嫩江水畔去伊犁霍尔果斯成边的达斡尔族后裔，他们是历史的见证者。我国赞美马的成语之多尽人皆知，可见马在古代特

---

① 金海、郝维民：《达斡尔族政治家、教育家郭道甫》，《达斡尔族研究》第八辑，内蒙古大学出版社 2005 年版。

② 《深居塔城的达斡尔族》，新疆哲学社会科学网，http://www.xjass.com，2012 年 9 月 3 日。

③ 郭道甫：《呼伦贝尔问题》，奥登挂编《郭道甫文选》，内蒙古文化出版社 2009 年版。

别是对北方少数民族来说具有特殊的意义。万马奔腾成为内蒙古的象征，龙马精神寓意着奋进，郭道甫先生的一生恰似他的属相"马"不停蹄勇往直前。

　　1894—2014 年的 120 年是我国历经苦难同时也是翻天覆地的百余年，无数仁人志士以满腔的热血、拼搏的革命精神改变了中国万马齐喑的局面，1949 年 10 月 1 日中华民族屹立于世界的东方，以独立的姿态站立起来。特别是以 1978 年改革开放为标志，步入快速发展的航道。我国在中国共产党的正确领导下沿着中国特色社会主义道路昂首阔步独立自主，向着"中国梦"稳健地前行。与之相比，生活在 120 年前的中国人民却没有 21 世纪的中国人这么幸运了，社会制度的落后带来了落后的社会，落后的社会又给人民带来了无尽的灾难。今天我国的国际地位与 120 年前不可同日而语。因此，研究郭道甫家世生平、革命实践与著作就离不开他生活的那个时代。郭道甫生于 1894 年，正值中日甲午战争，当时的中国处于亡国灭种的边缘，中国人民生活在水深火热之中。1904 年，即郭道甫 10 岁那年在我国东北爆发了日俄战争，1914 年，当他 20 岁时又在世界范围内爆发了第一次世界大战，郭道甫的童年和青少年是在我国与世界处于战乱中度过的，他的理想与抱负就不能不打上了那个时代的印记。郭道甫的出生地呼伦贝尔，在 20 世纪有着特殊的地理位置及特殊的战略地位，从周边国家看，先是受到沙皇俄国的威胁与吞噬，尔后又受到日本军国主义的践踏和蹂躏。处于封建王公贵族的统治下的呼伦贝尔，牧民的生活极其贫困，教育状况十分落后，人才极度匮乏。考察郭道甫的一生，他以振兴民族教育为己任，面对封建顽固势力的严重阻挠，教育救国理想难以实现时，转而走向了职业革命家的道路，逐步认识到是社会制度的腐败严重阻碍着民族教育的发展。1924—1925 年国共合作时期，在孙中山联俄、联共、扶助农工的新三民主义的鼓舞下，郭道甫参与组建内蒙古人民革命党，在共产国际的指导下，将反对王公贵族的斗争从我国东北部扩展到西北部，给封建王公贵族势力以重创。郭道甫革命实践活动主要集中在 20 世纪 20—30 年代，那时我国正处于封建军阀割据的混乱年代，郭道甫"作为一位杰出的民族民主革命家，对蒙古民族问题及民族解放的认识，对中国及中国革命的认识，对世界及世界革命的认识，在短暂的革命生涯中，经历了由浅入深，由感性认识到理性升华的过程，甚至窥察或预见到正在萌生或可能发生的问题。"① 目前编入《郭道甫文选》的六部著作中有五部著作都是阐述蒙古问题的，可能读者会问，郭道甫为什么如此钟情于蒙古问题？当年他说的蒙古问题与今天的内蒙古和蒙古国有着怎样的关系？这正是本书所要研究与揭示的。1923 年 4 月（民国十二年四月）梁启超为郭道甫所著《黄祸之复活》（即《蒙古问题》）作了叙，叙中称："郭君道甫蒙古之振奇士也。当蒙古人醑睡初觉意态横寓之际，既乘流以扬掖之，复思患而预防之，炯炯然目营四海，为族人树百年大计。"② 梁启超先生的这一评价是对蒙古民族的高度关注和对郭道甫振兴蒙古教育事业的充分肯定。1924 年当郭道甫巡访全国演讲蒙古教育问题时，引起了全国知识界的关注与重视。1924—1925 年，郭道甫曾两次出席中华教育改进社年会即第三届和第四届年会。1924 年出席第三届年会时演讲蒙古教育问题，得到了与会者的注目。会后郭道甫随即南下广州拜见了孙中山先生。③ 这一历史片段史料挖掘不够。1925 年出席第四届中华教育改进会年会时又与陶行知先生有过一段特殊的交往，陶行知先生为郭道甫著《蒙古教育之方针及其办法》写了按语。④ 刊登在 1926 年 1 月 15 日《新教育评论》第 1 卷第 7 期上，因陶行知先生的介绍，郭道甫在我国教育界的知名度进一步提升，也使少数民族地区的教育问题纳入国民教育体系之中。

郭道甫的一生充满了传奇，6 岁失去母亲；14 岁在家乡提出治乡治家的十条约章，在莫昆（氏族）集会上宣读，成为当地青年人的楷模；24 岁在父亲的支持下自筹经费并用自家的房屋创办学校，将改变家乡教育落后面貌的誓言化作行动；26 岁创制达斡尔文字，已在本民族中使用；29 岁任北京蒙藏学校教员和学监，同时任北京政府外交部部长王正廷的秘书，中俄交涉公署咨议处翻译；30—32 岁两次出席中华教育改进社全国代表大会年会；31 岁为内蒙古人民革命党中央执行委员兼秘书长，起草党纲和宣言，党歌歌词，担任冯玉祥的秘书；33 岁担任蒙古人民共和国

---

① 郝维民：《郭道甫与蒙古民族问题（代序）》，《郭道甫文选》，内蒙古文化出版社 2009 年版，第 11 页。

② 奥登挂编：《郭道甫文选》，内蒙古文化出版社 2009 年版，第 11 页。

③ 孟松林、石映照：《达斡尔密码》，新世界出版社 2010 年版。

④ 华中师范学院教育科学研究所主编：《陶行知全集》第一卷，湖南教育出版社 1984 年版，第 602—603 页。

全国职工总工会主席，同年出席在莫斯科召开的世界工联会议，当选为委员；34 岁发动呼伦贝尔暴动，失利后经时任辽宁省省长的翟文选劝说接受张学良的调停，在沈阳任东北长官公署咨议，任张学良的秘书，成立蒙古文化促进会，创办东北蒙旗师范学校；37 岁失踪满洲里；40 岁后人生结局更为扑朔迷离，直到 20 世纪 90 年代获得苏联平反书才得知当年是被苏联国家政治保安局诱捕的，从此离开祖国；40 岁时在苏联劳动改造营，而 40 岁之后在苏联劳动改造营生活了多久？什么时候逝世的？至今仍是个谜。郭道甫的 14—37 岁是其人生中最辉煌的时期，也是政治生涯的鼎盛时期，郭道甫曾担任过的职务有呼伦贝尔私立小学校长、蒙旗中学校长、北平蒙藏学校学监、中俄交涉公署咨议、西北边防督办公署秘书即冯玉祥的秘书、内蒙古人民革命党中央常委、秘书长、东北蒙旗师范学校校长、张学良的秘书，国民党党部秘书等。一个从偏远的北国边陲呼伦贝尔鄂温克旗来到中国政治、经济、文化的中心——北平，又到蒙古（当时叫库伦）、苏联（莫斯科），回国后又到南京、广州、张家口、太原、包头、内蒙古西部阿拉善……他与我国近代许多著名人物有过密切的交往，他好像天生是做秘书的料，做过王正廷、冯玉祥、张学良的秘书，做过内蒙古人民革命党的秘书长，足迹遍及我国的大江南北，他是民国时期地方代表人物走向全国乃至国际的历史人物，与蒙古和苏联的特殊历史阶段的历史事件息息相关，蒙古、苏联都留下了他的身影和足迹直至生命最后阶段。他对自己的家乡呼伦贝尔怀有特殊的情怀，把创办民族教育视为使命，郭道甫在父亲荣禄的支持下慷慨出资为家乡创办小学、中学，由私立变为公立，1929 年做张学良秘书期间创办东北蒙旗师范学校，聘请梁启超的弟弟梁启雄为教师；他与我国近代教育家交往甚密，他为内蒙古民族培养了大批的优秀人才，其中杰出代表哈丰阿（又名腾续文）。[1] 哈丰阿是东北蒙旗师范学校后期师范文科班的学生。1947 年 5 月内蒙古自治区成立，哈丰阿历任内蒙古自治区人民政府副主席、中共内蒙古自治区委员会委员、代理宣传部部长兼教育部部长、文教委员会主任、文教办公室主任、语言工作委员会主任等职，1965 年 1 月当选为政协第四届全国委员会常务委员。他就是郭道甫在东北蒙旗师范学校的得意门生，有"小郭道

---

① 任钦莫德格：《沈阳东北蒙旗师范学校》，《内蒙古文史资料》第二十三辑，内蒙古人民出版社 1979 年版。

甫"之称的哈丰阿。① 教育家最大的欣慰是为国家培养栋梁之材，这点郭道甫做到了。1964 年 2 月，郭道甫夫人郭翠介逝世，② 作为内蒙古自治区政府副主席的哈丰阿来家中探望家属。郭道甫不仅重视教育事业，从少年时期就是一个善于独立思考的人，在从事革命实践的同时著书立说，目前收入《郭道甫文选》的六部著作，③ 可以说集中体现了他的思想及主张，对蒙古问题与呼伦贝尔问题见解独到而深邃，这正是本书研究的意义所在。

飞逝的时光像一根鞭子不断鞭策着我，而催促的声音又像一支小鼓敲打在我的耳畔：快动笔啊！不安的内心也时时向自己发问：2014 甲午年你用什么方式纪念这位跟 20 世纪 20—30 年代与中国近现代历史事件相关人物；与苏联和蒙古历史事件、人物都有着密切关联的内蒙古民族民主革命者——郭道甫先生，2013 年成为本书写作的启动之年，力争在 2014 年郭道甫诞辰 120 周年之时完成著作的写作任务。

乌尼日

2013 年 1 月 26 日

于广西大学坚韧书屋

---

① 包树海：《哈丰阿》，《哲里木报》（史话版）1996 年 9 月 27 日。

② 郭道甫之子阿日亚口述。

③ 奥登挂编：《郭道甫文选》，内蒙古文化出版社 2009 年版，这六部著作即《为蒙古代祷文》、《蒙古问题》、《新蒙古》、《蒙古问题讲演录》、《蒙疆国防问题意见书》、《呼伦贝尔问题》。

第一章　郭道甫研究概况

郭道甫作为 20 世纪 20—30 年代在内蒙古产生过重要影响的历史人物，引起了国内外诸多专家学者的关注与研究。1974 年至今研究规模逐步扩大，参与学者越来越多，研究成果从数量到质量逐年提升。

一　国内研究概况

从目前的研究成果看，国内对他的研究始于 1974 年，[①] 至今恰逢 40年。纳古单夫撰写的《郭道甫略传》开启了郭道甫研究的先河。十年后，1984 年 8 月 5 日珍贵的回忆文章《郭道甫生平二三事》以油印本的形式出现，作者为阿·恩克巴图老人，他把郭道甫研究向前推进了一步。1989年台湾学者哈勘楚伦撰写的《蒙古近代史上的青年教育家——默尔则》一文传到大陆，使郭道甫的研究价值得到进一步的提升。以 1994 年为标志开启了全面研究郭道甫的新阶段，内蒙古自治区达斡尔学会以郭道甫先生 100 周年诞辰为契机，使郭道甫研究由个别学者的研究进入全面研究质的飞跃。改革开放的历史机遇使"冷藏"了半个多世纪的少数民族历史人物郭道甫先生终于可以纪念、回顾、研究了。因我国对民国时期的历史人物逐步采取了比较客观公正的学术范围，十年后的 2004 年郭道甫诞辰110 周年学术研讨会在研究的广度和深度上都比 100 周年学术研讨会更进了一步。2008 年第一篇研究郭道甫的硕士论文产生，2009 年 8 月奥登挂编《郭道甫文选》由内蒙古文化出版社出版，2009 年研究郭道甫的学术论文入选在日本举行的国际学术研讨会。2014 年郭道甫诞辰 120 周年纪

[①] 奥登挂编：《郭道甫文选》，内蒙古文化出版社 2009 年版，"后记"第 3 页。

念活动在北京和内蒙古两地举行，下面就郭道甫国内研究现状做一概述。

（一）郭道甫研究的起步

目前，从笔者了解和查阅的文献看，郭道甫研究已经走过了 41 年的风雨历程，起步于 1974 年。

1. 首篇郭道甫传记的问世

1974 年，内蒙古社会科学院历史所学者纳古单夫撰写的《郭道甫略传》开启了郭道甫研究的先河。这篇略传后发表在《蒙古史文稿》第一辑上，这是开拓性的研究起步。这不仅仅是因为纳古单夫研究的起步早，重要的是在当时特殊的政治背景下，敢于研究郭道甫的学者凤毛麟角，真有谈郭道甫"变色"的味道，那是需要政治勇气的，1974 年"文化大革命"还没有结束，纳古单夫表现出了学者求真的风范和科学的研究态度与历史的使命感，在"文化大革命"的政治背景下真可谓是难能可贵。因为"文化大革命"前郭道甫就被定性为"民族分裂主义分子""内蒙古人民革命党的党魁"，经历过"文化大革命"的人都知道，内蒙古人民革命党的历史一直延伸到"文化大革命"时期，挖"新内人党"在"文化大革命"时期成为轰动全国的一大事件，这个党的党魁就是郭道甫，关于"新内人党"的问题将在后面的章节中专门阐述。1974 年《郭道甫略传》的问世，[①] 给熟悉郭道甫的学生及家人以振奋，它带给人们的第一个信号就是郭道甫不再是被"冷藏"的历史人物了，是可以提及也应该让大家知道的曾在呼伦贝尔、内蒙古乃至全国有影响的历史人物。

纳古单夫作为一个有社会责任感的史学工作者，需要对他的基本情况做一简要的介绍。纳古单夫（1939— ），汉名郭冠连，曾用名为喀喇沁夫、赛夫。1939 年 2 月 5 日出生，内蒙古喀喇沁中旗（今赤峰市宁城县大城子镇）人，蒙古族，曾任内蒙古社会科学院图书馆副馆长、副研究员。1957—1967 年，就读于内蒙古大学历史系，毕业后进入内蒙古历史研究所（今内蒙古社会科学院历史研究所），从事蒙古史研究工作。曾任近代史研究室副主任、地方史研究室主任等职。1990 年 11 月调任该院图书馆副馆长，曾兼任内蒙古地方志总编委员会委员。他侧重于内蒙古近代史、地方史和蒙古家谱学的研究，主要论著有：《论蒙古民族在祖国历史

---

① 奥登挂编：《郭道甫文选》，内蒙古文化出版社 2009 年版，"后记"第 3 页。

上的贡献》，辑入《中国民族关系史论文集》，民族出版社 1982 年版；
《关于〈尹湛纳希家谱〉》（《内蒙古社会科学》1985 年第 5 期）；《特睦格
图传》（蒙文），内蒙古科技出版社 1989 年版；《罗密·蒙古博尔济吉忒
氏族谱》（蒙文，校注），内蒙古人民出版社 1989 年版；《蒙古诈马宴之
新释——对韩儒林师"诈马"研究之补正》（《内蒙古社会科学》1989 年
第 4 期）①。郭冠连（纳古单夫）也曾被人们误认为是郭道甫的儿子。

纳古单夫撰写的《郭道甫略传》以年谱的形式将郭道甫的一生做了
叙述，虽说是略传，可在当年的研究阶段显得很厚重，因为郭道甫离开祖
国年代已久远且国内对郭道甫研究有种回避的态度，20 世纪 70 年代有这
样一篇《郭道甫略传》，被看作难得的处女作。就是放在今天其研究价值
也不可忽视。

2. 珍贵的回忆文献

郭道甫生平的回忆文章中，最有价值的是阿·恩克巴图、额尔很巴雅
尔所撰写的《我们所知道的郭道甫》一文，最初是油印稿，写于 1984 年
8 月 5 日，原稿名称《郭道甫生平二三事》，1985 年 1 月 5 日《我们所知
道的郭道甫》刊登在《呼伦贝尔史志资料》第一辑上，是至今看到的关
于研究郭道甫生平的较早文章之一，其实随后看到的研究郭道甫生平的文
章，多数引自他们所写的文章，因为他们曾是郭道甫的学生，只有他们与
郭道甫有过近距离的接触，是历史的见证者，熟知郭道甫的相关活动，属
于亲历者中能撰写郭道甫生平回忆文章屈指可数的学者，可惜的是额尔很
巴雅尔老人于 1997 年逝世，阿·恩克巴图老人也于 2002 年逝世。除郭道
甫子女之外，与郭道甫有关联的历史人物都已故去，郭道甫的子女虽多数
健在，小时候与郭道甫相处的时间极其有限，郭道甫身为职业革命家，与
家人相聚的时间与革命活动相比少之又少，因此，子女及家人多数是根据
长者口述中了解有关郭道甫先生的故事的片段。下面介绍两位作者的
简历。

阿·恩克巴图（1910—2002），1910 年 6 月 26 日出生于海拉尔城以
南 9 公里的南屯敖拉氏家族。1918 年在郭道甫办的海拉尔私立小学读书，
1929 年 7 月又就读于郭道甫任校长的东北蒙旗师范学校。1931 年 7 月回
到家乡南屯，任国民优级试验小学校长，得到郭道甫父亲荣禄的资助建立

---

① 百度百科：纳古单夫。

了校舍，1937 年在校学生达 200 余人，有 6 个年级，1938 年被指定为兴安北省的试验中心学校。1945 年任兴安北省第一国立校长，索伦旗政府秘书和俄文翻译。1946 年创办呼伦贝尔蒙旗中学即海拉尔一中，出任校长。1946 年任索伦旗旗长。1952—1962 年在内蒙古公安干校、内蒙古语言文字改革委员会工作。1962 年在鄂温克旗教育局工作，1964 年任巴彦塔拉乡小学任校长，1965 年在回旗第二小学工作。十年"文化大革命"受到迫害，1979 年得到平反。他离休后致力于呼伦贝尔历史事件和历史人物的回忆，撰写回忆文章 60 多万字。① 他曾被选为盟、旗两级政协委员。享年 92 岁。

额尔很巴雅尔（1911—1997），1911 年 10 月 1 日出生于海拉尔南屯，先后就读于海拉尔蒙旗小学、中学。1931 年 7 月毕业于沈阳东北蒙旗师范学校。曾在呼伦贝尔盟副都统公署、伪兴安北省公署任雇员、翻译、行政科长、文教科长、财政科长等职。东北解放后曾任呼伦贝尔地方自治政府总科长、经济科长。1954 年 10 月，他调入内蒙古人民出版社任编辑，参与编写审定了《汉蒙辞典》《蒙文入门》《蒙汉辞典》《种子植物名称》《汉蒙对照分类辞典》《数理化辞典》《达斡尔语与蒙古语比较》《蒙语词根词典》等 30 多部较有影响的辞书、著作；翻译出版了《联共（布）党史简明教程名词解释》《达斡尔族民间故事选》；协助出版了《达斡尔语读本》等著作。1986 年离休，1997 年 4 月 30 日辞世，享年 86 岁。②

（二）郭道甫研究小组

1987 年，内蒙古达斡尔学会成立了郭道甫研究小组（以下简称研究小组），研究小组的成立标志着达斡尔学会在历史与人物专题研究中将郭道甫研究纳入了比较突出的位置，对推进郭道甫研究起到了重要作用。内蒙古达斡尔学会 1980 年 4 月 26 日成立于内蒙古自治区首府呼和浩特市，是致力于达斡尔族历史与文化、历史与人物、达斡尔族族源、达斡尔族宗教信仰、达斡尔族风俗习惯等专题研究的学术团体。由学会理事长蒙和任组长，副理事长奥登挂任副组长，研究小组开启了郭道甫研究的重要时期。研究小组 1994 年 5 月 27 日召开会议研究决定筹备郭道甫诞辰 100 周

---

① 额尔很巴雅尔女儿吉木苏荣提供。
② 同上。

年学术研讨会。1994 年 6 月代理事长恩和巴图和副理事长奥登挂专程前往内蒙古海拉尔、鄂温克族自治旗南屯和莫和尔图、黑龙江的齐齐哈尔、加格达旗为郭道甫诞辰 100 周年学术研讨会筹措资金和组织发动研究论文的撰写工作。1994 年，郭道甫诞辰 100 周年学术研讨会，成为内蒙古达斡尔学会的重要活动。

恩和巴图：民族语言学家，又名莫尔丁恩和巴图，达斡尔族，1936 年出生于黑龙江省讷河县二克浅村，原籍内蒙古呼伦贝尔盟莫力达瓦达斡尔族自治旗阿尔拉人。内蒙古大学蒙古学学院蒙古语文研究所满洲通古斯语研究组负责人、教授、研究生导师，有突出贡献的政府特殊津贴享有者。1962 年 8 月毕业于内蒙古大学中文系蒙古语言文学专业。自 1985 年开始调到该系蒙古语言教研室边学习边从事蒙古语言的教学工作，任助教。1970 年 5 月至 1976 年 9 月，调甘肃师范大学（现西北师范大学）外语系任教，从事蒙古语言的教学、科研工作。1976 年 9 月至 1979 年 5 月，调西北民族学院少数民族语言文学系任教。1979 年 5 月至今，在内蒙古大学蒙古语文研究所从事科研工作。20 世纪 80 年代初参与发起建立内蒙古达斡尔学会，曾任内蒙古达斡尔历史语言文学学会秘书长、副理事长，1994 年后任理事长。内蒙古社会科学联合会第三届委员、内蒙古大学蒙古语文研究院学术委员、学位委员会委员，内蒙古语言学会常务理事。1985 年他被内蒙古教育厅授予"光荣人民教师"称号。

（三）　台湾学者的研究

台湾"国立"政治大学社会学系教授哈勘楚伦[①]撰写的《蒙古近代史上的青年教育家——默尔则》一文，他是较早研究郭道甫的台湾学者。这篇文章写于 1989 年 6 月，哈勘楚伦先生在文章中写道："杨家骆先生，民国二十六年出版的《名人图鉴?》的结语里说：'对于中国、蒙古、俄国情形，都很熟悉的郭道甫，且能操蒙、满、汉及俄四种语文，是为蒙古的族杰出人才。著有"呼伦贝尔问题"为名的书，由上海大东书局出版'，惭愧的是笔者五十一年后的今天才知道他的作品名称，在此以前未闻也亦未见其作品。人之眈眈也如斯，而我之昏昏如故，若不再惊醒……"在百度网上，通过台湾政治大学的博士、硕士论文目录获悉，

---

① 台湾"国立"政治大学社会学系教授。

1997 年哈勘楚伦教授作为指导教师还在指导研究生的论文。但 1997 年之后的情况就不知道了。

台湾政治大学（英语：National Chengchi University，NCCU），简称政治大学、政大，是一所位于台北市的大学，前身为 1927 年中国国民党在南京成立的中央党务学校，是培养政府机关公务员的摇篮。1954 年在台复校后，逐渐发展为招收普通大学生及以"人文与社会科学"为主要教研领域的国立大学。① 哈勘楚伦为政治大学社会学系的教授。

因哈勘楚伦先生的文章把郭道甫的原名默尔色音译为默尔则，读者会疑问此文写的是郭道甫吗？根据是什么？这就需要加以说明，从哈勘楚伦的原文二、默尔则先生的家世与学历中就可以得到印证，"默尔则先生姓郭博勒（Gobul）故依其蒙古氏族姓的第一音而取汉姓为［郭］，又取了汉名为［浚黄］，后来不知何因改名为［道甫］，而以郭道甫闻名于近代史。"② 为何改为"道甫"，郭道甫女儿奥登挂在文章中写道："关于先父的字'道甫'这是由他青年时代结拜金兰的两位学者所赠。小时候我见过他们三人的合影的照片。据家母讲，为了表示不一般的情意，他们三人的字尾都取了'甫'……"③ 另外两位学者，奥登挂也做了考证认为是清末方志学家黄维翰和"为《黑水先民传》写后序的何煜南，是黄维翰的好友，他的字为孙甫"，"黄维翰，字申甫，何煜南，字孙甫，郭浚黄，字道甫，我觉得这不是偶然地巧合。黄维翰和先父一直保持学术上的联系。当年达斡尔学者郭克兴编撰的《黑水郭氏家乘》问世时，他们共同参加过审核工作"④，这样就解决了文章中默尔则是否为郭道甫和"道甫"的来历。

哈勘楚伦的文章分为：一、前言；二、默尔则先生的家世与学历；三、默尔则先生献身教育奋斗的始末；四、结语。他在文章中称默尔则（郭道甫）为"自清朝末年到民国十几年，这一段时期，内蒙古出现了三位了不起的教育家"之一。他们是贡桑诺而布、帕勒塔、默尔则三位教

---

① 百度百科：台湾"国立"政治大学。

② 哈勘楚伦：《蒙古近代史上的青年教育家——默尔则》，《社会学报》第二十四期油印本，1989 年。

③ 奥登挂：《关于郭道甫几种称呼的补正和关于他的结局》，内蒙古自治区达斡尔学会编《达斡尔族研究》第五辑，1996 年（内部资料）。

④ 同上。

育家。"唯以全体内蒙子女教育为着眼点，终身奋斗者则非默尔则先生莫属。他为平民子弟争取教育权，本着幼吾幼以及人之幼的信念，以启发本族子女教育为其意志。"

我们对哈勘楚伦先生上面提到的杨家骆先生做一介绍。杨家骆（1912—1991），江苏南京人。幼从舅父张夔卿习经史，治目录学。16 岁毕业于东南大学附中高中部，后入国学专修馆肄业。少年时代即随祖父杨星桥编纂《国史通纂》，1926 年祖父去世后，由他主持《国史通纂》的汇编。1928 年进教育部图书馆工作，开始系统地研究目录学，颇有造诣。1930 年春，正式从事出版工作，并创办中国辞典馆和中国学术百科全书编辑馆任馆长。因南京馆舍及资料不足，又在上海、北平设立中国辞典馆分馆。抗日战争期间迁移重庆北碚继续编辑工作。1940 年把中国辞典馆和中国百科全书编辑馆已经出版的 25 种著作和 48 种定稿本以及有目录学的 57 种稿本先改编为《世界学典》史文版各分册。我们从哈勘楚伦的论文中了解到杨家骆在 1937 年出版《名人图鉴》中就收录了郭道甫。

（四）郭道甫诞辰 100 周年学术研讨会

1994 年为郭道甫诞辰 100 周年，一转眼 20 年过去了，2014 年是郭道甫诞辰 120 周年，就让我们回首 100 周年时的会议概况，因是首次召开，以下谨对会议的情况做较详细的介绍。

1994 年 12 月 15—17 日，内蒙古自治区达斡尔学会主办的郭道甫诞辰 100 周年学术研讨会在内蒙古自治区蒙古语文八省区协作办公楼会议室举行。研讨会由达斡尔学会代理事长内蒙古大学教授恩和巴图主持，达斡尔学会副理事长，原中共内蒙古自治区统战部副部长绰罗巴根致开幕词。参加本次研讨会的专家学者有 60 余人，他们来自内蒙古、北京、河北、黑龙江、新疆等地。"开幕式上宣读了黑龙江省达斡尔族学会理事长、齐齐哈尔市政协副主席卜林同志的贺信和各地为祝贺研讨会的召开而打来的电报、电话及来信。发来贺电的有新疆达斡尔族同胞、呼伦贝尔盟达斡尔学会、锡林郭勒盟郭来迪同志；打来电话的有南京市副市长沃丁柱同志、黑龙江省达斡尔族学会副理事长、大兴安岭地区侨办主任郭忠林、内蒙古达斡尔学会常务理事、呼伦贝尔盟政法委书记莫德尔图等；内蒙古达斡尔族学会顾问、原锡林郭勒盟政协副主席阿木古郎同志因病不能前来，特写信祝贺。"①　与会学者都从不同的角度，纪念、缅怀、研讨郭道甫的生平、思想、革命斗争、创办教育事业等。

1.　开幕词

时任中共内蒙古自治区统战部副部长绰罗巴根致开幕词：

　　郭道甫诞辰一百周年学术研讨会，经过内蒙古达斡尔学会专门领导小组几年的努力工作，特别是近一年来的积极筹备，现已工作就绪，今天在这里隆重开幕了。我代表内蒙古达斡尔学会，向光临指导这次研讨会的各位领导，表示热烈的欢迎！向与会的各位学者，特别是对区外来的同志们，表示亲切的问候！向给予这次研讨会支持和帮助的单位和同志，表示衷心的感谢！

　　郭道甫（又名墨尔色）出生于 1894 年，是海拉尔地区达斡尔族郭博勒哈拉人。他是我区的一位杰出的政治家、思想家和教育家，是我区早期民族民主革命的先驱者之一。郭道甫先生在他的历史生涯中，积极传播革命思想，组织革命政党和开展民族民主解放运动，满腔热情创办学校，尽心竭力培养民族人才，并撰写了许多著作，在内蒙古民族民主革命中产生了积极影响。他为内蒙古各族人民的解放事业，贡献了青春热血和聪明才智。郭道甫先生不仅是达斡尔族的著名历史人物，也是内蒙古历史上有重要影响的人物。

　　多年来，特别是党的十一届三中全会以后，学者们对于郭道甫及相关历史的研究，取得了一定的进展。对于郭道甫的历史活动，作出了基本评价。国家民委民族问题五种丛书中的《蒙古族简史》（1985年出版）指出："中国共产党与共产国际相配合在蒙古族中领导组建了内蒙古人民革命党"，"郭道甫等也参加倡导组建"，并"任秘书长"。认为"内蒙古人民革命党是共产国际和中国共产党领导组建并坚持反帝反封建革命纲领、代表蒙古族劳动人民利益的革命政党"，还指出：1928 年"秋天，郭道甫和福明泰曾在呼伦贝尔举行军事暴动，准备夺取政权，结果在蒙古王公和东北军阀的联合镇压下失败了"。这次暴动"属于反封建性质，实际是第一次大革命时期蒙古民

① 丁力：《内蒙古自治区达斡尔学会在呼和浩特召开郭道甫诞辰一百周年学术研讨会》，内蒙古自治区达斡尔学会编《达斡尔族研究》第五辑，1996 年（内部资料）。

族解放斗争的余波。"国家民委民族问题五种丛书中的《达斡尔族简史》（1986年出版），对于郭道甫发展民族教育，从事民族民主解放斗争的历史，作了较多记述。指出，郭道甫"宣传俄国十月革命的伟大意义，宣传民族民主革命的道理，并在此基础上建立了呼伦贝尔青年党，领导一批蒙古、达斡尔、鄂温克等进步青年走上了革命道路"还指出，"在本世纪初叶极为复杂的历史背景下，在传播革命思想，唤起民族觉醒，组织革命政党和民族解放运动，培养民族知识分子等方面，郭道甫是一位杰出的政治家、活动家和教育家，亦是内蒙古早期民族民主革命的先驱者之一"。王铎同志在他的《五十春秋》一书指出："达斡尔民族是一个勇敢强悍、勇于斗争精神的英雄民族，他们有着反对民族压迫、争取民族解放的光荣传统，早在大革命时期，就有郭道甫……等一批达斡尔族知识分子投身于反对帝国主义，发对军阀统治，反对封建制度的洪流。"为唤起民族觉醒，争取民族解放作出了重要贡献。

郭道甫这样一位著名历史人物，过去曾受到过不公正的待遇。苏联对于其错误处理郭道甫一案，已于1989年1月给予平反昭雪（应是1989年5月——笔者注）。以上两部《简史》，是在内蒙古自治区民族问题五种丛书领导小组的领导编写、审定和出版的，对于郭道甫先生及其历史活动，作出了高度评价。王铎同志所著一书中也给予了肯定。加之苏联的平反，这些就为我们深入开展郭道甫研究提供了依据和条件，开辟了道路。

现在我们召开这样的研讨会是很必要的，也具有重大现实意义。这不仅是对郭道甫先辈最好的怀念，而且更重要的是使我们后代吸取教益和启迪。更有助于发扬他的爱国主义精神和热爱民族、为各民族人民的解放事业忘我奋斗的精神；发扬他的努力创办民族教育，尊重知识、尊重人才的精神；有助于深入认识达斡尔以及内蒙古近现代历史。

在我们这次研讨会上，有必要在上述基本观点的基础上，对于郭道甫先生的生平业绩，他的组织革命政党开展民族民主革命的活动，他的思想和理论，以及他的创办学校培养人才的活动等，开展全面深入的研究，争取获得更多的高质量的科研成果。以教育我们的后代继承和发扬老一辈的革命精神，在中国共产党的领导下，不断增强各民族的团结、为达斡尔族的繁荣发展、祖国的昌盛富强，作出更大贡献。希望大家集中精力，贯彻"双百"方针，畅所欲言，相互学习，把这次研讨会开好。最后，预祝研讨会圆满成功！

2.　贺信

黑龙江省达斡尔族学会理事长卜林的贺信和黑龙江省达斡尔族学会的贺信。卜林的贺信首先对郭道甫给予了高度的评价，称郭道甫为"达斡尔族人民最爱戴和受到崇高敬仰的民族领袖人物"。对郭道甫在"文化大革命"前及"文化大革命"时期遭受的不公正评价的原因做了解析，指出"郭先生的革命业绩，由于长期被历史埋没了的缘故，后世各族学者，对郭先生不熟悉的情况下，在道听途说中，有意无意将郭先生少年时代所遇到的呼伦贝尔事件，转嫁于郭先生身上（比如说，胜福先生的复辟活动和内外蒙合并以及呼伦贝尔独立运动等）。这种对历史真相的歪曲和张冠李戴，给郭道甫先生的伟大形象，容易蒙上一层阴影。"卜林对研究郭道甫提出了自己的见解，认为："我们研究郭先生民族民主革命思想的形成和发展，是不能脱离上述特定的历史环境和时代背景影响的，它是息息相关密切地联系在一起的。"①

贺信全文如下：

内蒙古自治区达斡尔学会：欣闻郭道甫诞辰一百周年学术研讨会召开的佳音，令我喜不自胜。这是达斡尔族文化生活的喜讯。为了缅怀郭道甫先生，预祝贵学术研讨会取得丰硕成果，特发函表示祝贺！

一、郭道甫先生是深受达斡尔族爱戴和敬仰的民族领袖人物。

郭道甫先生捐资办学热衷于民族教育，为民族培养了一大批栋梁人才。他在各民族人民处于水深火热的关头，掀起了内蒙古民族民主革命的浪潮。他的思想和革命实践，在达斡尔族地区和呼伦贝尔草原上撒下了革命种子，唤起了各民族人民反对民族压迫，同外来的侵略势力以及反动封建军阀的大汉族主义的统治，展开了殊死搏斗。

二、郭道甫先生所领导的民族民主革命是符合时代潮流的。

郭道甫先生生长在清末，他从事革命活动是在民国年间。当时中

---

① 卜林：《贺信》，《达斡尔人》1995 年 10 月 1 日第 2 版。

国正处于半殖民地半封建的状态，帝国主义列强瓜分势力范围蚕食中国，军阀混战强夺地盘各自为政，肆无忌惮地对蒙古族等少数民族地方实行大汉族主义统治，也掀起了呼伦贝尔在内的达斡尔地区人民的反抗。谋求民族解放实行民族自治的呼声，越来越强烈。

郭道甫先生的青年时代，受到俄国十月革命思潮的熏陶以及辛亥革命的影响。他为进一步掌握革命理论，努力学习俄文，为自己创造了学习和考察苏联革命经验的机会，他对列宁的正确解决民族问题的理论和实践，甚感兴趣。他也敬仰孙中山先生解决国内民族问题的主张。他接受了共产第三国际的领导和援助，与中共著名人士李大钊等来往，参与创建了内蒙古人民革命党，提出了反帝反封建的政治纲领。在国内谋求民族自治，取得民族平等和生存权利，这就是郭道甫先生所追求的革命目标。因此，我们研究郭先生民族民主革命思想的形成和发展，是不能脱离上述特定历史环境和时代背景影响的。

三、郭道甫和平解决呼伦贝尔问题是正确的。

郭先生所发动的 1928 年呼伦贝尔青年武装暴动，曾震撼过东北大地。最后，张学良将军和郭道甫先生经过谈判，和平解决了呼伦贝尔暴动问题，允许了几项条件。在敌我双方力量悬殊的不利条件下，在有利于和平解决呼伦贝尔暴动问题的前提下，彼此间让步是完全必要的，能使长久流血伤亡而不易达到的要求，通过谈判解决，是正确的。

获悉苏联共产党及其法院，为错杀郭道甫先生进行了平反昭雪。这是令人欣慰的。对郭先生光明磊落的革命活动，应该予以客观公允的评价，恢复他在历史上的本来面貌。我为我们民族涌现出像郭道甫先生这样的民族民主革命家和教育家，而感到无限自豪！预祝大会圆满成功！

3. 郭道甫纪念文章与诗歌

蒙和的《缅怀杰出的郭道甫先生——为郭道甫先生诞辰一百周年学术研讨会而作》，恩和巴图、额尔很巴雅尔、色尔森太的《我们永远怀念他——纪念郭道甫先生诞辰一百周年》，索能苏荣的《缅怀政治家、教育家郭道甫先生》。巴达荣嘎的《英名永垂史册》（长诗），色热、乔文胜、吴智的《缅怀郭道甫先生》（长诗），玛札的《纪念郭道甫先生诞辰一百周年》（长诗，蒙文）。

4. 关于郭道甫生平研究

关于生平研究的文章有奥登挂的《短暂而光辉的一生——郭道甫生平简略介绍》、满都尔图的《民族民主革命的斗士——郭道甫生平述略》。奥登挂（内蒙古社会科学院研究员）的文章认为郭道甫"自出生到1931年冬天失去人身自由，只分享了37个年头。况且他从事社会活动的时间，只不过13年的光景。在这不长的13年里，他以博大的胸怀，叱咤风云的气势，投入蒙古民族—包括内蒙古六个盟旗、察哈尔、巴尔虎、达斡尔、鄂温克、阿拉善、额济纳、青海地区民族的解放斗争。"① 文章详细回顾了郭道甫一生的经历、办学与革命实践活动。满都尔图（中国社会科学院研究员）在《民族民主革命的斗士郭道甫》一文中指出"我们重温革命先驱者的业绩，不仅是对先辈的怀念，而且更重要的是从他们奋斗献身的实践中，吸取宝贵的教益和启迪。"满都尔图从四个方面对郭道甫的一生做了研究，分为：一、寻求民族解放之路；二、投身革命斗争实践；三、责难与辨析；四、教训与启迪。满都尔图认为："研讨郭道甫先生的生平，全面地、历史地评论其一生的是非和功过，是正确评论我国少数民族在中国革命史上应占有的历史地位的实例之一。"他认为郭道甫对后人有以下启示，就是郭道甫的不屈不挠的反帝反封建的革命精神，艰苦探索的进取精神，提倡民族团结的爱国精神，兴办教育、培养人才的务实精神。两位学者的文章将郭道甫的生平研究纳入了学术研究的轨道。

5. 郭道甫思想研究

蒙和所著《略述郭道甫先生的思想业绩》一文从三个方面对郭道甫的思想做了阐述。第一，内蒙古问题的解决，必须在不脱离中国的条件下，走平民自治运动的道路；第二，联合与自己共命运的民族，加强与汉族的团结；第三，为民族教育事业而奋斗。蒙和认为："在郭道甫先生所处的时代，关于如何解决蒙古问题，曾引起国内外的关注。"指出郭道甫"拜见孙中山先生，得到孙中山先生对内蒙古民族解放运动的同情和支持。他与李大钊会晤，在中国共产党人的支持下，创建了内蒙古人民革命党。此前，他会见冯玉祥将军后，被聘为西北边防军督办公署秘书，为内蒙古人民革命党的建立及其在内蒙西北地区开展革命活动提供了条件。"

① 内蒙古自治区达斡尔学会编：《达斡尔族研究》第五辑，1996年（内部资料）。

蒙和评价郭道甫是"把教育事业同革命工作紧密联系在一起"。列举"1918年，他在家乡开始办新式学校，就一方面向学生传授文化科学知识，另一方面向学生灌输反封建、反压迫的革命民主思想"。

伊敏①撰写的《浅析郭道甫先生的政治思想》一文，从三个方面归纳总结了郭道甫的政治思想，第一，反对帝国主义，尤其反对沙俄和日本帝国主义对内蒙古及呼伦贝尔地区的侵略；第二，反对封建王公及军阀官僚的封建制统治，主张建立民主制度；第三，解决内蒙古问题的唯一出路，是"根据孙中山先生之三民主义，而许内蒙以自治民治之解放。"在谈到反对帝国主义思想时伊敏认为："郭道甫先生反对帝国主义侵略的思想是坚定的。因此，'九一八'事变后，他从沈阳拍电报给在北京的张学良将军，表示自己宁肯进山打游击，也绝不当亡国奴，随即携家眷返回海拉尔故里。"② 这就说明了郭道甫对日本的政治立场。

阿日亚③在《略谈郭道甫成长的环境和他的思想体系》一文中对郭道甫的思想体系从三个方面进行了全面分析，第一，蒙汉两族互相联合，互相扶助，共同发展的思想；第二，关于现代蒙古民族不能建设独立国家，以自治或地方自治解决蒙古问题的思想；第三，关于打破闭关自守，实行开放的思想。关于打破闭关自守，实行开放的思想的分析。阿日亚认为："郭道甫决不是狭隘民族主义者，更不是所谓的民族分裂分子。他是一位维护民族团结和祖国统一的坚定的战士，他早在30年代初就已经明确地提出了用区域自治来解决民族问题这一观点。"④

郭道甫思想研究中还有乌力斯·卫戎的《论郭道甫先生的革命路线》、毅松的《郭道甫社会政治思想初探》、陶玉坤的《郭道甫的民族革命思想》、苏和的《新民主主义教育思想的典范》等论文。

6. 郭道甫达斡尔文字创制研究

胡和《达斡尔文字的创造者——纪念郭道甫先生诞辰一百周年》、色热的《创制达斡尔族文字的奠基人——郭道甫先生》、恩和巴图的《郭道甫先生和满文字母的达呼尔文》、阿尔达扎布的《墨尔色先生用蒙古文还原〈元朝秘史〉》。

---

① 郭道甫四女儿，河北师范大学历史文化学院教授。
② 内蒙古自治区达斡尔学会编：《达斡尔族研究》第五辑，1996年（内部资料）。
③ 郭道甫之子，内蒙古民委副厅级离休干部。
④ 内蒙古自治区达斡尔学会编：《达斡尔族研究》第五辑，1996年（内部资料）。

7. 研讨会总结

达斡尔学会会长蒙和做了郭道甫诞辰100周年学术研讨会总结，全文如下：

我们这次研讨会开得很好，很有收获，也很有意义。参加这次研讨会的有来自北京、河北、黑龙江、内蒙古各地及内蒙古直属机关的专家、学者，以及关心和支持郭道甫先生研究的同志，共60余人。其中除达斡尔族外，还有蒙、汉族。另外还有好多因故不能前来与会的同志打来电话、电报、写信表示祝贺。卜林同志写来了具有深情内涵的信。内蒙古社联、内蒙古民委的负责同志等，亲临指导。

研讨会收到论文15篇，诗词4首，录音带1盒。这些论文从各个方面，对郭道甫先生的生平作了介绍，评述了他的思想、业绩等。可以说是丰富多彩。研讨会上，大家的讨论和发言热烈，畅所欲言，开得很活跃，很深入。这次研讨会在准备时间不太长，资料并不丰富的情况下召开，但能有这样具有一定水平的论文付诸讨论，实在是件不容易的事。

与会学者认为：郭道甫先生是我区、我国少数民族中的一位杰出的思想家、民族民主革命家、民族教育家。他的一生是光辉的一生，他的业绩是永存的。

郭道甫是一位热爱民族，为振兴民族而奋斗的勇士；是热爱祖国，维护祖国统一、民族团结的战士；是反对封建、反对军阀专制统治的斗士；是提倡科学、发展民族教育的先驱者。我们为民族历史上有这样的人物而感到自豪。可是，郭道甫在过去却受到了不公平的对待。1989年苏联宣布了对他的平反昭雪，恢复了他在历史上的应有地位。这是值得高兴的。

对于郭道甫的研究，在"十年动乱"以后就开始了。内蒙古达斡尔学会成立了专门的郭道甫问题研究小组，开展了一系列工作。这次研讨会就是在这个基础上召开的。这次研讨会是一个新的良好的开端，今后还有许多工作要做，很多问题需要深入研究澄清。如，郭道甫对于解决内蒙古问题的思想和主张，他的关于必须联合与自己共命运的民族，特别是蒙汉民族团结才取得民族解放、建设家园和统一繁荣的祖国的思想主张。他的这些思想虽然早就见诸他的著述，但是却长期被忽略，甚至被歪曲，还有其他问题都需要深入研究。这次研讨会有很好的特点，即会议短小精悍、内容明确，课题专一，能够集中问题，深入研讨，因而收效大。我们应以此为契机，不但深入开展郭道甫的研究，而且可以把这种方式推广其他问题的研究，把达斡尔族研究的各方面都搞好。

这次研讨会的召开，得到了各有关单位和同志们的多方面关照和支持，我们对这些单位和同志们表示由衷的感谢！并向与会的来宾和学者、同志们表示敬意，祝外地的同志们回去一路顺风，并预祝同志们元旦、春节愉快，合家欢乐，万事如意！

（五）郭道甫诞辰 110 周年学术研讨会

2004 年 12 月 3 日由达斡尔学会主办的，郭道甫诞辰 110 周年研讨会在内蒙古首府呼和浩特召开。60 多名专家学者会聚一堂，围绕郭道甫先生的生平、思想和业绩等展开了研讨。[①] 会后相关论文选编在《达斡尔族研究》第八辑，精选的郭道甫研究论文 6 篇：郝维民的《刍议郭道甫在蒙古民族问题——纪念郭道甫诞辰 110 周年》；杨优臣、陈志贵、何文君的《中国现代革命的先驱达斡尔民族的骄子——纪念郭道甫先生诞辰 110 周年》；金海、郝维民的《达斡尔族政治家、教育家郭道甫》；苏日嘎拉图的《杰出的教育家郭道甫》；陈志成、杨优臣、何文君的《〈蒙古问题〉述评》；伊贺尔迪的《读郭道甫〈呼伦贝尔问题〉的思考》。如果说郭道甫诞辰 100 周年学术研讨会是本民族学者占多数、以纪念缅怀为主的话，到 110 周年研讨会在学术性上有了较大的提升，从纪念缅怀的文章逐步向研究郭道甫思想与著作转化，学术性有了更好的体现，参与研讨会的学者也超出了本民族的范围，可喜的是，在全国和内蒙古学术界有影响的学者也参与进来，学术论文的研究水平也高于 100 周年学术研讨会，文章主要集中在以下三个方面的研究。

1. 人物研究

杨优臣、陈志贵、何文君撰写的《中国现代革命史的先驱达斡尔民族的骄子——纪念郭道甫先生诞辰 110 周年》一文中，评价郭道甫为

---

① 孙一帆：《达斡尔学会组织召开郭道甫诞辰 110 周年研讨会》，《内蒙古日报》2004 年 12 月 5 日。

"20 世纪初期，郭道甫先生在极为艰难复杂的历史环境中，在共产国际的指导及中国共产党的支持下，在孙中山新三民主义思想的影响下，以内蒙古及东北、北京等地为主要活动地区，传播革命思想，唤起民族觉醒，组织革命政党，领导人民群众进行了反帝反封建的民族民主革命斗争。他是一位杰出的思想家、教育家和政治家。在祖国北方以及外蒙古、俄国境内产生很大影响。他不仅是达斡尔族、蒙古族人民尊敬爱戴的领袖人物，也是为中国民族民主革命作出突出贡献的一位现代革命先驱"。①

　　2. 思想研究

　　郝维民②先生撰写的《刍议郭道甫与蒙古民族问题——纪念郭道甫诞辰 110 周年》一文中，在敬佩与感言中写道："在 20 世纪前 30 年，如先生著述阐述蒙古民族问题，探索蒙古民族解放之路者，甚少。特别是所述内容广及古今中外，所论问题切中时弊，论证有根有据，表述简洁明快，见解新颖独到，读之感人至深，此类佳作，实属少见。先生思考蒙古民族问题，随时势发展而深化，从借助教会，兴办教育，欲救蒙古，到组建政党，倡导革命，呼唤民族自决自治，建立民族民权政府，直至举起反帝反封建旗帜，经历了从思考到理论化，逐步深入，渐趋成熟的认识过程，而且吸纳了世界和中国革命的新理论、新政策，可谓与时俱进，奋斗不息。"③ 内蒙古近现代史研究重量级专家郝维民先生的研究成果为郭道甫研究提升了学术的含金量。

　　郝维民简介④：内蒙古近现代史研究领域的开拓者和学术带头人。男，蒙古族，蒙古名字敖腾比力格，1934 年 2 月出生，内蒙古伊克昭盟杭锦旗人。1957 年 10 月考入内蒙古大学，就读于历史系；因工作需要，1958 年调出半工半读，一面攻读学业，一面参加蒙古史研究工作。1962 年 7 月随原班毕业，继续留校任教至今。郝维民教授主要从事内蒙古地区党史、革命史、近现代史和近现代蒙古史以及民族理论、民族政策的研究与教学，兼做党务与行政工作。1958 年 8 月，郝维民奉内蒙古大学于北辰副校长、史筠教务长之命，办理了半工半读的手续。9 月，历史系成立蒙古史教研室时，成为教研室的 4 名成员之一。不久，参加了史筠主持的

　　①　内蒙古自治区达斡尔学会编：《达斡尔研究》第八辑，内蒙古大学出版社 2005 年版。

　　②　百度知道：郝维民。

　　③　内蒙古自治区达斡尔学会编：《达斡尔研究》第八辑，内蒙古大学出版社 2005 年版。

　　④　百度百科：郝维民。

《内蒙古自治区史》的编写，12 月写出自治区 10 年历史的初稿后，开始参加《内蒙古革命史》的编写工作。这是他学术生涯之始。

《内蒙古革命史》的编写，是在 1958 年的特殊历史条件下以特殊的方式进行的编史工作。内蒙古大学历史系师生与内蒙古师范学院历史系师生及内蒙古历史研究所、内蒙古党校的少数研究人员和教师，总计 170 多人参加。史筠是《内蒙古革命史》主编，内大副校长勇夫是内蒙古革命史编委会办公室主任，郝维民是办公室秘书。编写组进行了第 5 次重大修改后，11 月由内蒙古人民出版社印出了 30 本试版本征求意见，总计 19 万多字。但是，《内蒙古革命史》在"文化大革命"中被打成为乌兰夫树碑立传的"大毒草"，史筠也被打成"乌兰夫黑帮分子"，被无休止地批斗，郝维民时不时陪绑受批判，其他受株连者也不少，直到"文化大革命"结束才平反正名。

1960 年 1 月，内蒙古大学与中国科学院内蒙古分院联合举办了第一届科学讨论会，郝维民提交了一篇关于伊克昭盟"独贵龙"运动的论文，并在历史分会上发言，因初出茅庐，题目新颖，引起一定的反响。1963 年，郝维民撰写了长篇学术论文《伊克昭盟"独贵龙"运动》，并参加黄时鉴执笔、特布信为主编的长篇学术论文《中国旧民主主义革命时期内蒙古人民的革命斗争》，把中国新旧民主主义革命时期内蒙古革命斗争史衔接了起来。1964 年 4 月，他们以该文参加了全国近代史学术讨论会，受到了国内学术界的关注。同年底，郝维民与黄时鉴共同组织编写《内蒙古史纲》，着手修改《内蒙古革命史》，准备为 1967 年内蒙古自治区成立 20 周年和内蒙古大学建校 10 周年献礼。但这两个项目却受"文化大革命"冲击而中断了。

1980 年夏天，郝维民以原内蒙古革命史编委会名义，报请内蒙古党委宣传部审批成立《内蒙古革命史》编写组。之后，郝维民多次参加国内外学术研讨会，他不失时机地介绍本学术领域的状况，扩大学术影响，广泛建立学术联系。1989 年 6 月，他应邀参加日本东京外国语大学亚非文化研究所"内蒙古近现代史史料国际学术研讨会"，发表了《内蒙古近现代史史料与研究动态》的主题演讲；1992 年 12 月，应蒙古国科学院东方研究所邀请，参加了蒙古"辛亥革命"国际学术讨论会；1995 年 12 月，应日本学术振兴会邀请为爱知大学客座教授，赴日访问；2003 年 2 月，应邀参加爱知大学"内蒙古综合研究"国际研讨会，并启动了合作研究项目"当代内蒙古综合研究"，已经结项。此外，为来访的美国阳伯汉大学教授保罗·海尔、日本亚非文化研究所教授中见立夫、加拿大学者纪拉华等讲授内蒙古近现代史，开展国际学术交流。

1988 年秋，郝维民倡导并亲自赴教育部汇报批准，与林沉共同组织了内蒙古大学"内蒙古地方史志"专业自学考试助学辅导班，开设了具有民族特点、地区特点的 12 门课程，先后辅导 5000 多名学员，陆续考试合格毕业者达 2/3 以上。郝维民主讲内蒙古近代史和内蒙古自治区史等课程。这个专业对人们了解内蒙古，培养了解区情的专业人员起了重要作用。同时，郝维民还为区内外高校、区内党校、团委、社科联、妇联、政协、报社、电台、工厂、企业、公安、部队、党史研究和地方史志及党政部门等，作内蒙古党史、革命史、近现代史报告 100 多次。他的报告深受听者欢迎，为普及历史知识，进行爱国主义、民族团结、民族理论和民族政策教育做出了独特的贡献。

1983 年，郝维民应邀参加国家民委民族问题 5 种丛书《蒙古族简史》的编写，这是他"文化大革命"后参加的第一个省部级研究课题。该书获得了中国社会科学院优秀科研成果奖。从 1983 年到 2006 年，郝维民主编出版了 8 部学术专著，即内蒙古党委的项目《大青山抗日斗争史》；国家社会科学基金项目《内蒙古革命史》；内蒙古自治区"七五"社会科学规划项目《内蒙古近代简史》；内蒙古教育厅资助项目《内蒙古自治区史》；中共呼和浩特市委项目《呼和浩特革命史》；内蒙古党委组织部、新华社内蒙古分社项目《百年风云内蒙古》；与齐木德道尔吉共同主编的国家社科基金项目《内蒙古通史》以及《内蒙古通史纲要》。目前正在主编国家社科基金项目子课题《蒙古学百科全书·近现代史卷》。总计 9 部大中型学术专著，近千万字。郝维民深情而明确地说："这些著作我只是主编、组织者，不是个人著作，而是诸多参加者的共同成果，是大家的心血，我感谢他们。重大课题是学科建设的主要工程，而任何重大课题研究单枪匹马是完不成的，必须团队作战，集体攻关。"与此同时，郝维民还撰写了《民主革命时期毛泽东思想民族理论在内蒙古的实践》《辛亥革命与内蒙古政治》《漫议中国西部大开发与蒙古族的发展》《刍议郭道甫与蒙古民族问题》《内蒙古革命和建设的光辉典范》《试论内蒙古革命和建设中的民族特点和地区特点》等 70 多篇学术论文和文章。上述论著应该说都是首次奉献于社会，是开创性的研究成果，而且形成了对内蒙古近现代历史诸多问题的独到而具规律性的认识与见解。

郝维民是《中国历代少数民族英才传》的副主编，组织编写了80多名蒙古族英才传，并与金海教授合作撰写了《达斡尔族政治家、教育家郭道甫》。

3. 著作研究

在著作研究中，郝维民的《刍议郭道甫与蒙古民族问题》，陈志贵、杨优臣、何文君的《〈蒙古问题〉评述》，伊贺尔迪的《读郭道甫〈呼伦贝尔问题〉的思考》三篇论文填补了郭道甫著作研究的空白。

郝维民在《刍议郭道甫与蒙古民族问题》中对郭道甫1929年冬出版的《蒙古问题讲演录》做了评述：分三个部分，首先认为著作阐述了"蒙古民族问题成为世界问题的原因，其事实之翔实，论证之精到，堪称当时之最"。① 其次"从党团、政权、军事、经济、教育、卫生、实业、交通、文化以及苏俄与外蒙关系等10个方面，以饱满的热情进一步介绍了蒙古革命后的成就"。② 最后"以内蒙之自治运动为题，概述了近20年的内蒙古自治运动，认为内蒙古自治运动有'王公方面，青年方面，民众方面'这三种势力"。"以清晰的阶级阐释了内蒙古自治运动的性质，应当说这是郭道甫理论的升华。同时揭露了日本侵略内蒙古的种种活动及其对蒙图谋；提出了解决蒙古问题的办法，指出：中国国民政府'仍未决定治蒙政策。''蒙古民众，颠沛流离，怨声载道'，……他草拟了一份治标办法，……郭道甫如此关怀蒙古民族的命运，令人感佩。"③ 伊贺尔迪所著《读郭道甫〈呼伦贝尔问题〉的思考》一文，用较大篇幅从五个方面进行了研究。一是过去呼伦贝尔与周边国家的关系；二是关于呼伦贝尔第一次"独立"运动；三是呼伦贝尔的"完全自治"和"半自治"；四是关于"墨尔色起义"；五是郭道甫对于当时呼伦贝尔出路问题的设想。在第一个问题中作者认为："郭道甫把周边国家的关系作为一个问题提出来。他很明智，看出了日俄帝国主义的侵略本质和野心，打心眼儿里憎恨帝国主义，展示出他反帝反封建的思想。"在第五个问题中，作者认为："郭道甫经周转一圈，又回到原来的出发点上。他最初做社会工作

---

① 内蒙古自治区达斡尔学会编：《达斡尔研究》第八辑，内蒙古大学出版社2005年版。

② 同上。

③ 同上。

时，就从振兴教育着手，后来试图通过政治改革以及用武力手段改革，没有成功；最后又回到振兴教育、文化改革的轨道上，'为蒙古的教育而奋斗！''欲以造就为蒙古民族奋斗的人才'而举办蒙旗师范学校。这就是否定之否定、螺旋式的发展。回到原来起跑点上时，比原来的起点更前进一步。郭道甫把自己的青春献给了民族教育事业，培养了一批人才，为民族教育事业创建了不朽的功勋。这一点大家一直公认，认为他不愧为达斡尔族，及至蒙古民族的伟大教育家。"① 郭道甫在短暂的一生中，如果说其成功之处还是创办民族教育，培育少数民族人才，从家乡莫和尔图自筹经费办小学、中学；到奔走全国演讲蒙古教育问题，在燕京大学演讲时，就受到司徒雷登的关注，同时筹措教育资金；参加过两次中华教育改进社的年会，进行演讲，结识了全国教育届的名流；成立了蒙古文化促进会，创办东北蒙旗师范学校。不但留下了著作也培养了人才，产生了深远的影响。

（六）奥登挂编《郭道甫文选》的出版

奥登挂②编《郭道甫文选》，2009 年 8 月由内蒙古文化出版社出版，是郭道甫研究中的大事，郭道甫六部著作的陆续发掘与结集出版"郭道甫先生的著作多成文、发表于 60 多年前的上世纪 20 年代，寻找、发现、收集郭道甫的著作成为学会研究工作起步之初非常关键的环节"。20 世纪 80 年代初，他的后代几经周折在北京民族文化宫图书馆寻找到了郭道甫先生《蒙古问题讲演录》《呼伦贝尔问题》两部著作。……在 1987 年内蒙古达斡尔学会第三届年会举行之际，被正式赠予每位与会代表。③《文选》收录了《为蒙古代祷文》《蒙古问题》《新蒙古》《蒙古问题讲演录》《蒙疆国防问题意见书》《呼伦贝尔问题》六部著作。附录中选了十篇与郭道甫相关的研究论文：谢觉哉《呼伦贝尔事件》；金海、郝维民《达斡尔族政治家、教育家郭道甫》；达瓦敖斯尔《欢迎郭道甫来沈（外一篇）》；仁钦莫德格《沈阳东北蒙旗师范学校》；伊敏《略论 1928 呼伦贝尔暴动和平解决》；奥登挂《关于郭道甫几种称呼的补正和关于他的结

---

① 内蒙古自治区达斡尔学会编：《达斡尔研究》第八辑，内蒙古大学出版社 2005 年版。
② 郭道甫三女儿。
③ 奥登挂编：《郭道甫文选》"后记"，内蒙古文化出版社 2009 年版。

局》；孟克《关于郭道甫反对日本帝国主义的思想》；《关于墨日色（郭道甫）结论》；《墨尔色致祝词》（片段）；《歌词》。《文选》的出版为深入系统研究郭道甫的思想提供了研究基础。难能可贵的是奥登挂在 84 岁高龄完成《郭道甫文选》的出版工作，大大推动了郭道甫研究的进展。

（七）硕士论文和研究文章

1. 吴伊娜《郭道甫生平及思想研究》。

2008 年，内蒙古大学硕士生吴伊娜以郭道甫为研究对象，以《郭道甫生平及思想研究》为选题，是郭道甫研究以来，第一篇比较系统研究郭道甫的硕士学位论文。郭道甫研究进入学科建设的研究范畴，是质的飞跃。

该书以郭道甫的生平及思想为研究对象，在充分发掘史料的基础之上，对郭道甫的生平事迹及思想形成和发展过程进行了研究。

该书由序言、正文、结语三个部分组成。序言简要说明选题意义、前人研究概况、利用的基本史料及论文的创新之处等内容。

正文分三章，第一章从时代背景出发，详细介绍了郭道甫的早年经历，其中包括少年时代、求学之路、创建呼伦贝尔学生会、对蒙旗教育的初期实践及创制达斡尔文字和还原《蒙古秘史》五个方面；第二章以时间为线索，从郭道甫对革命事业的早期探索、参与组建内蒙古人民革命党及党内工作、领导呼伦贝尔青年党暴动和最终结局四个方面详细叙述了郭道甫的革命生涯，其中重点介绍了他在 1923—1928 年的革命活动及其与共产国际和蒙古人民革命党的关系；第三章以其一生著述为切入点，结合史实，在第一、第二章的基础上对其思想形成和演变进行了系统论述。

2. 第二篇硕士学位论文是朝鲁孟的《1925—1931 年内蒙古人民革命党历史探述》，该硕士论文最大特点就是在资料上的突破，得到了蒙古档案馆的资料，介绍了日本、蒙古国、俄罗斯、美国学者的研究成果。体现了内蒙古人民革命党的研究国际化。

3. 研究论文，较高学术水平的郭道甫研究论文还出现在 2009 年 8 月大阪举行的第三届"现代中国社会变动与东南亚新格局"国际学术讨论会上。周太平[1]教授新撰写的《1920 年代的郭道甫及呼伦贝尔青年暴动

---

[1]　内蒙古大学蒙古学学院近现代史研究所教授。

试谈》① 一文使得郭道甫研究走向国际。

（八）纪念郭道甫诞辰 120 周年活动

1. "纪念郭道甫先生诞辰 120 周年座谈会"在京举行，北京达斡尔学会秘书长吴刚对座谈会的情况做了如下报道

为纪念达斡尔族著名政治家、教育家郭道甫先生诞辰 120 周年，北京达斡尔学会于 2014 年 11 月 30 日在民族出版社召开了"纪念郭道甫先生诞辰 120 周年座谈会"。在座谈会上，内蒙古大学恩和巴图教授做了"达斡尔族和蒙古族的族源关系及郭道甫的'达呼尔蒙古论'"的发言；中国社会科学院民族学与人类学研究所滕绍箴研究员围绕"郭道甫成长的时代背景"进行了发言；中国社会科学院民族学与人类学研究所刘晓春研究员就"研究郭道甫的当代意义"进行了阐发；中国社会科学院民族文学研究所吴英副研究员、西北民族大学沃彩金教授等专家学者与恩和巴图教授进行了交流。北京中医药大学教授、北京达斡尔学会常务副理事长杜兴华也谈了自己的认识。中国社会科学院民族文学研究所吴刚介绍了三十余年来"郭道甫研究"情况。民族画报记者巴根代表"蒙古写意"图书参加了会议。参加座谈会的还有中国法制报社主任编辑、北京达斡尔学会常务理事、学会网站站长苏楠，北京重型电机厂高级工程师、北京达斡尔学会理事敖颖，北京达斡尔学会副秘书长萨妮娅，中央电视台孟思奇。民族出版社编审、北京达斡尔学会副理事长安平平介绍了会议筹备情况，并进行了会议总结。会议由北京达斡尔学会秘书长吴刚主持。②

从报道中得知参加座谈会的都是专家学者，从选题看对郭道甫的研究比 100 周年、110 周年提升了一大步。

2. 郭道甫先生诞辰 120 年纪念研讨会综述

那日斯撰写的《郭道甫先生诞辰 120 年纪念研讨会综述》使我们对

---

① 2009 年 8 月在大阪举行的第三届"现代中国社会变动与东南亚新格局"国际学术讨论会论文。

② 作者吴刚，北京达斡尔学会网站，2014 年 12 月 1 日。

整个活动有了全面的了解。隆冬的呼伦贝尔大雪原，白雪茫茫，寒风凛冽。2014 年 12 月 16 日夜至 17 日白天：海拉尔 -35℃——-23℃；南屯 -34℃——-24℃。但是人们不畏极冷天气，正如我们常说的"达斡尔人不怕冷！""呼伦贝尔人不怕冷！""嫩江的人不怕冷！"想到我们的先辈还要说："黑龙江边儿的人不怕冷！"

我们从心理上不畏惧，生理上去战胜寒冷。人们穿戴厚实，房间暖和，生活工作如常。

海拉尔南屯（旧称，今鄂温克族自治旗巴彦托海镇）大街上车水马龙，车笛阵阵。况且，极冷的寒冬，呼伦贝各地旅游文化体育活动精彩纷呈。这是题外话啦。

笔者作为呼伦贝尔市达斡尔学会的应邀参会人员，经主办单位同意，撰写本通讯，以表达感谢研讨会的召开和向郭道甫先生学习、向专家学者们学习的心意。

研讨会内容丰富，形式多样，笔者以文字方式综合撰述同时，将分类发表图文帖，以飨读者。

2014 年 12 月 17 日，"纪念郭道甫先生诞辰 120 周年研讨会"在鄂温克旗宾馆会议室隆重召开。

（会标上书蒙文、达斡尔语记音符号。）

达斡尔语记音符号会标：

Guwe dao fu sebei 120 baarin i dorsej kimqij hebxielqigu horil

本次研讨会由内蒙古达斡尔学会、鄂温克旗达斡尔学会联合主办，会议主题旨在号召达斡尔族等同胞向郭道甫先生学习。

来自呼和浩特、包头、鄂温克旗、达斡尔旗、海拉尔、牙克石、满洲里、根河、北京、齐齐哈尔等地达斡尔、蒙、汉、鄂温克、鄂伦春等民族，呼伦贝尔学院等鄂温克旗、呼伦贝尔市直属机关人员等，以及主办单位的部分会员、新闻媒体记者，有 110 余人与会。

出席研讨会的有内蒙古社科院副院长、内蒙古达斡尔学会副理事长毅松研究员，副理事长兼秘书长阿尔泰研究员，呼伦贝尔学院副院长、一级摄影师郭伟忠教授，内蒙古社科院民族研究所所长白兰研究员、副所长孟克副研究员，鄂温克旗达斡尔学会理事长敖永清，副理事长苏玉明，索优乐巴图，郭道甫先生的后人特木其乐、郭智、卓玛等代表，包头市达斡尔学会理事长沃泽明，达斡尔旗达斡尔学会理事长敖景峰，副秘书长敖金富，呼伦贝尔市达斡尔学会理事长苏荣扎布，副理事长吴勇男、苏福荣、吴文龄、晨光、苏勇、桑达嘎，副秘书长娜日斯、舒拉，满洲里市达斡尔学会理事长郭林军，秘书长、满洲里市群艺馆馆长何伶俐，海拉尔区残联主席金百灵，海拉尔区达斡尔联谊会会长敖云娜，鄂温克旗伊敏镇达斡尔联谊会会长敖琴娜，牙克石市达斡尔联谊会会长亚娜，黑龙江省达斡尔族研究会会长吴焕军，前任会长杨优臣，齐齐哈尔市梅里斯达斡尔族学会理事长陶贵水，副理事长高志波，中国社科院民族文学研究所副研究员，北京市达斡尔学会秘书长吴刚博士等。

应邀到会的领导有鄂温克族自治旗旗委副书记、旗长色音图，鄂温克旗政法委书记敖立新，旗委统战部部长孟和托雅，旗政府副旗长敏杰，旗人大副主任田华，旗政协副主席索优乐玛，旗政协副主席莫新柱，鄂温克旗巴彦嵯岗苏木党委书记孟丽丽，巴彦托海镇党委书记郭玉玲，巴彦塔拉达斡尔民族乡党委书记安曙光，副书记、乡长郭林，巴乡政法委书记鄂文军、乡人大主席苏日布和，呼伦贝尔市粮食局局长敖永吉，呼伦贝尔市文联《骏马》文学期刊主编姚广，呼伦贝尔电视台文艺部主任孙殊志等同志；鄂温克旗布里亚特学会会长金巴，鄂温克学会、厄鲁特学会等代表。

本次研讨会会期3天。12月16日报到。12月17日研讨会：集体合影、讲话发言、宣读论文、祝词签名、会议总结、联欢晚会。12月18日参观：郭道甫先生故居、巴彦嵯岗小学、人物陈列馆，巴彦塔拉达斡尔民俗博物馆、巴彦塔拉达斡尔民族乡文化活动室、图书室、牧民新居、冬季蔬菜温室，海拉尔一中校史展览。现将研讨会及活动情况分述如下：

（1）纪念郭道甫先生诞辰120周年研讨会

纪念郭道甫先生研讨会召开时间：12月17日；主持人：毅松。

1. 研讨会开会之前，与会人员基本到会，集体合影留念。

2. 研讨会：研讨会由内蒙古社科院副院长、内蒙古达斡尔学会副理事长毅松研究员主持；鄂温克旗达斡尔学会敖永清理事长宣布研讨会议开始；介绍有关领导、学会负责人等。

内蒙古社科院民族所孟克副所长，代表内蒙古达斡尔学会朝鲁巴根理事长宣读祝词，预祝大会圆满成功；鄂温克旗政府敏杰副旗长代表政府祝词讲话；鄂温克旗巴彦嵯岗苏木党委孟丽丽书记祝词讲话。

研讨会上宣读论文的有：杨优臣、敖景峰、吴刚、阿力、沃泽明、白兰、苏荣扎布、吴勇男、敖拉·毕力格、姚广、高志波、伊力、德红英、孟荣涛等同志。

郭道甫先生的女儿、孙子、外孙女等后人发言：

萨仁挂，郭先生的二女儿，电视发表祝词；

特木其乐，代表郭先生的三女儿奥登挂女士发言；

卓玛，代表郭先生的四女儿伊敏教授发言。

郭智，宣读有关郭先生的父亲荣禄先生，支持赞助郭道甫开办学校的正义行动的论文。

笔者认为，研讨会与会专家学者的论文立论明确，列举事迹全面，对郭道甫先生的光辉业绩做了全面总结，给予高度评价，明确了向郭道甫先生学习的目标。

会议认为郭道甫先生在 20 世纪初叶极为复杂的历史背景下，在传播革命思想，唤起民族觉醒，组织革命政党和民族解放运动，培养民族知识分子等方面，是杰出的政治家、活动家、爱国教育家，是内蒙古早期民族民主革命的先驱者之一。

他以短暂的一生，为内蒙古的少数民族解放事业，呕心沥血，奔走呼吁；多次接近革命人士，联系国际共产主义组织、苏联领导人、中国共产党人李大钊、拜见孙中山先生，接受革命理论，求得他们的支持。

他围绕少数民族的解放事业，向学生传授革命道理，撰写许多著作和讲演稿，在内蒙古和东北等地区产生广泛影响。郭道甫先生在反帝反封建、反对封建军阀，同情劳苦大众等方面代做出榜样。

郭先生向来主张民族平等，少数民族应当争取民族自治。

他在《呼伦贝尔问题》中讲演说，内蒙古的情形，既与外蒙古不同，所以不应该主张独立，仅仅以内蒙自治与民治为目的。而呼伦贝尔的自治与民治，也就包含在内了。"呼伦贝尔人民所需要的，仅仅是有限度的自治和民治条件，并不是想要脱离中国。"① 郭先生热爱家乡和生身民族，热爱祖国，反对民族分裂，维护国家统一。态度鲜明，立场坚定。

在日本帝国主义侵略东北时，他给张学良将军发出电报说："我自己誓死不做日本人的奴隶，自始至终和日本帝国主义顽抗到底！"表达了反对日本侵略者的强烈的爱国主义精神。

郭道甫先生关心达斡尔民族教育文化事业，创立呼伦贝尔蒙旗学校、

---

① 奥登挂编：《郭道甫文选》，内蒙古文化出版社 2009 年版，第 137 页。

莫和尔图学校、沈阳蒙旗师范学校等，传播革命思想，输送许多学生赴苏联、外蒙留学，接受革命道理，使之成长为革命者；他创制拉丁文的"达呼文"，在民间教授。尽管因战乱未能广泛传播，但是开创了拉丁文达斡尔族字母的先河。

会议还就郭道甫先生的父亲、开明人士荣禄先生多次为郭道甫先生办学而慷慨解囊、提供家产、牲畜的无私奉献精神给予表扬。

郭道甫先生是达斡尔族的英雄。我们要发扬郭先生的爱国主义思想，为民族解放事业不懈奋斗的精神；学习他担当时代重任，执着实践，视野远大的精神，做好本职工作，大力弘扬民族文化，为民族复兴努力奋斗，为实现祖国的强国梦贡献力量。

阿尔泰秘书长发表热情洋溢的讲话，对研讨会做了认真总结。阿老师讲：这次会议的主题是强调"向郭道甫先生学习什么？"我们对郭道甫先生的研究太少了。作为一名达斡尔人，应该去研究，这是对民族的热爱。他十分赞同杨优臣学者提出的郭道甫先生是"革命的自觉者和自悟者"的提法。阿老师讲，在那个时代，不是人人都能达到的。我们不仅是改革开放成果的享有者，还要成为奋斗者和保护者。他要求同胞们学习郭道甫先生强烈的爱国主义思想以及民族解放的愿望；学习他高度关心国家大事，关心民族的精神，把我们的工作做好，振兴我们的民族。

3. 郭道甫先生简介（附有图片）。

4. 阿力先生总结自己对敖拉哈拉登特科华然（墓地）的研究成果，通过视频图文展示，介绍戍边呼伦贝尔先辈范察布，诗人、作家敖拉·昌兴等墓地情况，具有珍贵的史料价值。

5. 各学会理事长、名人、会员等同胞在签名簿上题词留念，盛赞研讨会成功召开；高度评价郭道甫先生的革命功绩，表达向郭先生学习的心情。

祝词签名者有毅松、郭智、沃泽明、敖景峰、苏荣扎布、鄂温克旗达斡尔学会、特木尔台、郭林军、吴焕军、高志波、莫新柱、吴少红等。

（2）参观考察学习

参观时间：12 月 18 日，主持人：敖永清。

1. 参观郭道甫先生故居、巴彦嵯岗民族小学、巴彦嵯岗人物陈列馆：

鄂温克旗文物保护项目郭道甫先生的故居；巴彦嵯岗民族小学，即郭道甫创办的原莫和尔图学校；在巴彦嵯岗人物陈列馆，了解郭道甫先生的光辉业绩。

2. 参观海拉尔第一中学校容、校史展：

拜谒海拉尔一中的奠基人郭道甫先生的雕像，合影留念；在海一中校史展，瞻仰郭道甫先生的尊容、了解其办校业绩。

3. 在巴彦塔拉达斡尔民族乡，参观巴彦塔拉达斡尔民俗博物馆、乡容、牧民新居、蔬菜温室，举行联欢会：

参观达斡尔民俗博物馆；伊兰嘎查牧民苏连胜同志的家庭新居、伊兰嘎查的冬季智能蔬菜温室、暖棚，纳文嘎查的文化活动室、图书室等。参加乡党委、政府组织的联欢会。

巴彦塔拉乡党委书记安曙光，党委副书记、乡长郭林，乡党委政法委书记鄂文军，乡人大主席苏日布和等领导出席联欢会。

纪念郭道甫先生诞辰 120 周年研讨会及相关活动圆满、成功召开，得到与会人员的高度赞誉，称这次研讨会规模大、论文多、活动多，开得很成功。研讨会进一步对郭道甫先生的革命业绩进行论证，并提出向郭先生学习的号召。我们要学习郭先生爱国主义和关心、振兴民族的精神；关心国内外大事和我们的民族，振兴我们的民族和国家。① 郭道甫诞辰 120 周年纪念活动在北京和内蒙古呼伦贝尔市鄂温克旗两地举行，表达了家乡人民对郭道甫的怀念与崇敬。

二　国外研究概况

（一）日本

目前从查阅的资料看，日本研究者野津彰撰写的《内蒙古赤化运动的变迁》是非常重要的参考文献，是"昭和十七年三月《蒙疆调查资料》第五十一号提出的报告。"② 野津彰的《内蒙古赤化运动的变迁》一文刊登在《内蒙古近代史译丛》第一辑，是由内蒙古大学学者金海教授翻译、潘世宪校对，内蒙古人民出版社 1986 年 5 月出版的。野津彰是"蒙古善邻协会调查部调查员"③，他的文章引用的资料"主要是《从北京大使馆

---

① 作者娜日斯达斡尔论坛：bbs. dawoer. com，2014 年 12 月 24 日。
② 野津彰：《内蒙古赤化运动的变迁》，内蒙古大学中共内蒙古地区党史研究所编《内蒙古近代史译丛》第一辑，内蒙古人民出版社 1986 年版。
③ 同上。

没收之文证》",① 因此，文献有参考价值。文章分十四个部分，一是赤化苏联对蒙古的条件；二是蒙古的政治状况；三是建党初期的内蒙古国民革命党；四是内蒙古国民革命党对蒙古地区的具体工作；五是内蒙古国民革命党的军队及党员教育；六是 1925—1926 年苏联在内蒙古的活动；七是内蒙古国民革命党的内讧和分裂；八是撤往宁夏；九是国民党内蒙古指导部的设立；十是反蒋反南京政府时期旧内蒙古国民革命党干部的动向；十一是内蒙古青年革命党；十二是呼伦贝尔独立运动和内蒙古青年革命党；十三是内蒙古自治政府成立后苏联在内蒙古的活动；十四是蒙疆政府成立后中国共产党在内蒙古的活动。其中第三个部分"建党初期的内蒙古国民革命党"中详细记录了内蒙古国民革命党第一次党代表大会的情况，它为内蒙古国民革命党第一次大会的筹备和会议召开的时间提供了依据，内蒙古国民党第一次代表大会决议也有详细的记录。这篇文章的史料价值是不容置疑的。谈到这篇文章，就不能不介绍内蒙古大学的金海教授，他于 1984 年 8 月翻译了日本人野津彰写的《内蒙古赤化运动的变迁》一文，金海教授当年才 29 岁，展露出青年学者的才气，2011 年逝世时才 56 周岁，正值学术成熟期，太可惜了。

金海，蒙古族，1955 年 11 月出生于内蒙古自治区乌审旗，生前为内蒙古大学教授、历史学博士、中国少数民族史专业博士生导师，他自 1982 年 1 月毕业留校工作直到去世。这样推算他是"文化大革命"后"1977 级"第一届本科生。他在与癌症抗争的 12 年中，从未放弃学术研究，从未离开过教学讲台。他培养的 10 名博士研究生已有 4 人毕业，培养的硕士研究生已有 17 人毕业；他参加了 10 余项国家和自治区科研项目，填补了内蒙古近现代史研究的许多空白，出版个人专著 7 部、合著 15 部，发表学术论文 40 余篇 300 余万字，主编 3 部史料汇编和 1 部译著，多次获得国家和自治区级大奖。他参与编写的《内蒙古革命史》获得首届国家社科基金项目优秀成果二等奖，这是内蒙古自治区哲学社会科学领域迄今为止获得的最高奖项。金海先后荣获自治区优秀共产党员、自治区首届道德模范之敬业奉献模范、第二届感动内蒙古人物、第十一届全国职工职业道德建设"十佳"标兵、第十一届全国职工职业道德建设先进个

---

① 野津彰：《内蒙古赤化运动的变迁》，内蒙古大学中共内蒙古地区党史研究所编《内蒙古近代史译丛》第一辑，内蒙古人民出版社 1986 年版。

人、中国教育 2008 年度新闻人物提名奖获得者、全国五一劳动奖章获得者、全国先进工作者、全国优秀共产党员等荣誉称号。内蒙古大学校长陈国庆说，金海教授是内蒙古大学的骄傲，是教书育人的楷模，也是中国少数民族知识分子的优秀代表。金海 1999 年被确诊患上颌窦腺癌，2011 年 7 月 9 日在呼和浩特病逝。内蒙古各界群众以各种形式悼念全国优秀共产党员、被誉为"草原保尔"的内蒙古大学蒙古学学院教授金海。① 他为郭道甫研究做出了贡献。

日本学者还有"田中一郎的《呼伦贝尔事件的经过》、中见立夫的《由民族主义到泛民族主义——蒙古人墨尔色的国家、地域和民族观》、二木博史的《丹巴道尔吉政权对内蒙古革命的援助》"②、桥本平八的《呼伦贝尔蒙古政治史略》等论著。日本学者的研究开拓了我们的学术视野。

（二）俄罗斯

在俄罗斯的相关研究中有" С. Д. ДылыкоВ'Демократическое днижеиие МоиголЬЯ － о иарола В Китаек（内蒙古民主运动）、A. богословский、А. А. МосклеВ'ИаЦиоиаль иыЙ ВоиросВ Китае（中国民族问题），1911 － 1949'、卢加宁 'РоссияЯ － МоиголияЯ － КитаЙ ВлеРе РоЙлеРеРоЙ лолВииXX（二十世纪上半叶的俄—蒙—中关系）等等"。③ 在掌握国外研究动态方面内蒙古大学 2013 级硕士生朝鲁孟有新的突破，当然他引用的有些史料需要进一步考证，有些观点需要商榷。

（三）蒙古国

蒙古国有"和勒伊德·勒·扎木苏荣的《蒙古人民革命党给予内蒙古人民革命党成立及发展的援助》，他与乌·额尔墩巴雅尔等人的合著《中国蒙古人》，泽·乌力吉《巴尔虎蒙古简史》《巴尔虎历史人物录》及葛·米葛玛尔桑布《巴尔虎争取自由运动》，德·照日克图《德·木楚

---

① 百度百科：金海，http://baike.baidu.com/subview/936328/8981980.htm。
② 朝鲁孟：《1925—1931 年间内蒙古人民革命党历史探述》，内蒙古大学硕士学位论文，2013 年。
③ 同上。

克栋鲁普》等著述中均有与内人党相关的大量资料"。① 郭道甫是内蒙古人民革命党的二号人物，上述研究对郭道甫研究有相当的学术价值。

（四）美国

美国印第安纳大学中央内陆欧亚研究系主任艾鹜德教授（Christopher P. Atwood）在内蒙古革命运动和内蒙古人民革命党方面的研究成果突出，"如（'Revolutionorry Nationalist Mobilization in Inner Mongolia，1925—1929（内蒙古民族革命运动）'，'Young Mongols and Vigilantes in Inner Mongolia Interregnum Decades，1911—1931（内蒙古动荡年代的蒙古青年与独贵龙成员）''Inner Mongolia Nationalism in the 1920s：A Survey of Documentary Information（1920 年代的内蒙古民族运动：文献调查）'，'National Party and local Politics in Inner Mongolia，1926—1935（内蒙古民族政党与党地政治）' 'Inner Mongolian Nationalism and Logacy of China New policies，1901—1928（内蒙古民族主义与中国新政策的沿革）' 以及罗伯特·阿·罗宾《二十世纪的蒙古的蒙古人》等论著，其中 Atwood 'Young Mongols and Vigilantes in Lnner Mongolia Interregnum Decades，1911—1931' 对内蒙古人民革命党进行了非常详尽的叙述，具有很高的学术价值。"② 内蒙古人民革命党的研究已经国际化，内蒙古人民革命党的秘书长郭道甫一定在研究之列，因此郭道甫研究也会逐渐走向国际化。

---

① 朝鲁孟：《1925—1931 年间内蒙古人民革命党历史探述》，内蒙古大学硕士学位论文，2013 年。
② 同上。

第二章　郭道甫家世与生平

研究郭道甫家世与生平，就离不开研究呼伦贝尔及其历史，因为这是郭道甫出生、生活、从事教育事业的发源地，也是他政治活动受挫后的疗伤之地。他的祖上奎苏是清政府首批派驻呼伦贝尔的武官。1931 年郭道甫离开祖国之前写的最后一部著作也是谈《呼伦贝尔问题》的，今天回首这部著作的写作时间，好似郭道甫预感之中是要向自己的故土做一个道别。郭道甫一生中的童年和少年时期是他成长过程中的重要时期，郭道甫与呼伦贝尔有着太多难以割舍的情感和值得回忆的往惜，只有解开郭道甫的呼伦贝尔情结，才能读懂他的人生历程和理解他的著作。

一　呼伦贝尔的历史沿革

呼伦贝尔不但历史悠久，山河壮丽，而且人杰地灵。郭道甫对呼伦贝尔的深情凝结在了他的著作《呼伦贝尔问题》之中。

（一）郭道甫眼中的呼伦贝尔

郭道甫的家乡——呼伦贝尔，是一片充满着神奇与幻想的土地，郭道甫深情地写道："呼伦贝尔的位置，是在黑龙江省的西部。著名的兴安岭山脉，就是天然的界限。他的形势，是好像一个躺着的老虎，呼伦湖是他的眼睛，贝尔湖是他的舌头；额尔古纳河是他的脊梁；奇乾金厂是他的尾巴；兴安岭就是他一伸收的四条腿。并且喀尔喀河，自索岳尔济山发源，向西流着，汇入贝尔湖。再出而为鄂尔逊河，乃入呼伦湖。西边又受克鲁伦河，从这里北出而为额尔古讷河。著名的海拉尔，也是河流的名称，实为横断呼伦贝尔全区，而为额尔古讷河上游的大川。凡南半部的河流，都朝宗于海拉尔河；北部的河流，则都分入于额尔古讷河。这些山脉河流，组成了呼伦贝尔的大好河山。土地肥沃，可耕可牧。物产丰富，予取予求。南北长约一千五百余里，东西宽约七八百余里。森林矿藏，尤为无穷。还有最南隅的阿尔山温泉，实为最奇特的天然医院。……这好像由老虎嘴里吐出来的圣灵水珠似的，说起来真是可奇可爱。"① 郭道甫在其著作《呼伦贝尔问题》中对家乡呼伦贝尔大好河山做了如诗的描述，只有热爱和熟知自己家乡的人才能写出如此的情感，呼伦贝尔峻美的山川、河流，唤起了人们对这片故土的无限遐想。在研究郭道甫的许多作者中每当提及呼伦贝尔时都喜欢引用他的这段话，足见他对呼伦贝尔的形容是多么贴切和赋有诗意。常言道，一方水土养一方人。就让我们揭开呼伦贝尔这神秘的面纱。

（二）考古发掘中的呼伦贝尔

从 1927 年开始，中外许多考古学家都曾来呼伦贝尔做过考古挖掘。1933 年，扎赉诺尔煤矿的副矿长顾振全于煤矿南坑发现人头骨 1 件（后称为第一号人头骨）。经赤堀英三研究，于 1934 年·4 月定名为"扎赉诺尔猿人"。鉴定为壮年女性，并认为是旧石器时代末期至中石器时代初期的人类化石，属于形成中的蒙古人种。发现于中国东北的晚期智人化石。在 1938 年著文，认为应属现代人骨，当时其他学者也认为该头骨石化程度极浅，对其是否为晚更新世化石有疑问。1939 年日本古生物学家远藤隆次研究该化石后，认为应属新人化石。② 从此以后，"扎赉诺尔人"就成了古人类学和考古学上的专用名称。1943 年日本考古学家嘉纳金小郎发现第二个人头骨，1944 年我国古人类学家、考古学家裴文中又发现第三个人头骨。1948 年裴文中在《中国史前之研究》中提到"扎赉诺尔文化"一说，指出了中国北方文化起源于扎赉诺尔文化。法国学者德日进在"中国新石器时代"中写道："扎赉诺尔是东方太平洋沿岸与西方波罗地海之间古文化桥梁的拱心石。"日本学者林谦在《福井文化与北亚文化关系》中称"扎赉诺尔文化可能是福井文化的发祥地"。中国学者刘后一在《追踪扎赉诺尔人》中谈道："两万年前，西伯利亚还没有人类踪迹，

---

① 郭道甫：《呼伦贝尔问题》，上海大东书局 1931 年版。
② 百度百科：扎赉诺尔人。

人类起源于南方，在掌握了取火和缝制衣服方法以后，才逐渐向严寒地带迁徙，扎赉诺尔是中转站。"古人类从中原来到扎赉诺尔，西往蒙古、北往西伯利亚，东往朝鲜、日本，再往东越过了万年前还是冰原的白令海峡，进入美洲创造了古老的印第安人文化。台湾学者任庆华在《美洲人从哪里来？》一文中认为，"首批部落从东亚迁徙来到阿拉斯加，是距今一万两千年前的事。"从当时情况分析，这些人抵达依旧寒冷的美洲后使得人口减少。其中一小部分留在了美洲北部，后来演化为今天的爱斯基摩——阿留申人，更多的部落则南迁，经过中美地狭，抵达亚马逊河畔，那里的丰富资源哺育了众多古人类和动植物。1973 年至 1982 年的十多年内，又连续发现了 12 个人头骨和完整的猛犸象骨架等。在地下 12.9 米深的地层中，发现了箭头、圆头刮削器、石叶、石片、石核、野牛、马、鹿、羚羊等化石。经科学测定，距今 11000 多年前，就已经有人类在这一带劳动、生息、繁衍。1982 年 7 月，在扎矿煤层上部地层中先后发现 16 个人头骨化石及大量的人工制品、古生物化石，证明了在一万多年以前，满洲里地区曾是扎赉诺尔人生活和栖息的故乡，是中华民族古老人类的摇篮之一。扎赉诺尔古人类几乎是与北京山顶洞人同期的古人类。

（三）古代的呼伦贝尔

被誉为"中国北方游牧民族成长的历史摇篮"的呼伦贝尔，创造了呼伦贝尔的原始文化。扎赉诺尔位于内蒙古呼伦贝尔高原城市满洲里市以东 29 公里处，它的东、南、北部是海拉尔河套平原，西部是气势磅礴的高尔真山丘陵，南滨碧波荡漾的呼伦湖。两三万年前，在呼伦湖一带，扎赉诺尔人就在此繁衍生息，"扎赉诺尔"，是"达赉诺尔"（达赉湖）的音转，"扎赉诺尔人"就是"达赉湖人"。"扎赉诺尔人"究竟是从哪里来的？许多学者认为，扎赉诺尔很可能是原始黄种人迁徙的中转站，东往朝鲜、日本迁移，成为朝鲜人、日本人的祖先。有些学者认为，大约距今5 万年前，"扎赉诺尔人"的祖先从亚洲的东北部经过现在的白令海峡进入美洲。古地质学的研究证明，当时白令海峡有一条把亚洲与美洲连起来的陆桥，"扎赉诺尔人"就是通过这条可以通行的陆桥到达美洲的，由北向南逐渐散居，分布于美洲各地，成为美洲印第安人的最早祖先，并且形成了具有各种不同文化和不同语言的部落和部族。由于印第安人自古有爱用红色染料涂抹脸部和身体的风俗习惯，因而过去欧洲有些人错误地认为印第安人是红种人。事实上，印第安人根本不是红种人，而是属于黄种人。他们的皮肤呈棕黄色，头发色黑而硬直，宽面圆颅，两颧骨凸出，眉弓粗壮，这些体格形态上的特征与"扎赉诺尔人"很相似。究竟"扎赉诺尔人"是不是美洲印第安人的最早祖先？至今仍然是一个谜。过去国内外许多学者认为，细石器文化起源于贝加尔湖边，由于天气变冷而向南传播，因此"扎赉诺尔人"是从贝加尔湖边迁移来的。有部分学者对此种说法持怀疑和否定态度，也有人认为"扎赉诺尔人"是从我国南方迁移去的。到底谁的说法准确？至今尚未定论。

（四）近代的呼伦贝尔

近代的呼伦贝尔，岭西地区曾于1912—1920年实行地方自治，脱离黑龙江省。1920年后重归黑龙江将军节制，仍设副都统衙门，同时设善后督办兼交涉员公署，并设呼伦、胪滨、室韦、奇乾县，形成旗、县并存和分治的局面。岭东地区也保留西布特哈总管公署，同时设雅鲁县，布西县，直属黑龙江省。东北沦陷时期，岭东为兴安东省，岭西为兴安北省，均直辖于伪满洲国。1945年8月日本投降，10月岭西地区建立呼伦贝尔自治省政府，1946年10月改称呼伦贝尔自治政府。1948年1月1日改称呼伦贝尔盟，归属内蒙古自治区政府。于1945年10月在岭东地区建立纳文慕仁省，1946年6月改称纳文慕仁盟，受中共领导的兴安省政府领导，1947年5月归属内蒙古自治政府领导。1949年4月，呼伦贝尔盟和纳文慕仁盟合并，称呼伦贝尔纳文慕仁盟，简称呼纳盟。

（五）现代的呼伦贝尔

1953年4月1日，成立内蒙古自治区东部行政公署，简称东部行署，署址设在乌兰浩特。同时撤销原哲里木、兴安、呼纳三个盟的建制，其中原呼纳盟的海拉尔、满洲里、乌兰浩特变为内蒙古自治区的直辖市，其工作委托东部行署代管。1954年4月30日，撤销东部区行政公署，将原兴安盟和呼纳盟所辖地区合并，改尔呼伦贝尔市，成立呼伦贝尔市人民政府，作为一级政权，直属内蒙古自治区领导。盟政府设在海拉尔市。1957年2月21日，呼伦贝尔市人民政府改称呼伦贝尔市人民委员会。1958年6月1日，撤销呼伦贝尔市人民委员会，改为内蒙古自治区的派出机构，设行政公署于海拉尔市，改称呼伦贝尔市行政公署。1967年12月20日建呼伦贝尔市革命委员会，为临时权力机构，行使原呼盟行政公署职权。1969 年 8 月 1 日，呼盟大部分地域划归黑龙江省管辖，一部分（原兴安盟的大部分）划归吉林省管辖。1979 年 7 月，恢揽 1969 年前的区划，呼盟重新划归内蒙古自治区管辖。1980 年 7 月，恢复兴安盟建制，呼盟恢复 1954 年 4 月前的区划。2001 年 10 月 10 日，国务院批准撤销呼伦贝尔市设立地级呼伦贝尔市；撤销海拉尔市设立海拉尔区。呼伦贝尔市辖原呼伦贝尔市的阿荣旗、莫力达瓦达斡尔族自治旗、鄂伦春自治族、鄂温克族自治旗、陈巴尔虎旗、新巴尔虎左旗、新巴尔虎右旗和新设立的海拉尔区；代自治区人民政府管辖满洲里市、牙克石市、扎兰屯市、额尔古纳市和根河市。①

二　蒙古族与达斡尔族的关联

（一）达斡尔族源研究概述

郭道甫一直称自己为蒙古人，也就是当时所称的"达呼尔蒙古"。郭道甫的祖先奎苏就是"1732 年从布特哈地区迁来的为"陈巴尔虎"，即"先来的巴尔虎蒙古人"，郭道甫在《为蒙古代祷文》中称："仆系呼伦贝尔（在黑龙江之西部外蒙之东，内蒙古之北）之蒙古人。"② 梁启超先生称"郭君道甫蒙古之振奇士也"。③ 那么在新中国成立后的民族识别之前蒙古族与达斡尔族之间到底是什么关系？这个问题属于族源研究的范畴，比较复杂，笔者只能尝试着做一粗浅的研究，试图厘清为什么郭道甫不以达斡尔族而是以蒙古族活跃于大陆的民国时期，而他的著作也主要是围绕蒙古问题而展开，在前言中笔者提出了郭道甫说的蒙古问题与我们今天的内蒙古与蒙古族是否为一回事的问题，笔者认为因时代的变迁和国家政权的更替，这个问题也随之变化了，内涵和外延都有所区别，而郭道甫谈蒙古问题时我国正处在北洋军阀和蒋介石政权的统治时期，那时的达斡尔族不是单一民族。达斡尔族作为单一民族成为 56 个民族中的一员，是中华人民共和国成立之后的事情，1964 年才确定的。"中国的民族识别工作，规模

① 百度百科：呼伦贝尔。
② 郭道甫：《为蒙古代祷文》，奥登挂编《郭道甫文选》，内蒙古文化出版社 2009 年版。
③ 梁启超：《蒙古问题》"叙"，奥登挂编《郭道甫文选》，内蒙古文化出版社 2009 年版。

之大、历时之久、识别民族之多、调查范围之广、识别依据之科学，都是史无前例的，在世界上也是独一无二的。这项工作从新中国成立之初开始，直到20世纪80年代末期正式确认中国有56个民族，前后历时30多年。大体分为三个阶段。中国成立到1954年为第一阶段。这个时期民族识别的主要工作是进行调查研究，并确定一批民族成分。1952年到1953年，云南、贵州、广西、湖南等省广泛地对自报的民族进行实地调查。1953年，中央民委派出畲民识别调查小组分赴浙江、福建等省调查研究畲民识别问题。同年，在中央民委的领导下，由中央民族学院派出了达斡尔族别调查组分赴黑龙江、内蒙古达斡尔地区进行民族识别调查。1953年初，中共中南局和中南行政委员会委派中南民族学院的专家、学者到土家人聚居的湘西龙山、永顺、古丈、泸溪等县进行民族识别调查。同年9月，中央民委又组织一个包括中央民族学院专家、学者在内的土家识别调查组，深入调查了永顺、龙山、保靖等县土家人的语言、政治、经济、文化、风俗习惯等情况。与此同时，在贵州开展了对"穿青人"民族成分的识别调查研究。"[1] 1949年中华人民共和国成立时，达斡尔人约有5万，主要分布在黑龙江省嫩江及其一些支流的两岸以及内蒙古呼伦贝尔盟东部，还有1800人居住在新疆塔城。其实学术界对达斡尔族族源的研究至今还在进行。改革开放之后，契丹说占据主流地位，当然也有相左的观点。

　　蒙古族与达斡尔族到底什么关系？这是一个复杂的问题，借鉴前人的研究成果试图有所解惑。达斡尔民族从何而来？达斡尔族，拼音：Dáwòěr Zú，英译：Daur ethnic group，达斡尔族源于蒙古说，持这一观点的学者是付乐焕，他认为："达斡尔的诸姓中有'鄂嫩氏'，这鄂嫩的名称与今蒙古人民共和国北境的'鄂嫩河'同名，也就是从这条河得名的。由此推测：原来达斡尔人和蒙族一起居住在鄂嫩河一带，后因受帝俄军队的压迫才东迁到黑龙江流域。蒙族以畜牧为主，而过去达斡尔人也曾以畜牧为主要的生活来源，两族的经济生活是共同的。在社会文化方面也有一些共同点。"[2] 持蒙古说的学者还有陈述，他认为："历史上，元代蒙古对东北

---

　　[1]《进行民族识别，确认56个民族成分》，国家民委网站，www.yn.xinhuanet.com，2009年7月23日。
　　[2]　付乐焕：《关于达呼尔的民族成分识别问题》，中央民族学院研究部编《中国民族问题研究集刊》第一辑1955年（内部资料）。

各族的关系是比较密切的。明正德年间，塔吉古尔等部附隶蒙古，向扎萨克图纳贡。明末清初科尔沁蒙古向东索伦部征索贡赋，（达斡尔曾包括于索伦部内）清廷曾谕令户、兵两部，清查各部落，理藩院奏报打虎儿一千一百余口，未编佐领，随即编了佐领。后来，科尔沁的王台吉等又献出所属席北，卦儿察、打虎儿一万四千四百五十八丁。达斡尔人巴尔达齐等编为八旗的初期，性质上和蒙古旗相同，清廷也以管理蒙藏事物的理藩院管理达斡尔事务。清末至民国时代，一般的以达斡尔属于蒙古旗。"①2012 年包梅花在博士学位论文《雍正乾隆时期呼伦贝尔八旗历史研究》中写道："达斡尔本是蒙古民族一员，原来是嫩科尔沁的属民。他们的一部分被迁离大兴安岭东的故土，逐渐适应新的环境，获得了新生。"② 达斡尔一名最早见于元末明初。我国历史文献中有达呼尔、打虎儿、达瑚里、打虎力、打呼里、达乌尔等不同音译名称。名称寓意。"达斡尔"的意思说法不一，有的说"达斡尔"意即"开拓者"；有的说"达斡尔"意即"长宫""原来长座位置"，是达斡尔人对先人建立的"辽国"和"长国"的宫廷生活时常怀念。达斡尔名称变迁。1616 年努尔哈赤称汗，次年即征服黑龙江中游萨哈连部，当时达斡尔或以地区被称为萨哈连（满语对黑龙江的称呼），或以贡物特点被称为萨哈尔察（满语译音意为黑貂）部，或与鄂温克等泛称为索伦部。至康熙初年，才出现"打虎儿"的译名，以后又常译为"达胡尔""达虎里""达呼尔"等。

持达斡尔与蒙古族不同学者的观点认为"达斡尔人自黑龙江北岸南迁至嫩江流域（主要在西岸）。清政府为增加该地区的兵力和军粮供应，把达斡尔人编入"新满族"八旗，"披甲驻防"。如果说早在明末清初，蒙古科尔沁部曾出兵攻打邻近的达斡尔，彼此关系并不友好，那么，此时达斡尔与蒙古族分属不同的行政系统，关系更形生疏。可见，在有史可稽的 450 年间，和达斡尔密切相处，共同浴血抗击外来侵略的是其他索伦人，在政治上控制他们的主要是满族人。换言之，在最近的数百年间，达斡尔人与蒙古族彼此走着独自发展的道路。再者，达斡尔人有自己的语言。它虽然可能是源自古代蒙语的一种方言，今天亦属于蒙古语族的一种

---

① 陈述：《关于达呼尔的来源》，中央民族学院研究部编《中国民族问题研究集刊》第一辑，1955 年（内部资料）。

② 包梅花：《雍正乾隆时期呼伦贝尔八旗历史研究》，内蒙古大学博士学位论文，2012 年。

语言，但从其基本词汇、音位系统和语法构造方面看，已发展成为明显有别于现代蒙古语的一种独立语言。就经济生活而言，自 16 世纪初起直至清代，达斡尔人都是定居的，在谋生方式上仰赖于农业、畜牧和狩猎。这和蒙古族长年在草原上过着游牧生活有明显的不同。此外，达斡尔人尚未形成自己的民族市场和经济中心，经济上的对外联系，长期以来主要是和汉族进行商品交换，与蒙古族的联系是次要的。至于文化特点上的表现，达斡尔人和蒙古族以及鄂温克、鄂伦春、满等民族确有一些相同和相似之处，但更多的却是具有自己特色的不同点。这些不同点，从日常生活的衣食住行、古老的氏族组织遗留、婚姻家庭、丧葬礼仪、节庆娱乐，直到文化教育、宗教信仰等，都有不同程度的表现。比如，从服饰上看，新中国成立前的达斡尔族，男子穿鄂伦春式猎装，不穿蒙古式长袍，上层女子穿满服，不束腰带，而蒙古族妇女是束腰带的，等等。综合各种材料，达斡尔人并非蒙古族，而是另一个单一民族即达斡尔族。① 所以郭道甫被称为达斡尔族教育家是达斡尔族定为单一民族之后的事了。

（二）郭道甫眼中的蒙古族

郭道甫研究了呼伦贝尔的历史沿革，在著作《呼伦贝尔问题》中从九个方面阐述了蒙古族与呼伦贝尔的关联。② （子）鞑靼和蒙兀室韦的发祥地，郭道甫认为：“蒙古民族的起源，以外蒙古的肯特山为根据，他们向来发展的时候，都以黑龙江的上游斡难河和克鲁伦河，为两条出路。等到呼伦贝尔的境上，就以额尔诺河为互相沟通的桥梁。……但是由肯特山发展到黑龙江下游，必在呼伦贝尔经过很长久的生聚。所以呼伦贝尔一区，可以说是蒙古民族，最初肇兴的发祥地。”（丑）鞑靼部落的牧场，郭道甫认为，“当在元朝起初，那时候的呼伦贝尔，完全为鞑靼部落的牧地。这些鞑靼部落，也纯粹为蒙古族，而非今天的鞑靼民族”；（寅）札木哈的建国，札木哈当年曾与成吉思汗争雄，郭道甫考证了两人的关系，“札木哈与成吉思汗同为蒙古族。不过札木哈不肯甘心居下，故号召附和自己的蒙古部落，在呼伦贝尔北部的根河建都，称为蒙古的总可汗，而与成吉思汗争衡，结局终为他所打败。他那都城的遗迹，到现在还能历然可

---

① 涵之：《识别达斡尔族》，《中国民族报》2004 年 8 月 6 日第 7 版。
② 奥登挂编：《郭道甫文选》，内蒙古文化出版社 2009 年版，第 120—123 页。

考，常有黄瓦绿砖，古物旧器发现。这是呼伦贝尔建设文物的起点。"
（卯）成吉思汗的国基，成吉思汗曾是闻名世界的历史人物，他与呼伦贝尔的关联，郭道甫也阐述了原委，"成吉思汗为开创蒙古帝国的伟人。但是他开国的事业，多半在东部，而呼伦贝尔一区，尤为他最担心的问题。所以成吉思汗最终把札木哈的国都灭掉了。从这时候起，呼伦贝尔就成了成吉思汗建国的基础。每逢军事不利，年岁荒歉的时候，都在呼伦贝尔地方牧居，以待机会的再来。并且呼伦贝尔一区，实为向东发展的重要门户。由这些问题，就可以知道呼伦贝尔一区与蒙古帝国的开创，有这样密切的关系吧。"（辰）元顺帝的故乡，"顺帝是元朝的最末皇帝，他失掉了元朝以后，就退到呼伦贝尔地方，仍旧统治蒙古部落。史书上所记载的捕鱼儿海，就是现在的贝尔湖。今天的克鲁伦巴尔思城遗迹，相传为元顺帝的故居。贝尔湖虽然产鱼，不见得顺帝一定捕过鱼儿，不过声音相近，聊以假用罢了。"（巳）哈萨尔的封地，"哈萨尔为成吉思汗的亲弟，他的善射，在蒙古巴图鲁中称为第一。他对于开创蒙古帝国的事业，也有很大的功劳。成吉思汗封他的领土，就是现在的呼伦贝尔，这也是成吉思汗不忘立国的基础，和重视哈萨尔的最好纪念。可见呼伦贝尔的大好山河，实在添了不少的光荣。"（午）乌拉特部的牧场，"满清初期，呼伦贝尔一区，成为乌拉特部落的牧场。后来这一个部落，就迁移到现在绥远省的穆尼山前后游牧，编入乌兰察布盟，分为东西中三公旗，到现在他们都还忆想着呼伦贝尔的故乡。"（未）斯拉夫民族的侵略，"自蒙古帝国瓦解以来，蒙古各部，渐渐衰弱起来。在俄罗斯方面所建设的金帐汗国，业已失去了统治的势力。那么斯拉夫民族的国运，也是一天一天的强盛起来。等到16世纪末叶，把贝嘉尔湖前后的布里雅特蒙古部落，完全打败，已经侵入黑龙江流域。达呼尔蒙古的归顺满清，乌拉特部落的迁移南方，就是受了斯拉夫民族的压迫而来的吧？并且这些斯拉夫民族的哥萨克骑士们，在黑龙江中部建筑了雅克萨城，以为经营我们东北的大本营。幸而有康熙二十八年的《尼布楚条约》，把他们抵抗住了。这是俄国侵略呼伦贝尔的开端。"
（申）满清的经营，"自《尼布楚条约》缔结以后，满清与俄国的关系日形复杂，而边疆的纠纷也日渐繁多。所以满清政府对于黑龙江方面的国防问题，特别加以注意。首先建筑了齐齐哈尔（现在的龙江）、墨尔根（嫩江）、瑷珲等城，以为屯垦驻防的基础。后来就看到呼伦贝尔方面。那时候呼伦贝尔的大好山河，是完全空的。因为乌拉特蒙古已经搬去，没有人来管领，只任哥萨克骑士们的打猎、侵占罢了。所以雍正十年，由黑龙江派出索伦达呼尔和巴尔虎骑兵，驻防呼伦贝尔，并且建筑海拉尔城，以为发号施令的中心点。设副都统一缺，特简大员以资坐镇。对于边界，则设立鄂博（界碑），卡伦（守望所），以便严防。这是满清经营呼伦贝尔的伟大功绩。"从郭道甫的上述论述中可以了解，蒙古族与呼伦贝尔的历史脉络，清朝从雍正十年开始守护呼伦贝尔，这与他的祖先奎苏被清政府派驻的时间相吻合。

三　呼伦贝尔八旗

郭道甫家世可以追溯到祖先奎苏（也称奎斯），奎苏是清朝派驻防呼伦贝尔的武官。1732 年从布特哈地区迁徙到呼伦贝尔。

（一）呼伦贝尔八旗的产生

为什么会产生呼伦贝尔八旗？它与呼伦贝尔边疆的安危有着直接的关系，而郭道甫祖先的命运就与国家的安全连在了一起，与清朝的守护呼伦贝尔的历史事件连在了一起。"巴尔虎、达斡尔、索伦（鄂温克）、鄂伦春等民族部族移住呼伦贝尔及其呼伦贝尔八旗的建立是蒙古史民族史、'三少民族史'以及呼伦贝尔地区史上的重大事件，影响极为深远。"[1]　"今天的内蒙古自治区呼伦贝尔市的巴尔虎蒙古、达斡尔（即达斡尔蒙古，1964 年被国家定为'达斡尔族'）、鄂温克、鄂伦春等土著民族是雍正年间清朝在这一地区设立的'呼伦贝尔八旗'的后裔。他们是在特殊复杂的历史背景下被迁到呼伦贝尔地区的。"[2]　这一历史背景要追溯到康熙年间。1689 年（清康熙二十八年）《尼布楚条约》的签订，呼伦贝尔草原无人防守。到雍正时期终于决定实行"移民实边"政策，要想得知这段历史必须弄清呼伦贝尔八旗的设置。"所谓'呼伦贝尔八旗'是指'索伦八旗'和'新巴尔虎八旗'。索伦八旗设立于雍正十年（1732 年），包括索伦（Solun，又名 Ewengki – 鄂温克）、达斡尔（Dagur）、鄂伦春（Oruncun）、巴尔虎（Qagucin bargu 旧巴尔虎）等四部族，其前身是形成不久的被称为'布特哈'的

---

① 包梅花：《雍正乾隆时期呼伦贝尔八旗历史研究》，内蒙古大学博士学位论文，2012 年。
② 同上。

大兴安岭东民族集团。"① 布特哈意为狩猎，故在清代文献中亦将布特哈八旗称为打牲八旗或打牲部。其辖境包括，今内蒙古自治区莫旗、阿荣旗、布特哈旗全境和鄂伦春自治旗、科尔沁右翼前旗的一部分；今黑龙江省纳河县、德都县、克山县、克东县全境和甘南县的一部分。"新巴尔虎八旗设立于雍正十二年，他们与大兴安岭东之巴尔虎或被编入索伦八旗中的巴尔虎原本是同一蒙古部族，原来均附属于阿鲁喀尔喀车臣汗部。"② "巴尔虎"一词，是一个以游牧地区名称而得名的蒙古族部族名称。巴尔虎蒙古部是蒙古族中最古老的一支，他们最早在贝加尔湖东北部的巴尔虎真河（今俄罗斯境巴尔古津河）一带从事游牧和渔猎生产。按蒙古人以山河湖泉及游牧驻地名称命族名的习惯，他们被称为"巴尔虎"。后来，巴尔虎蒙古人不断迁徙，分散到贝加尔湖的东部和南部。清康熙年间，一部分巴尔虎蒙古人被编入八旗，驻牧在大兴安岭以东布特哈广大地区，还有一部分成为喀尔喀蒙古（今蒙古）诸部的属部，其中 275 名巴尔虎蒙古人驻牧在今陈巴尔虎旗境内。1734 年，清政府又将在喀尔喀蒙古车臣汗部志愿加入八旗的2400 多名巴尔虎蒙巴人迁驻克鲁伦河下游和呼伦湖两岸，即今新巴尔虎左右两旗境内。为区别这两部分巴尔虎蒙古人，便称 1732 年从布特哈地区迁来的为"陈巴尔虎"，即"先来的巴尔虎蒙古人"之意；1734 年从喀尔喀蒙古车臣汗部迁来的则被称为"新巴尔虎"，即"新来的巴尔虎蒙古人"之意。③ 郭道甫在《呼伦贝尔问题》中谈及巴尔虎民族的肇兴时写道："巴尔虎民族为蒙古民族的最后一支，在元朝未入中国之前，就有这个名称。现在贝嘉尔湖的布里雅特蒙古里面，还有巴尔虎真一部。这部落和达呼尔蒙古迁移到黑龙江中流，同入满族旗籍。雍正十年，驻防骑兵里面，不仅是巴尔虎族，还有索伦达呼尔等民族。后来由外蒙方面，移来很多的蒙古民族，编入呼伦贝尔的旗籍，称为新巴尔虎。而对于真正巴尔虎，则称为陈巴尔虎，把这两部的巴尔虎合计起来，实占人口三分之二。所以呼伦贝尔的蒙古民族，统称为巴尔虎。至于俄国，则对于现在的呼伦贝尔直接以巴尔虎名之。以上所提各种民族以外，还有额鲁特、额（鄂）伦春、布里雅特等民族，但外人则对于呼伦贝尔的蒙古人民，都认为巴尔虎民族。满清

---

① 包梅花：《雍正乾隆时期呼伦贝尔八旗历史研究》，内蒙古大学博士学位论文，2012 年。
② 同上。
③ 百度百科：巴尔虎。

政府对于这些民族，都编为有系统的军事组织，并按男丁的官职等级，由国库给钱粮牲畜，以便休养生息，而为永久驻防的根本政策。这就是呼伦贝尔巴尔虎民族肇兴的来源。"① 1732 年从布特哈迁来的郭道甫的祖先奎苏属于"陈巴尔虎"。

（二）呼伦贝尔八旗的建制

呼伦贝尔八旗如何建制？"清代设旗的条件一般包括以下几项：划定地界、分配户口、编审户口、（编成作为军制单位的牛录）任命长（官）、由清朝中央政府赋予'旗'这个集团名称。清廷由布特哈将移住到呼伦贝尔的诸部族划定了相应地界，分配了总计近四千人户，任命了各旗长官和随员。八旗分左右两翼，五十佐领，每佐领为六十丁。每旗各委派副总管一员，每佐领下各委派佐领一员、实行了驻防八旗制度。"② "将此移住三千名兵丁编为八旗，自筑城地方，令左翼四旗防固俄罗斯之通达之道，游牧于边界地方，令右翼四旗沿喀尔喀界至喀尔喀河一带游牧。"③ 包梅花博士查阅了大量的清满文档案材料，在《清代鄂伦春族满文档案汇编》里，发现"有一则题目为《开拉尔索伦总管达巴哈为报鄂伦春等佐领及兵丁数目事呈将军衙门文》、日期为'雍正十年五月十五日'的档案。该档案的出处是《黑龙江将军衙门档案》。该档案的开头是这样记载的：管理开拉尔地方三千索伦兵总管达巴哈呈将军衙门，为呈报编设旗佐领情形事。可得知四个信息。地点'开拉尔地方'、兵丁数目：三千、主体民族索伦、总管：达巴哈"。④ 档案还详细介绍了索伦八旗职官和兵丁的安排情况："副总管八员、现任佐领三十七员、署理佐领十三员、现任骁骑校二十九员、署理骁骑校二十一员、笔帖式二、领催三百、披甲二千七百、已及比丁之西丹七百三十五、未及比丁之西丹三百二十三。"⑤ 该档案还揭示了清政府派索伦八旗到呼伦贝尔目的"最主要的目的就是平时训练，以备调遣。并兼具防御俄罗斯，监控喀尔喀的目的。因此一开始就规定此项兵丁平时接受训

---

① 郭道甫：《呼伦贝尔问题》，奥登挂编《郭道甫文选》，内蒙古文化出版社 2009 年版，第 123—134 页。

② 包梅花：《雍正乾隆时期呼伦贝尔八旗历史研究》，内蒙古大学博士学位论文，2012 年。

③ 同上。

④ 同上。

⑤ 同上。

练兵射、枪技、枪法及作战列队。并配给此项三千名兵丁，鸟枪一千杆、长枪一千五百杆，每人各配给弓一把、撒袋一副、腰刀一把、梅针箭三十支、披箭十支、长披箭五支。其枪柄及箭杆，皆可在本地获得，相应仅解送枪箭之铁制尖头，分给各该兵酌量配制使用"。① 从以上详细的记载中我们对雍正时期的建立呼伦贝尔八旗中的索伦八旗的建旗条件、官兵人数、旗的驻地、主要目的、配备的武器等情况就清楚了，而当时却是军事机密。

（三）郭道甫祖先奎苏

鄂温克旗的达斡尔族是 1732 年迁徙到呼伦贝尔戍边的，巴彦塔拉达斡尔民族乡保留着独特生产和习俗，巴彦塔拉，蒙古语意为富饶的草原。1732 年，"从布特哈地方遴选 3000 名壮丁，其中索伦（现鄂温克）壮丁 1636 名，达斡尔壮丁 730 名，鄂伦春壮丁 359 名，巴尔虎壮丁 275 名，派往呼伦贝尔守边……经 10 年守边服役后，因达斡尔人不愿骨肉分离，移居他乡，再加地区寒冷不惯游牧，于 1742 年（清乾隆七年），经清廷认可，将 26 个佐的达斡尔人迁回布特哈原籍。其中唯独登特科爱里的敖拉氏范察布和满那爱里的郭博勒氏奎苏二人，因在军中任职（笔贴式）未能返回，而落居海拉尔城。"② "范察布被编入索伦左翼正白旗第一佐，奎苏被编入索伦左翼镶黄旗第一佐。范察布被任命为索伦左翼镶白旗第一任佐领（牛录章京）。"③ "范察布和奎苏两家人，在海拉尔城南三里远的图库仁诺尔（圆形水泡）近旁盖房居住。于 1802 年（清嘉庆七年）索伦左翼旗在好吉日托海（现巴彦托海镇）修黄教庙广慧寺后，敖拉氏范察布的后人倭格精额移住庙西，郭博勒氏奎苏的后人泰庆阿住在庙东。从此，在好吉日托海这地方有了人烟。建立南屯的人是登特科爱里的敖拉氏倭格精格和郭博勒氏奎苏的后人泰庆阿。"④ 郭道甫家世的历史与清政府的边防设置密切相关，1732 年，清王朝从布特哈地区调遣 3000 多兵丁驻守呼伦贝尔。其中，包括 730 名达斡尔族官兵及其家属。因草原气候寒冷，不宜耕种，达斡尔官兵又不习惯游牧生活，大部分返回原籍。当时因职务系身的郭孛勒、敖拉两个哈拉仍留在呼伦贝尔，莫日登哈拉也因任官职留居，他们成为世代久居呼伦

① 包梅花：《雍正乾隆时期呼伦贝尔八旗历史研究》，内蒙古大学博士学位论文，2012 年。
② 阿·恩克巴图：《南屯》，扎森图雅编《风雪录》，内蒙古大学出版社 2010 年版。
③ 同上。
④ 同上。

贝尔的达斡尔族。"郭道甫的祖先是清雍正十年（1732 年），从东布特哈地区纳莫尔河流域达斡尔郭博勒姓氏满那莫昆，驻防到呼伦贝尔地方的奎苏的后代。"① 奎苏是目前郭道甫家族中追溯得知的最早的祖先，所以本书把郭道甫的家世从祖先奎苏写起。郭博勒氏家谱记载奎苏是郭博勒氏的第九代传人。阿·恩克巴图在《郭道甫生平二三事》中也证实了这段历史。郭道甫"祖先奎斯老人在清雍正十年（1732 年）由东布特哈纳莫尔流域移住呼伦贝尔地区（为戍边兵役）先在海拉尔城附近南部落户，经过六十多年以后，移住南屯，最后由南屯又迁居莫和尔图溪山各间（今之巴彦查干）"。② 巴彦查干今也称作巴彦嵯干，这是少数民族语言汉译时译音的不同。从包梅花的博士学位论文《雍正乾隆时期呼伦贝尔八旗历史研究》使我们对这段历史有了更进一步的了解，她对索伦八旗成分做了分析，从旗色看分为镶黄旗、正黄旗、正白旗、正红旗、镶白旗、镶红旗、正蓝旗，达斡尔人主要编在正白旗和正蓝旗中，在索伦八旗中有两个笔帖式，一个是正黄旗满族人，一个是正白旗达斡尔人，"正黄旗和正白旗各设笔帖式一员，由此可知两名总管驻于该两旗，其余六旗皆没有设笔帖式"③。阿·恩克巴图老人的上述回忆说奎苏是编在索伦左翼镶黄旗第一佐，因任职（笔帖式）而没有在乾隆七年遣回布特哈，留在海拉尔城，包梅花分析的表格中镶黄旗没有笔帖式，这就出现了两个资料不一致的问题，需在今后的研究中进一步考证。笔帖式④：满语 bithesi 的音译，也作"笔帖黑"，意为办理文件、文书的人。笔帖式为国家正式官员，有品级。早有五、六品者。雍正以后除极少数主事衔笔帖式为六品外，一般为七、八、九品。笔帖式升迁较为容易，速度较快，被称为"八旗出身"之路。

四　郭博勒氏族的家谱

（一）　达斡尔族姓氏

研究郭道甫必然牵涉到达斡尔族的姓氏，这与他的家世有密切的关系。

---

① 阿·恩克巴图、额尔很巴雅尔、色尔森太：《我们永远怀念他——纪念郭道甫先生诞辰一百周年》，内蒙古自治区达斡尔学会编《达斡尔族研究》第五辑，1996 年（内部资料）。
② 阿·恩克巴图：《郭道甫生平二三事》，1984 年油印稿。
③ 包梅花：《雍正乾隆时期呼伦贝尔八旗历史研究》，内蒙古大学博士学位论文，2012 年。
④ 百度百科：笔帖式。

达斡尔人把古老的父亲氏族称为"哈拉"，哈拉是由同一个父系祖先的后代组成的血缘集团。达斡尔族内部分有敖拉、莫日登、鄂嫩、郭博勒、金克尔、沃热、纳迪、吴然、德都尔、索多尔、乌力斯、毕日扬、何斯尔、卜克图、阿尔丹、陶木、胡尔拉斯、何音、鄂尔特、卜库尔等哈拉。

在金、元、明、清初那么悠久的历史岁月里，他们在黑龙江北岸和精奇里江两岸辽阔土地上，建立过许多村屯和木城。达斡尔人对于所建的这些村屯和木城，大都以自己的哈拉和莫昆命名。如多金城，就是用敖拉哈拉（敖、单、多、杜、杨、阎氏族）的多金莫昆（多姓）命的名；著称于世的雅克萨城，就是用敖拉哈拉（敖、单、多、杜、杨、阎氏族）的雅尔兹莫昆（杨、阎姓）命的名；郭贝勒屯和郭贝勒阿彦，就是用郭贝勒哈拉（郭氏族郭姓）命的名；阿萨津城，就是用鄂嫩哈拉（鄂、敖、吴氏族）的阿谢金莫昆（鄂姓）命的名；铎陈城，就是用托莫哈拉（陶、乔氏族）的图钦莫昆（陶姓）命的名；额苏里城，就是用鄂斯尔哈拉（何、鄂、杜氏族）命的名；阿里岱屯，就是用阿尔丹哈拉（安、阿、德、金氏族）命的名；额尔土屯，就是用鄂尔特哈拉（鄂、于氏族）命的名；莫日迪齐城，就是用莫尔登哈拉（莫、孟、苍氏族）命的名；博阔尔（素称博和里）城，就是用鄂嫩哈拉（鄂、吴、敖氏族）的博阔尔浅莫昆（鄂姓）命的名；德都勒屯，就是用德都勒哈拉（德氏族）命的名；噶尔达孙屯，就是用德都勒哈拉（德氏族）的噶勒达斯莫昆（德姓）命的名；克殷屯，就是用克音哈拉（何氏族）命的名；吴鲁苏屯，就是用乌力斯哈拉（吴氏族）命的名；吴兰屯，就是用托莫哈拉（陶、乔氏族）的瓦韧莫昆（乔姓）命的名；布丁屯，就是用博格特哈拉（卜氏族）的布敦千莫昆（卜姓）命的名；色布克屯，就是用金奇里哈拉（金氏族）的泽布克莫昆（金姓）命的名；沃呀屯，就是用沃热哈拉（沃、张氏族）命的名；乌鲁苏屯，也叫瑚尔汉乌鲁苏穆丹城，就是用乌力斯哈拉（吴氏族）所属的库尔堪莫昆（吴姓）命的名；乌尔堪屯（也称乌喇喀屯），就是用苏都尔哈拉（苏氏族）的乌尔科莫昆（苏姓）命的名；都孙屯，就是用德都勒哈拉（德氏族）的都松莫昆（德姓）命的名；固农屯，就是用托莫哈拉（陶、乔氏族）的古隆莫昆（陶姓）命的名；海伦屯，就是用鄂尔特哈拉（鄂、于氏族）的海楞莫昆（鄂姓）命的名；浑秦屯，就是用鄂嫩哈拉（鄂、敖、吴）氏族的坤奇莫昆命的名；榆尔根屯，就是用郭贝勒哈拉（郭）氏族的鄂尔根千莫昆命的名。

　　还有不少是以哈拉、莫昆之名命名了周围的山川河流。如用鄂嫩哈拉命名了黑龙江上游北岸支流——鄂嫩河。由此可知，鄂嫩河流域肯定是鄂嫩哈拉的原籍。用托木哈拉命名了精奇里江下游东岸支流——托木河。由此可知，托木河流域肯定是托木哈拉的原籍。用苏都尔哈拉命名了苏都里河，可见苏都里河流域肯定是苏都尔哈拉的原籍。用金克尔哈拉命名了精奇里江，可见精奇里江的一段肯定是金克尔哈拉的原籍。

　　金克尔哈拉不仅以哈拉命名了江名，而且以其色布克莫昆名命名了精奇里江、西林木迪河汇流处的泽布奇峰；苏都尔哈拉乌尔科莫昆不但以莫昆名命名了乌尔坎屯，而且命名了精奇里江上游支流——乌尔坎河。

　　住在黑龙江北岸时，达斡尔人的好多木城取自酋长名，如多金城、阿萨金城、铎陈城、额苏里城、莫日迪齐城、托古勒津城、博和里城、乌鲁苏穆丹城、拉卜凯城、希日基尼城、桂古达尔城等。驰名中外的雅克萨城，也叫阿（e音）尔巴西城，是从拉卜凯的侄子阿尔巴西继任此城酋长得名。

　　清廷征服索伦部之役结束后，为了稳定黑龙江北至外兴安岭这偌大地区的统治地位，除了采取一些安抚的政策措施外，还在行政管理上，按达斡尔族的哈拉莫昆和居住特点，编了一些牛录——佐，并册封拉卜凯、达萨乌勒、桂古达尔、宝恩布来、托勒嘎、道布图勒、别布尔、都希、乌莫迪、巴尔达齐等酋长为牛录章京——佐领，赏赐朝服，让他们管理黑龙江上中游北岸和精奇里江流域的达斡尔人。

　　顺治七年初，以哈巴罗夫为首的沙俄远征队再次侵略黑龙江上游。这时，住在黑龙江上游北岸地区的拉卜凯集团，同石勒喀河下游至牛满河之间的达萨乌勒、桂古达尔、宝恩布来、托拉嘎、道布图勒、巴尔达奇等集团一样，为了抗击沙俄，逐一由原来的经济、宗姓的氏族部落组织，发展成为多宗姓、反侵略的地区联盟。拉卜凯集团的主体，由沃热氏族和乌里斯氏族两大宗姓人组成，酋长为拉卜凯。他常驻在以他侄儿阿尔巴西（Erbaasi）的名字命名的阿尔巴西城，即雅克萨城。

　　鄂嫩氏族同乌里斯和沃热氏族驻地相接，婚姻互通，宗支交织，鄂嫩氏族的首领齐帕，就是拉卜凯的女婿，因此，在抗俄当紧的年代，以齐帕为首的鄂嫩氏族，也加入了以拉卜凯为酋长的反侵略地区联盟。

　　从顺治元年起，达斡尔人根据清廷坚壁清野的战略部署，陆续从黑龙江北岸、精奇里江流域迁居嫩江流域。

　　清廷把选迁来的达斡尔人编为杜博浅（鄂嫩哈拉祖先之名）、孟尔丁（莫尔登哈拉之名）、讷莫尔（嫩江支流之名）三个扎兰（连一级军事组织），连同五个"阿巴"和齐齐哈尔周围的六十多个屯子，统属设在齐齐哈尔大屯的达斡尔总管衙门管辖；稍后又将乌木台（郭）、齐帕（鄂）、岳库达等三个人的族众编为三个佐。康熙七年，又编为十一个佐，任命达力呼等十一人为佐领（牛录章京）。

　　齐齐哈尔地区的一部分达斡尔人迁来较晚，从顺治五年起陆续迁来建屯，直属达斡尔总管衙门管。清廷在设立墨尔根副都统、布特哈副都统，管辖墨尔根、布特哈两个地区达斡尔人的同时，也设立了齐齐哈尔副都统，管辖齐齐哈尔地区的达斡尔人。总之，达斡尔人迁居嫩江流域之初，分哈拉莫昆建村时，并没混杂或很少混杂异姓人。可是已经改变了哈拉、莫昆命名的传统习惯，很少用哈拉莫昆起村名。

　　让我们了解一下各哈拉莫昆迁嫩江流域后所建的屯名：鄂嫩哈拉建了开阔、霍日里、博库尔浅、宜斯尔、博斯呼浅、都尔本浅、齐尔莫勒登、索伯尔汉、浑阔、特尔莫、耶斯依格日、挂尔巴达尔、长岗子、水哈拉、色特尔、嘎查等屯，后来从上述屯分化新建的屯有花马台、博尔齐、提古拉、特莫呼珠、开阔浅、阿音浅、达嘎沁、南营东、红火地房子、哈日努格、三家子等屯。敖勒哈拉建了依斯坎、多金、哈列尔图、拉力浅、奎力浅、东多格浅、果尼、西多格浅、登特克、库热浅、阿尔拉、拉格气、杜恩达阿纳格、莫勒克、莽格图、玛格勒堤、塔格日、额尔门沁、哈拉台阿那格、音沁、库日库勒等屯，后来从这些屯分化建的新屯有拉力浅托尔苏、多西浅、都希浅、华尔沁、哈雅都日本、西必奇、都西根、敖立格日、扎布刻格日、三间房、六间房、布尔金、多布台、木古拉尔特等屯。莫尔登哈拉建了大库木尔、博和图莫尔登、宜卧奇、舍卧尔、尼尔基、开塔拉、孟尔丁、阿尔哈昌、浑阔、达瓦第、罕迈迪等屯，后来，从上列屯子分化建的新屯有库如勒奇、小库木尔、西瓦尔图、乌尔科莫尔丁、托苏呼孟尔丁、会图孟尔丁、小孟尔丁、西倭尔托尔苏、坤必尔台、雅普奇、小孟尔丁、大孟尔丁、西倭尔托尔苏、坤必尔台、雅普奇、大孟庄、红火地房子等屯。郭贝勒哈拉建了洪果尔津、满那、莫热、塔文浅、哈力、大博尔克、昂提、杜尔本沁、色力克、达瓦第、特尔莫等屯，后来，从上列屯分化建的新屯有斡多胡台、那音、孔果、满乃博尔克、霍洛尔丹、乌尔西格、阔奇、南营西屯等。苏都尔哈拉建了乌木科、霍勒托辉、查哈阳、比台、额依勒尔、绰尔嘎勒等屯，后来，从这些屯分化建的新屯有甘南县的楚尔嘎拉、沃勒奇、呼珠乌尔科等屯。金克日哈拉建了嘎布喀、梅斯勒、德日莫呼尔、岗恩、色力克、莫古尔等屯，后来，从这些屯分化建的新屯有甘南县梅斯勒、嘎树哈等屯。讷迪哈拉建了唯一的哈力浅屯。吴然哈拉建了西拉金、博荣等屯，后来分化新建的屯有萨玛街、额尔根沁、库木尔西拉金等屯。沃热哈拉建了博荣、东西拉金、西西拉金、西达嘎沁、音沁、哈拉台阿那格、呼兰额尔格等屯，后来，从上列屯分化新建的屯有萨哈锦、敏特格、两间房、烧锅、小北屯、海雅、全和台、海格、哈日红格日、万仙红格日、双岗子等屯。德都勒哈拉建了温察尔、阿彦、德都勒、音沁等屯，后来，从上列屯分化新建的屯有两间房屯（又名杜拉斯尔特屯）。索多尔哈拉建了唯一的阔奇屯。杜拉尔哈拉建了杜拉色尔、索勒果尔、托密沁等屯。博拉木哈拉建了唯一的汗古尔河屯。乌力斯哈拉建了托木沁、霍依热格日、米勒特格日、斡诺日图、随宫、塔文浅、绰尔格勒、色力克、库莫等屯，后来，从上列屯分化新建的屯有坤都沁、长岗子、李家地房子、哈什台、王家地房子、胜利、阿拉尔、敖宝、文固达等屯。托木哈拉建了萨恩达干、斡诺日图、音沁、雅尔赛等屯，后来从上列屯分化新建的屯有岗子、李家地房、哈什台、哈尔博尔托等屯。胡尔拉斯哈拉建了哈拉、哈罗尔特等屯，后来分化新建的有哈拉地房子、霍尔台等屯。鄂斯尔哈拉建了哈拉、齐齐哈尔、哈罗尔特、哈日、塔格日等屯，后来分化新建的屯有哈拉地房子、额莫勒堤、霍尔台、西哈雅、东哈雅、绰克义格日等屯。鄂尔特哈拉建了奈门沁、霍勒登该等屯，后来分化新建的屯有奈门沁哈雅屯。毕力杨哈拉建了齐齐哈尔屯。后来分化新建的有西哈雅、东哈雅、绰克义格日等屯。克音哈拉建了巴尔奇哈屯。后来分化新建的是善宝屯。阿尔丹哈拉建了拉格奇、莫古尔、哈木吉格、哈柱、岗根、三间房等屯。卜克图哈拉建了挂尔本达瓦、西哈雅等屯。达斡尔人建屯总的特点是：从拉哈镇以下的嫩江流域各屯，由单一哈拉莫昆组成的较少，两个以上哈拉莫昆组成的较多。达斡尔人除在嫩江流域建了许多村屯外，还受清廷征调，先后去瑷珲、呼伦贝尔、呼兰、新疆等地驻防，建了许多村屯。

学者认为，从达斡尔人的哈拉大部分与山岭、河流名称相同情况看，"哈拉"一词有可能是达斡尔语"哈力"的变音。"哈力"是达斡尔语"山谷"之意。凡是大、小江河，其上中游尤其支流，都要流经山谷地带。因此，坐落在同一山谷的同一氏族、同一血缘（一个莫昆或几个莫昆）的人们，也就同属于一个祖先，一个根子，也就组成同哈拉。据史料记载和达斡尔族现实情况看，达斡尔族至少从明清以来就有过二十一个哈拉，即达斡尔、金克尔、阿尔丹、克音、鄂尔特、胡勒达斯、卜古特、索多尔、讷迪、吴然、毕力央、苏都尔、敖拉、鄂斯尔、莫尔登、沃热、德都勒、托木、郭贝勒、乌力斯、鄂嫩。现在，除了以族为氏的达斡尔哈拉荡然无存外，其余二十个哈拉皆完整存在。① 其中的郭贝勒就是郭博勒姓氏。

（二）郭博勒氏家谱

郭布勒哈拉（姓氏）聚居在精奇里江下游左岸的支流布丹河流域，酋长是乌莫迪和伦保。17 世纪中叶以前因分布于黑龙江以北、精奇里江支流布丹河流域，哈拉名称源于当地"郭布勒阿彦"地名，在清朝晚期绘制的满文地图上注有郭布勒屯。民国后以"郭"为姓，自清道光朝以后，布特哈郭布勒哈拉中出现了一批将军、都统、副都统等高级军政官员，形成个别官宦世家。迁居齐齐哈尔地区的郭布勒哈拉族众建立了杜尔门沁、达巴岱等古老屯落。清康熙二十三年（1684）调 500 名达斡尔兵在额苏里地区屯垦，后留驻瑷珲，其后裔成瑷珲达斡尔人。民国八年（1919），瑷珲地区达斡尔人共 294 户，其中郭布勒哈拉 41 户。清雍正十年（1732）建呼伦贝尔八旗时，从布特哈地区调 730 名达斡尔官兵到呼伦贝尔屯垦，因当地气候寒冷，不宜农耕，大部分达斡尔于乾隆初年返回原籍，唯在当地任官职留在呼伦贝尔，其后裔成为海拉尔地区达斡尔人。民国二十年（1931）海拉尔地区的 92 户达斡尔人中，其中郭布勒哈拉有 34 户。雍正十二年（1734），齐齐哈尔八旗达斡尔官兵迁徙呼兰驻防者有郭布勒哈拉人，他们定居在白旗屯、黄营窝棚等屯落。乾隆二十八年（1763）自布特哈调 500 八旗官兵赴新疆永戍伊犁。

郭道甫姓郭博勒氏，郭博勒氏是达斡尔族的大姓氏之一，为防止沙俄的入侵保卫祖国边陲呼伦贝尔的安全可谓影响至深。1986 年郭博勒氏家族的家谱经世代保存，正式在内蒙古呼伦贝尔盟鄂温克旗南屯与族人见面了。达斡尔族人在清朝时出现过许多的军事将领，其中长顺将军就是清朝

---

① http://blog.163.com/lj0781993@126/blog/static/118548797201031744440216/.

末代皇后郭布罗·婉容的曾祖父。在郭博勒氏的辈数中郭道甫与婉容是同辈。"呼伦贝尔郭博勒氏，即老海拉尔地区满那支系。直系祖先为奎苏。""郭道甫的祖先目前就追溯到郭博勒氏第九世奎苏（也称奎斯）。第九世奎苏，即华连泰之次子占普托的长子。祖父为华连泰，曾祖父嘎那顺，高祖为乌默特，奎苏于1732年带领家眷驻防呼伦贝尔。1742年将二十六佐达斡尔人遣回布特哈原籍时，因公职在身，和敖拉氏范察布两户留在海拉尔地区。""第十一世明禅，乾隆五十七年（1792年）廓尔喀（尼泊尔）入侵西藏时从征，赏蓝翎，补佐领。嘉庆年间换花翎。道光年间擢总管剿张格尔叛乱加副都统，呼兰河城守卫工，迁西安左翼副都统。道光十三年（1833年）卒于宫。""第十二世兴寿，明禅之子，恒龄之父。""第十三世恒龄，明禅之孙。咸丰年间骑校、左领、副总管、协领。同治年间副都统、护军统领、直隶九门提督。赏穿黄马褂，头品顶戴，授达春巴图鲁勇号。光绪年剿捻卒于军。""第十三世欧根（这是绰号，因为白头而得，笔者没有能查对处出正式名字），民国初呼伦贝尔副都统公署官员。1917年，东蒙巴布扎布残部色布精格骚扰呼伦贝尔时，被捉去当人质，后匪徒撕票而被杀。""第十三世成山（成善），谥副都统。""第十四世文明，居山之侄，副总管。""第十四世荣禄，成山之子，呼伦贝尔副都统公署右厅帮办，左翼镶黄旗副总管。""第十五世墨尔色，即郭道甫、郭浚黄，荣禄之子，祖父为成山。（也称成善）"[①] 16世为特木尔巴图、阿日亚（2014年3月7日8时15分逝世）。本书写到16世。

　　清王朝末代皇后郭博勒·婉容就是达斡尔族郭博勒氏。郭博勒·婉容是中国封建社会最后一位皇后，她以悲剧性的人生引起了人们的关注。有关她的书籍、影片、电视剧享誉国内外，使人们对她的身世有了较多的了解，但人们却很少知道她的民族为达斡尔族。郭博勒氏是达斡尔族中较大的姓氏之一。达斡尔族历史上就以骁勇善战著称，"长顺被清政府任命为吉林将军。1986年郭博勒氏家族的家谱经世代的保存，正式在内蒙古呼伦贝尔盟鄂温克旗南屯与族人见面了"，[②] 婉容的曾祖父、祖父、父亲的名字及官位在家谱中都有明确的记载。婉容的个性明显带有达斡尔人的性

---

　　① 奥登挂：《望世家族——郭博勒氏》，选自乐志德主编《莫力达瓦达斡尔族自治旗达斡尔学会会刊》2003年第10期，第258页。

　　② 郭博勒·乌尼日：《达斡尔族皇后——郭博勒·婉容》，《文史春秋》1994年第2期。

格特征，耿直、倔强。她"不但相貌姣好，而且仪态不凡，举止端庄，谈吐文雅，琴棋书画样样都通，实在是一位百里挑一的有教养的才女"。①清王朝为溥仪选后的消息传出，各路名人都想攀这个亲，徐世昌和张作霖都派人来提亲了，只因清王朝对皇后的民族有严格的规定，在满族与蒙古族中挑选。婉容父亲是达斡尔族，母亲是满族，符合被选皇后的条件，婉容成为我国末代皇后，她是不幸的，好似风光，却是封建婚姻制度的牺牲品。

五 郭道甫父亲——荣禄

十年树木，百年树人，郭道甫是土生土长的呼伦贝尔鄂温克旗莫和尔图人，从一个不会说汉语，不认识汉字的少数民族孩子，成长为能用流利的汉语在全国教育大会上和国际会议上演讲蒙古教育问题的知名学者，用标准的文言文著书立说（本书第四章的著作研究中可以展示其文采）。郭道甫能在少数民族中脱颖而出，成为民国时期内蒙古地区乃至全国有影响的人物，这与他父亲荣禄的教育理念和精心培养分不开。

（一）荣禄生平

荣禄父亲成善（郭道甫祖父）（1846—1919），生于半殖民地半封建社会的清王朝，担任呼伦贝尔副都统公署左正堂，1919 年与孙子墨尔根泰（郭道甫胞弟）死于霍乱瘟疫，这年正值中国的五四运动，享年 73岁。目前关于成善的相关资料不多。

郭道甫父亲荣禄（1871—1945）又名明苟，郭博勒氏。呼伦贝尔索伦左翼镶黄旗（今鄂温克旗）人，副总管（又称协领），其妻敖拉氏，郭道甫的母亲，"为索伦左翼正白旗佐领成德公（《蒙古族通史》称'索伦旗总管'）的妹妹。"② 据记载，曾世居济喇嘛太河（今扎罗木得河）一带，后迁居莫和尔图村。历任索伦左翼佐领、副总管、总管。呼伦贝尔驻海各旗联合办事处处长，东北沦陷时期任伪索伦旗旗长等职。荣禄为官清

① 王庆祥：《末代皇后和皇妃》，吉林人民出版社 1984 年版。
② 阿日亚：《呼伦贝尔索伦左翼旗副总管荣禄》，内蒙古自治区政协文史和学习委员会编《内蒙古近代总管录》，《内蒙古文史资料》第五十一辑，2001 年内蒙古政协文史书店发行。

廉，爱乡爱民。民国时期，外籍侨民擅自入山伐木，割草开荒，搭建冬营地，捕鱼狩猎。沙俄白匪和马贼（土匪）也不时骚扰乡民，劫夺牲畜。当时，作为总管的荣禄和副总管达门达（鄂温克族）将牧民组织和武装起来，以软硬兼施的手段和匪徒周旋，制止了匪徒的侵扰，维护了乡民的生命财产安全。他们还组织乡民上山打猎，下河捕鱼，承揽中东铁路所用枕木的采伐运输任务，从而大大改善了乡民的生活，被旗内外誉为"屏藩人士"。

1932 年，荣禄出任伪索伦左翼旗旗长。1933 年，索伦左、右两旗及布里亚特、额鲁特旗合并成立伪索伦旗，荣禄于 1936 年出任伪索伦旗旗长。在任期间，他为保护旗民利益……在旗民物资供应、交售畜产品、除狼害用枪支等方面亲自与日方交涉，迫使其让步。由于他的这些举动常使日本统治者感到难堪棘手，在任仅两年，于 1938 年被迫辞职。① 荣禄在唯一的儿子失踪之后的六年间继续从政与日本人周旋。

荣禄"意志刚强，记忆力特强，不怕得罪人，善于经营畜牧业的大牧主，学过满文"。"荣禄为人正派，生活俭朴，生产经验丰富，善于经营畜牧业。据了解他的牛群，最多时达到过七百头。"荣禄有三个儿子，长子（郭道甫），次子莫尔根太，比郭道甫小两岁，三子被白俄杀害。对于荣禄来说这是一个重大的打击。妻子敖拉氏"郭道甫之母亲是成德之亲妹敖拉氏，头脑聪明，容貌端正，性格温雅，善良妇女，不过年轻时惨死"。郭道甫在 6 岁时就失去了母亲，而母亲惨死的原因也有一个震惊的故事。"庚子年（1900 年）郭道甫之野外敖特尔家，在蒙古包里，中午正在吃马肉的时候，来了几名俄国人，他们以马肉热情地款待那几人。当天深夜中那几个误吃马肉的俄国人突然返回来，怀着恶心杀害了郭道甫之母亲及其一弟一妹和雇工邻居共计七八人。这是由于宗教信仰不同语言不通而发生的不幸惨案。"② 父亲荣禄对两个儿子的培养是有所侧重的，长子郭道甫读书，走学而优则仕的道路，次子莫尔根泰继承自己事业管理家业，不幸的是次子于 1919 年死于霍乱，家业中从此缺少了管理的接班人了。

① 巴彦嵯岗学校建校九十周年编：《莫和尔图名人录》（汉文版）。
② 阿·恩克巴图：《郭道甫先生生平二三事》，1984 年油印稿。

（二）荣禄的经营之道

荣禄是善于经营的牧业主，他会经营善管理，"由于他擅长运用土法经营管理牧业生产，知晓气候变化和辨别四季牧场的水草质量，曾拥有过很多大小牲畜，其中牛就有过七百多头。"① 郭道甫出身在呼伦贝尔莫和尔图的名门望族，是一个富裕的家庭，这与祖辈的善于经营的理念不无关系。"祖父勤劳能干，年轻时经常上山拣蘑菇出售，然后买牲畜经营牧业"②，其父荣禄非常善于经营畜牧业，懂得保护牧场和森林，拥有相当数量的牲畜。郭道甫之子阿日亚曾回忆说：他爷爷"荣禄是一位精明强干、意志刚毅、性情直爽、刚直不阿的人。他头脑清醒，记忆力极强，善于心算，打得一手好算盘。他生活十分简朴，滴酒不饮，勤俭持家。每到海拉尔市从火车站都是步行回到家。从海拉尔带回来的也只不过是一斤冰糖或是一斤山西红枣。平时我们都穿白茬皮袄，只有到了春节才让我们穿好衣服。他治家很严，时间观念极强，生活很有规律，并善于经营牧业。他通满文，亲自记账，喜欢听新旧故事"。③ 资料显示郭道甫用父亲的一千元大洋和十头牛，建立了学校。可见家庭的经济状况。其子女回忆，小时候每逢过年吃的水果都是从日本运来的，二女儿萨仁挂（雪红），三女儿奥登挂（雪英）都是在日本山梨县读的中专。那个年头家庭的经济收入可以供子女出国读书，可见家庭的经济状况是比较富足。

（三）荣禄资助郭道甫创办家乡教育

荣禄勤俭持家，热衷于兴办教育，也将自己的收入慷慨支助儿子郭道甫用于家乡的教育事业。

1918 年，郭道甫、福明太创办蒙旗小学校时，曾得到荣禄私人巨额捐款。"1925 年初，索尼女士返回苏联后，给莫和尔吐屯小学索布德、海瑞等五名达斡尔族青年学生寄来了赴苏联留学的证书。这时，荣禄老人同

---

① 阿·恩克巴图、额尔很巴雅尔：《荣禄略传》，内蒙古自治区政协文史和学习委员会编《内蒙古近代总览录》，《内蒙古文史资料》第五十一辑，2001 年内蒙古政协文史书店发行。

② 阿日亚：《略谈郭道甫成长的周围环境和他的思想体系》，内蒙古自治区达斡尔学会编《达斡尔族研究》第五辑，1996 年（内部资料）。

③ 同上。

意郭道甫的意见，为了支持五名女青年赴苏留学，捐献了 1000 元现大洋作为旅费。在苏联驻满洲里领事馆的帮助下，由阿达、奈勒尔图（都是南屯达斡尔族人）护送潜入苏联境内。该五名女生，在乌兰乌德学习一年俄语后，赴莫斯科东方大学学习。"① 1925 年冬，莫和尔图 5 名青年潜赴苏联之际，他暗中资助 1000 银圆作为旅费；日伪统治初期，南屯小学校刚刚成立，租用民房 2 间为校舍，没有条件新建校舍，教和学都感到困难，荣禄捐出自己的私款为学校兴建 300 平方米的校舍，还为师生购置桌椅、板床、体育用品、办公用品等。"内蒙古音乐家协会副主席，国家一级著名作曲家（'敖包相会''草原晨曲'等作曲者）通福，亦由荣禄赞助，曾去日本国留学专攻音乐。"② 我的曾祖父荣禄是一个扶贫济困、乐善好施的人，但对自己却省吃俭用，精打细算，是一个勤俭持家、生活朴素的人。

（四）坚强的老人盼儿绝望抑郁而死

对曾祖父荣禄打击最大的是 1931 年郭道甫的失踪，使荣禄不时陷入深深的痛苦之中，常常幻想儿子是可以回来的，可十多年过去了鸟无音讯，荣禄由无尽的期盼，渐渐变成绝望，于 1945 年冬天抑郁后生病去世，享年 75 岁。阿日亚在回忆祖父荣禄时说道："随着日本的倒台，祖父精神振奋，说'现在没什么可怕的了。'总以为儿子道甫很可能'凯旋回来'，期盼数月，毫无音信，老人就沉默寡言，不言不语，时有躺着叹长气，有人提起道甫，祖父说：'再不要提他了'；1945 年冬，有一天晚上，我村来了一辆卧车，停在我家大院门口，祖父令我们兄弟俩出去看一看，我们一到路边，下来了一位苏联军官，用俄语不知说了什么？就开车离去了。第二天早祖父患急性病，含着终生的内心遗憾，没有留下半句遗言，第三天头上就离开了人世间。"③ 因呼伦贝尔的冬天极其寒冷，天寒地冻，一般气温都在零下 30 多度，甚至会到零下 40 度，因地冻无法下葬，荣禄的遗体在家院子的蒙古包中放置了几个月，直到春天冻土消融时才入土安

---

① 阿·恩克巴图、额尔很巴雅尔：《荣禄略传》，内蒙古自治区政协文史和学习委员会编《内蒙古近代总管录》，《内蒙古文史资料》第五十一辑，2001 年内蒙古政协文史书店发行。

② 同上。

③ 同上。

葬的，安葬仪式由其侄女黄格萨满主持。① 荣禄的逝世，给失去两代顶梁柱的家庭蒙上了阴影，家庭中剩下的主要是女性，那时笔者父亲阿日亚和大伯还未成年，从此缺少了主心骨和经济来源，1947 年之后，子女们已出嫁的出嫁，上学的上学，参加革命的参加革命，在莫和尔图仅有郭道甫的两个夫人守家，而夫人郭翠介 20 世纪 50 年代来到呼和浩特与儿子阿日亚生活在一起直至 1964 年逝世。

六　郭道甫生平

郭道甫出生时正值中日甲午战争，它为 19 世纪末日本侵略中国和朝鲜的战争。它以 1894 年 7 月 25 日（清光绪二十年，日本明治二十七年）丰岛海战的爆发为开端，至 1895 年 4 月 17 日《马关条约》签字结束。按中国干支纪年，战争爆发的 1894 年为甲午年，故称甲午战争（Sino - Japanese War）。这场战争以中国战败，北洋舰队全军覆没告终。中国清朝政府迫于日本军国主义的军事压力，签订了丧权辱国的不平等条约——《马关条约》。它给中华民族带来空前严重的民族危机，大大加深了中国社会半殖民地化的程度。日本利用中国的巨额赔款发展自己，很快挤进了帝国主义列强的行列。郭道甫就出生在我国战乱的年代。

（一）郭道甫生平相关问题的考证

1. 关于郭道甫的生卒年代

郭道甫（1894—?），生于清光绪二十年，1894 甲午年。呼伦贝尔索伦左翼镶黄旗扎拉木台村，后迁自莫和尔图。郭道甫属马，郭博勒哈拉，满那莫昆人。祖父成善，民国初年任呼伦贝尔副都统署左厅正堂，谥副都统；父亲荣禄，任索伦左翼镶黄旗总管。在笔者的记忆中笔者父母没有过生日的习惯，达斡尔族祖上不知是否也没有这种习惯，因此，对祖父郭道甫哪日生目前不详，哪月近年沿用了 12 月，每逢他的百年、十年都是在 12 月召开纪念性的学术会议，亲属中有种说法他生于 1894 年 12 月。其实他的生日还没有完全弄清楚。目前卒也是不详的，1931 年 12 月 11 日失踪于满洲里，1934 年被判刑，1934 年之前在苏联是确切的，而后送到

---

① 阿日亚口述，乌尼日记录。

劳动改造营，1934 年之后郭道甫的情况至今还是个悬案。

2. 关于郭道甫的用名

郭道甫，号浚黄，字道甫。本名墨尔森泰，简称摩尔斯，也称摩西，又名墨尔色或莫尔色。"由墨尔色音转或派生出来的"① 也叫"孟立生"。郭道甫在齐齐哈尔（卜奎城）黑龙江省立第一中学读书时曾用名郭浚黄，后由黄维翰（字申甫）、何煜南（字孙甫）赠字"道甫"，后以郭道甫闻名于呼伦贝尔乃至内蒙古及国内外。台湾学者哈勘楚倫汉译为默尔则。郭道甫在其著《为蒙古代祷文》中的署名呼伦贝尔蒙期学校校长郭摩西（道甫呼伦蒙籍）；在 1923 年著的《新蒙古》一书的自序署名为郭浚黄，关于墨尔森泰的含义，姑姑奥登挂（郭道甫三女儿）在《关于郭道甫几种称呼的补正和关于他的结局》一文中这样写道："姑母生前经常讲，祖父是刚直不移的人，做事一丝不苟，对人对己要求严格。因之希望自己的儿子，能够图上进，有所作为，给他起名为墨尔森泰。'墨尔色'为达斡尔语，是钻研透彻，力争精通的意思。"② 其中提到的祖父就是郭道甫的父亲荣禄。从郭道甫后来的人生经历看，有一种百折不挠的精神。墨尔色的墨有用汉字"墨"，也有用"默"，这就是汉译后的用字不同而已，其实同指郭道甫。

3. 关于郭道甫的家乡

达斡尔族的村庄都具有独特风格，依山傍水，风景十分秀丽。房舍院落修建得十分整齐，一幢幢高大的"介"字形草房，给人一种大方粗犷的印象。家家户户都围着红柳条编织的带有各种花纹的篱笆。院落布局严谨，马棚和牛舍一般修筑在离院较远的地方，保持干净清洁。达斡尔族的住房多以松木或桦木栋梁为房架，土坯或土垒为墙，里外摸几道黄泥，顶苫房草，两间、三间、五间不等。两间房以西屋为卧室，东屋为厨房。三间或五间以中间一间为厨房，两边为居室。房子一般都坐北朝南，注重采光。窗户多是达斡尔族房屋的一大特点。居室的南、北、西三面或南、东、北三面建有相连的三铺大炕，俗称"蔓子炕"。蔓子炕保温性能好，是达斡尔人冬季不可缺少的取暖设施。达斡尔人的

---

① 奥登挂：《关于郭道甫几种称呼的补正和关于他的结局》，《郭道甫文选》，内蒙古文化出版社 2009 年版。

② 同上。

居室以西屋为贵，西屋又以南炕为上，多由长辈居住。儿子、儿媳及其孩子多居北炕或东屋，西炕则专供客人起居，炕面大都铺苇席或毛毡等。① 莫和尔图郭道甫曾生活的地方，今已无后人居住。莫和尔图"这是达斡尔语，肯定与车轮有关系。不是这个地方地形像车轮，就是这里的河流淌得像车轮那样圆，反正有一个与车轮有关的故事"。② 鄂温克旗莫和尔图有郭道甫故居，2009 年开始加以保护。关于保护的措施是这样写的："长 0.8 米、宽 0.6 米、高 1.2，为钛合金材质。据载，郭道甫是民国时期达斡尔族政治家、思想家、教育家，其故居建于 1905年，于 2009 年第三次全国文物普查时被发现登记。目前，该故居保护现状较差，鄂温克旗博物馆将多措并举，加大保护力度。"③ 如故居是1905 年建的，这时郭道甫已 11 岁了。

4. 郭道甫的爱好与生活习惯

阿日亚是郭道甫的遗腹子，一出生笔者爷爷郭道甫就离开了我国，不知下落。笔者奶奶在世时我又小，（笔者从小与奶奶在一起的时间多，1964 年初她去世时笔者才 7 岁）还不懂询问这样的问题，笔者想其实笔者奶奶也回避谈笔者爷爷的往惜。笔者对爷爷郭道甫的了解，只能依靠曾与他有过接触的人写的回忆文章。这一细节阿·恩克巴图老人的回忆文章中有追忆，是郭道甫在沈阳的生活记录，"他在家时不说闲话，吃喝时更不爱说，早晨晚间他在院内散步。睡眠是他的休息时间，吃喝散步就是他思索及考虑问题的机会。他爱看电影歌剧。他不喝酒抽烟，远客来了必备餐招待，可是一般不出酒。他爱吃肉奶类。"④ "他早起晚睡多看书，每逢星期日晚间遛街，贾来一大堆书籍，通宵看新书，而不误工作。"⑤ "每逢星期日午前，召集全体学生讲有关修养，学术、民族、国内外问题，总不间断。"⑥ "他体格中流粗胖健康，目光敏锐，声音大，说话流利。不患病不感冒。"⑦ 从上述的回忆文献看，郭道甫视书如命，善思考，精力充沛，

---

① 《走遍鄂温克》，鄂温克族自治旗人民政府网站，2012 年 7 月 18 日。
② 姚广：《"蒙古圣人"郭道甫》，《骏马》2010 年第 2 期。
③ 《鄂温克旗博物馆为郭道甫故居树立保护标志》，呼伦贝尔文化局网站，2012 年 7 月 17 日。
④ 阿·恩克巴图：《郭道甫生平二三事》，1984 年油印稿。
⑤ 同上。
⑥ 同上。
⑦ 同上。

关注学生的成长。饮食上是少数民族的生活习俗爱吃肉类、奶类，体格健壮。

（二） 荣禄对儿子郭道甫的厚望

荣禄对孩子的教育非常重视也有计划，"他有三个儿子，第三子不幸婴儿时遇难夭亡，剩下两个儿子。他对两个儿子分工明确，长子道甫上学念书，次子在家放牧，协助父亲管家。"① 特殊的年代，又是偏远的少数民族地区，郭道甫作为达斡尔族的孩子为什么能够成长为精通蒙文、满文、汉文、俄文的教育家、思想家，这与他从小有一个良好的家庭教育氛围是密不可分的。父亲荣禄是开明的家长，对儿子郭道甫的教育非常重视。幼年学习满文，又拜呼伦贝尔道尹翟文选为汉语老师。"郭道甫幼年学习满文，稍长拜呼伦直隶厅同知翟文选（字锡仁，吉林双城人，宣统三年六月到任呼伦直隶厅同知）为师，学习汉文。"② 这一定是他父亲帮他聘请的，荣禄曾任呼伦贝尔索伦左翼镶黄旗副总管，与当时社会名流有交往，"翟文选一代名流，光绪二十八年（1902 年）举人，精通国文，知识广博，是一位居士。"③ 能为郭道甫聘请翟文选为国文教师，是他的幸运，从郭道甫著作中可以看出他的国文功底，这要归功于恩师——翟文选。1910—1914 年郭道甫在齐齐哈尔省立第一中学读书。1913 年游历外蒙古，作《库伦游记》，此文目前没有见到，可能遗失了，需要寻找。1915 年以第一名的成绩考取入北平外交部俄文专修馆学习，由于郭道甫的勤奋好学，很快掌握了满、蒙、汉和俄语，从而为他日后发挥演说才能和接受先进思想、著书立说打下了坚实的基础。先让我们了解一下郭道甫曾经就读过的北京外交部俄文专修馆的基本情况。

北京外交部俄文专修馆成立于 1899 年，清政府创办东省铁路俄文学堂，培养俄文人才，备作与中俄合办的东省铁路之用。俄文学堂起初只有中文和俄文两门功课，1912 年民国成立后，东省铁路俄文学堂改组为外交部俄文专修馆，直属外交部管辖。目的以培养外交人才为宗旨。专修馆

① 阿日亚：《略谈郭道甫成长的周围环境和他的思想体系》，内蒙古自治区达斡尔学会编《达斡尔族研究》第五辑，内部资料。

② 纳古单夫：《郭道甫略传》，内蒙古自治区蒙古语文历史研究室编《蒙古史文稿》第一辑，1978 年。

③ 姚广：《"蒙古圣人"郭道甫》，《骏马》2010 年第 2 期。

仍在俄文学堂原址，即北京东城东总布胡同。首任校长为邵恒睿（当时外交部签事）。专修馆内部课程规定与当时之大专学校相同。除俄文和汉文规定为主科外，还增添了法文、数学、史地、经济学、财政学、国际法、行政法、民法、刑法、法学通论、约章、体操等辅科，毕业期限 5 年。第一期学生定名为正科甲级，以后每年暑假招生一次，依次编为乙、丙、丁、戊等班级。改组后，东省铁路俄文学堂尚留有三班学生，乃编为补习第一、第二、第三班。因在东省铁路俄文学堂时，只有中文、俄文两门功课，于是将上述学科课程，进行补习，补习期满考试及格者先后陆续毕业。毕业考试时，外交部派员莅场监试，以示郑重。据当时校章规定，毕业考试名列第一者，留外交部任用，其余由国务院呈请分发东北、西北各边省任用。

俄文专修馆在俄文功课方面，设有汉译俄、俄译汉、外交公牍、俄文史地、文学史、约章、会话等课程。第一学年由中国教师讲课，从第二学年起一直到毕业，统由俄国教师授课。专修馆作息时间为：上午 9 时至 12 时三堂课统为俄文，下午 1 时至 4 时为各种学科课程，4 时至 5 时为体育活动。星期日不全休，上午 9 时至 12 时全校学生集中一起，分甲乙两班做国文，名之曰星期文课；下午休息。每星期六发榜一次，此为他校所无者。瞿秋白曾在这个学校第二届甲级班学习，他汉文造诣极深，每次星期文课发榜时，经常名列第一。第一名的试卷由校方印成油印讲义，发给各学生作为学习汉文之资料。每天下午 4 时内堂功课完毕后，要由校长率领学生背诵一遍"耻字歌"。"耻字歌"之来源，是袁世凯闹帝制时日本提出二十一条，以要挟袁承认。当时全国高等学校群起反抗，俄文学堂曾由校长率领全体学生到中央公园（中山公园）开会游行。返校后令全校学生撰拟耻字歌词，当时选中一篇，其词句为："吾人有大耻乎（由校长提问）？有大耻！有大耻（学生齐答）！吾人忘此大耻乎（由校长提问）？不敢忘！不敢忘（学生齐答）！嗟嗟此耻我心伤，我心不死何日忘，我心未死当求立，求所以立在自强（校长率学生一起朗诵）。""耻字歌每天都要由校长率学生齐读一遍，以示卧薪尝胆不忘国耻之意。诵完之后，齐赴操场踢足球及做拔河运动等。当时所踢之球并非一般之皮球，乃系外用旧布内填棉花缝制而成者。此球踢起来消耗体力较大，目的用其锻炼足力，健强身体。俄文专修馆之名称后来又有更改，1922 年正值第二届甲级学生毕业时，改名为北京俄文法政专门学校，以后又并入北平大学法商学院。"① 郭道甫与瞿秋白是同校的学生，郭道甫比瞿秋白早 7 年入校。

　　郭道甫于 1915—1917 年在北京外交部俄文专修馆读书，1917 年夏天因家乡出事，家庭遭受损失而中断学业，不得不肄业。因蒙匪劫掠，加之长子 3 岁时夭折了，他回到家乡。1917 年夏，正值郭道甫在京学习期间，呼伦贝尔地区发生巴布扎布残部色布精额匪乱。巴布扎布残部在色布精额等人率领下，袭占呼伦城，呼伦贝尔副都统胜福等逃入俄人铁路管辖区，附近蒙旗饱受巴布扎布残部残害。9 月 30 日，在胜福、贵福等人指挥下，呼伦贝尔各旗部队向巴布扎布残部发动攻击。俄国铁路护路军为了自身利益，亦出动大炮轰击，配合呼伦贝尔军队。经激烈战斗，色布精额等残部散逃。家乡遭到严重摧残，郭家亦遭劫。不得已，郭道甫与其他在京求学的学生陆续返回家乡。面对一片废墟的家乡，郭道甫在内心产生了拯救社会、振兴民族的愿望。特别是他在内地求学期间耳闻目睹要求社会变革的呼声——与当时呼伦贝尔当局安于现状、不思进取的情况时，他的这种愿望变得更加强烈。他"联合同志敖民泰等 30 余人研究教育"，利用自家房舍，于 1918 年在海拉尔办私立学校，自任校长，"以初等国文教科书课旗人子弟"。呼伦贝尔现代民族教育由此开始。郭道甫还与上述人等组织呼伦贝尔学生会，并于当年冬季以蒙古族代表的身份和学生会的名义，参加在俄罗斯上乌金斯克城召开的布里亚特蒙古民族大会。郭道甫 1917 年接受洗礼，成为中华基督教会教徒。

（三）十四岁展露才华

　　郭道甫六岁失去母亲，"在祖母的照料下，和他大弟弟，在战乱和苦难中度过了童年。"② 自幼练就了独立的性格，从家庭的担当到对社会的担当。十四岁尝试改变家乡，文献记载"郭道甫年仅十四岁时，在家乡为提倡新生活及提倡勤俭持家，反对铺张浪费以及迷信思想，打破封建旧礼教。重视教育子女，拟具了治家十条约章，在莫昆（氏族）集会上公布于众。郭道甫自少年时期的一切表现为家乡群众所注目"。③ 1908 年郭

---

① 贵钧：《北京外交部俄文专修馆略记》，《人民政协报》2006 年 7 月 24 日。
② 奥登挂：《短暂而光辉的一生——郭道甫生平简略介绍》，内蒙古自治区达斡尔学会编《达斡尔族研究》第五辑，1996 年（内部资料）。
③ 阿·恩克巴图：《郭道甫生平二三事》，1984 年油印稿。

道甫十四岁，他已有了反对封建专制和重视教育的理念。这在那个年代的呼伦贝尔是难能可贵的。

（四）　郭道甫的性格与特长

郭道甫为人直率、热情、倔强，典型的达斡尔族个性。这种性格具有双面性，如果他从事艺术可能会是好的艺术家，只因他走上了政治之路，不免就会布满荆棘，从他的人生结局就证明了这一点。"郭道甫的先天素质好，自幼聪明伶俐，多才多艺，心灵手巧，还会木刻，写一手好字。"① 郭道甫是追逐时代潮流的弄潮儿，1914 年黑龙江省立第一中学毕业，"当他剔除头上小辫光头回到家乡时，家人和乡老们都看不惯。"② 这是告别清王朝的象征，此举证明郭道甫在当年就被人们认为是另类。郭道甫有演说家的口才，"他说话口齿清楚，言吐流利，声音洪亮，语言优美，词句生动，加上他讲话时的明锐目光和传神的手势、姿态，表明了他是位天才的宣传鼓动家。他能用蒙、汉、俄语流畅地做报告。由于他能用多种文字阅读书刊报纸，视野宽阔，知识渊博，学生们最爱听他讲话，他以简练的话语，深入浅出地解释各种深奥道理和费解的问题，就像潺流的清溪一样，灌入每个人的心中。我们在青年时代，从他那里领悟到的政治见解和许多深刻的事理，尽管事隔几十年，如今仍然牢牢印在脑海里。""要说他写文章，更非凡惊人。据我们所知，他写作一般不打草稿，仅根据腹稿和简短提纲，能出口成章地进行演讲。他思维敏捷，洞察事物本质准确透彻。他在课堂或讲台上，一边讲一边在黑板上书写。听的人笔录下来，稍加整理，便是一篇精辟的文章了。记得他在沈阳期间作的《蒙古问题讲演录》《呼伦贝尔问题》等著作，就是这样写就问世的。"③

1920 年春，郭道甫创办的私立学校由呼伦贝尔副都统署改为蒙旗官立学校，郭仍任校长。同年夏末秋初，海拉尔地区发生鼠疫，学校停课，郭道甫回到莫和尔图。当年冬季，在父亲的资助下（1000 元大洋和 10 头牛），他与同回到村里的福明泰（敖民泰）建立学校，招收达斡尔族、鄂

---

① 阿日亚：《略谈郭道甫成长的周围环境和他的思想体系》，内蒙古自治区达斡尔学会编《达斡尔族研究》第五辑，1996 年（内部资料）。

② 阿·恩克巴图：《郭道甫生平二三事》，1984 年油印稿。

③ 阿·恩克巴图、额尔很巴雅尔、色尔森太：《我们永远怀念他——纪念郭道甫先生诞辰一百周年》，内蒙古自治区达斡尔学会编《达斡尔族研究》第五辑，1996 年（内部资料）。

温克族子弟入校学习。次年，为了恢复在海拉尔的官立学校，他亲赴京津地区筹款；秋季，学校复课，郭道甫任校长，福明泰任副校长；学校设中学部、小学部，所学课程是辛亥革命后新编的教材。与此同时，他们还从俄罗斯布里亚特共和国聘请女教师索尼到校任教，传授俄文和科学技术知识，介绍俄国十月革命。

中国共产党成立的 1921 年，郭道甫正值 27 岁，他已是活跃在燕京大学，受到校长司徒雷登所关注的少数民族教育家，"1921 年的一天，燕京大学青年会所座无虚席。身着长袍的郭道甫走上讲台，真诚地对参会者说：我的家乡没有学校，没有受过教育的公民，当务之急是将莫和尔图的学校扩建，将海拉尔的学校恢复……""演讲感动了台下所有的听众。一位坐在前排的外国人带头起立鼓掌。他大步走上台去，双手紧紧握住郭道甫的手说：你给我们上了很好的一课。此人就是当时燕京大学的校长、大名鼎鼎的司徒雷登。得知郭道甫父子捐出自家房产，出资办学的事，司徒雷登很受感动，十分钦佩这个年轻人。"① 这次燕京大学对家乡教育状况的呼吁成为进入全国教育界的起点。

1922 年，由于在办学方针上与当局发生分歧，加之蒙古平民革命的成功，郭道甫深感"旧势力的黑暗"，亦感到教育毕竟不能达到改革政治的目的，迫于压力，辞去校长职务。次年初，郭道甫赴北平，经时任蒙藏学校校长金永昌推荐，任学校教员、学监和北京政府中俄交涉公署署长王正廷的秘书、咨议处俄文翻译。

王正廷 1922 年 12 月 6 日，被任命为北京政府外交总长（1 月又 6 天）；11 日又被任命为兼代国务总理（仅 25 天）。是年 3 月 26 日，黎元洪派王正廷筹办中俄交涉事宜。其时，苏俄政府在发表两次对华宣言的基础上，特派代理外交人民委员加拉罕使华，谈判中苏建交。这就可以推断郭道甫参与了相关的活动。1923 年 6 月，王正廷派郭道甫前往乌兰巴托，考察"外蒙古独立"情况。其间，郭道甫撰写了《新蒙古》一书，介绍革命成功之后的蒙古情况；去莫斯科会见苏联共产党负责人，要求他们支持内蒙古民族的解放运动。他的上述活动招致王正廷的不满，未等考察结束，即以"赤化"之名革掉他的职务。郭道甫回到家乡，黑龙江军务督

---

① 刘生荣：《郭道甫神秘失踪的革命者》，《内蒙古日报》2011 年 8 月 25 日 "副刊" 第 7 版。

理朱庆澜想任用郭道甫，旋即因王正廷函告郭道甫是"赤化分子"而再次被解除职务。以下对朱庆澜做一简要介绍。

朱庆澜（1874—1941），字子桥、子樵、紫桥。山东济南市历城人，祖籍绍兴钱清秦望村人。民国元年（1912）任黑龙江督署参谋长，1912年，被袁世凯聘任为临时总统军事顾问。1913年10月后改任护军使兼署民政长、巡按使、黑龙江省将军。民国11年，应张作霖之邀，重返东北，任东北特区行政长官兼中东铁路护路军总司令。积极维护国家主权，将铁路沿线俄人所占100多万亩土地全部收回。郭道甫两次被革职，都是因为"赤化"，因为他向往十月革命后的苏联。

1922—1923年郭道甫任国立蒙藏学校的教员、学监。这所学校的变迁值得概述。1913年国立蒙藏学校由中华民国政府开办，该学校旧址，原为1913年中国蒙藏院所开办的国立蒙藏学校所在地，位于北京西单小石虎胡同。国立蒙藏学校旧址前身是明朝初年的常州会馆，明朝末年是崇祯朝大学士周延儒的住宅，清朝初年曾为建宁公主府。雍正二年（1724），设左右二翼宗学，作为皇室贵族子弟学校，其右翼宗学即设在此处，相传曹雪芹也曾在这里做过短期教习。乾隆九年（1744），右翼宗学迁往绒线胡同，旧址被赏赐给大学士裘曰修作为住宅。清纪晓岚的《阅微草堂笔记》记载该宅闹鬼。乾隆后期该宅被赐给乾隆帝长子定亲王永璜之子镇国公绵德（乾隆四十二年封镇国公），后绵德在乾隆四十九年晋为贝子，保存至今的府邸即为清朝贝子府的规制。清朝末年，该府由毓祥继承，因此又被称为"祥公府"。清朝被推翻后，1913年中华民国政府蒙藏院在此开办蒙藏学校。1924年在东侧院建立松坡图书馆第二馆。现在蒙藏学校旧址基本保存了贝子府的府邸格局，占地面积11880平方米，其中古建筑3200平方米，分东西两部分。西侧院位于小石虎胡同33号，是三进院落，尚存府门、正厅、过厅、后厅、东西跨殿、东西配殿，均为灰筒瓦硬山顶，有大吻、垂兽，共有房间50余间。旧址内有一棵古枣树，其树高10米以上，树围2.8米，相传为明朝初年种植，已有600多岁树龄，有"京都古枣第一株"之称。东侧院位于小石虎胡同38号，为原松坡图书馆，现部分建筑已被拆毁，为两进院落。传说曹家屡逢巨变之后，曹雪芹离开蒜市口，曾迁居到此。曹雪芹就在这里写下了《石头记》，纪晓岚曾描述过这所房子："裘文达公赐第在宣武门内石虎胡同，文达之前为右翼宗学，宗学之前为吴额驸（吴三桂之子）府，吴额驸之前为前明大学士周延儒第，阅年既久，故不免有时变怪，然不为人害也。厅西小房两楹，曰'好春轩'，为文达燕见宾客地，北壁一门，横通小屋两极楹，童仆夜宿其中，睡后多为魅出，不知是鬼是狐，故无敢下榻其中者。"据当地久居的人说，在这里住的人，时间长了都会在夜里听到丝竹之声，夹杂有年轻女人幽怨的吟诗声……1949 年新中国成立后，中央民族学院附属中学（前身即蒙藏学校）曾以此为校址。1980 年代，曾被计划拆除以建立民族大厦，但该计划被搁置，为筹集建大厦资金，该旧址建起了民族大世界商场，出租摊位。国立蒙藏学校旧址，该址 2001 年被列为北京市文物保护单位，2006 年被列入中国全国重点文物保护单位。郭道甫能在这样的学校做教员，奠定了他今后创办民族教育的基础。

七　郭道甫与家乡教育

（一）呼伦贝尔私立小学

郭道甫办学就是从办呼伦贝尔私立小学开始的。郭道甫"于 1918 年在海拉尔创办了一所小学、取名为呼伦贝尔私立小学"。"自任校长，福明泰为副校长，招来达斡尔、鄂温克、额鲁特、巴尔虎等学生百余名。"[①]"教师中有达族的春德（伪满时被日本关东军杀害）、庚杰苏，新巴尔虎的阿拉布丹朋楚克、金伯，陈巴尔虎的萨斌阿等。郭道甫又跋山涉水到纳河县那彦屯请来塔日雅图（汉名郭凯章）为教师。学校课程以蒙汉文为主，兼学满文，课本都是辛亥革命后所编印的。该校分为四个年级，其中有两三名女生，这是当地女性求学的开端。"因在"经费上遇到了困难"郭道甫、福明泰"除从当地上层人士募捐外，又到哈尔滨等地从各国侨民富商中募集一笔钱充实经费，到齐齐哈尔给学生每人做了一套学生服，购置了文体物品等。""由于学校远近闻名，曾有不少英、美、俄、日人前来参观，并拍照留念。这样，这个学校不但成为呼伦贝尔地区新式学校的先例，同时也成为在呼伦贝尔地区播下民主思想种子的园地。"[②] 1919 年秋天，海拉尔市发生了严重的鼠疫，郭道甫祖父和弟弟染病去世，学校

---

　　① 阿·恩克巴图、额尔很巴雅尔：《我们所知道的郭道甫》，《呼伦贝尔史志资料》（上）第一辑，1985 年呼伦贝尔盟地方志办公室编印。

　　② 阿·恩克巴图、额尔很巴雅尔：《我们所知道的郭道甫》，扎森图雅编《风雪录》，内蒙古大学出版社 2010 年版。

停课。由于家庭的变故，郭道甫和福明泰只好回到老家莫和尔图，在父亲荣禄的资助下又办了莫和尔图私立小学。

（二）莫和尔图私立小学

1919 年冬，郭道甫与福明泰"招收周围三十多名儿童及青年入学，主要教蒙文及数学。他两自任教师。正在此刻，从苏联布里亚特地区来了名叫色登依西的夫妇两人（地下工作人员），落户在莫和尔图村做宣传工作，同时经营畜牧业"。郭道甫通过色登依西"从苏联布里亚特自治共和国请来了名叫索尼亚的女青年。这人是该共和国主席玛莉娅·莎哈娅诺娃的亲妹。她来莫和尔图小学教过俄文及蒙文，同时对学生和青年们讲述俄国十月革命，介绍科技常识，提倡保健卫生，宣传反封建迷信思想，学生和青年们很快接受了俄国十月革命的影响，特别是求知欲更迫切了"。① 1919 年正值我国的"五四运动"时期，莫和尔图也受到了十月革命的洗礼，并接受科学与民主思想的熏陶，郭道甫功不可没。

（三）呼伦贝尔蒙旗中学

《达斡尔密码》一书写了关于呼伦贝尔蒙旗中学的这段历史。"1920 年春，由成德提议，郭道甫创办的私立学校由呼伦贝尔副都统公署接手，改为蒙旗官立学校，郭道甫仍为校长。""年迈的老父亲荣禄让郭道甫不要着急，随后给了他 1000 块大洋。郭道甫定定地看着一堆大洋，慢慢地张口说：还要 10 头牛。父亲头也没抬：你自己去牵吧""郭道甫和福明泰赶着马群，往海拉尔的市场上奔去。""隆冬来临时，两人又在莫和尔图建起了一所学校，招收达斡尔族、鄂温克族子弟入校学习。一批新的青年才俊，先后在这所学校里聚齐。哈斯巴特尔、奈勒尔图、郭文通、郭文林、哈达、成德公家的额尔登泰，在郭道甫的感召下，成天像兄弟一样守在一起。"书中也描述了郭道甫讲课的情景，"瞪着一双大眼睛，总是精力无穷的郭道甫，不但亲自给学生授课，还给他们讲授各种知识，特别是刚刚发生的俄国十月革命。他一遍又一遍地讲述每个细节。"②"交游甚广

---

① 阿·恩克巴图：《呼伦贝尔民族教育的萌芽》，扎森图雅编《风雪录》，内蒙古大学出版社 2010 年版。
② 孟松林、石映照：《达斡尔密码》，新世界出版社 2010 年版，第 8 页。

的郭道甫又从苏联聘请到布里亚特共和国主席玛莉亚·萨哈诺娃的胞妹索尼·萨哈诺娃到校任教。"值得一提的是学校还有"五名达斡尔女子进入了学校，他们都是成德家的亲属，从成德的公子额尔登泰的角度来称呼，索布多，是额尔登泰的姐姐；萨朗，额尔登泰的叔伯妹妹；海瑞、贵瑞、孟贤，均为额尔登泰的同族侄女"。"索尼一边教授俄文，一边也给学生们不断地宣传着十月革命和蒙古的平民革命"。①"郭道甫继续组织学生会，不断地向学生们灌输革命意识。索尼则重点向五名女生反复讲述着同样的道理。""特别是海瑞，在妇女解放和十月革命的双重引导下，她也不想在学校再待下去，在郭道甫、索尼的支持和帮助下，海瑞与索布多、萨朗、贵瑞、孟贤等五名女生瞒过家人，以到海拉尔办事为由离家出走了。行前，她们都得到了郭道甫父亲荣禄赠送的一身民族服装，以及银大洋一千元。得知消息的成德把额尔登泰叫回家中，训斥了几句，由她们去了。"在20世纪20年能让男女同校学习，男女平等的思想已进入偏远的少数民族地区，是郭道甫对少数民族妇女教育的贡献，也是女生的幸运。

（四）创制和普及达斡尔文字

1920年，（也有说1919年）郭道甫以拉丁字母为基础，创制达斡尔文字，字母25个，A、B、C、D、E、F、G、H、I、J、K、L、M、N、O、P、Q、R、S、T、U、W、X、Y、Z，其中X的发音 ng 以外，其他字的发音和拉丁字母一样。达斡尔族是只有语言而没有文字的民族，达斡尔文字的创制给海拉尔、南屯、莫和尔图的年轻人交流和学习带来了方便。"很多老年人和青少年，很快学会了读写、记账和写信。有的人还能编写诗歌或记录达斡尔族民歌，能够表达自己的思想。有了记录本民族语言的文字，为扫除文盲打下了良好的基础。很多男女青年学会后还用它写信"② 谈恋爱。但当时因郭道甫被高官认定为"赤化分子"，创制文字是用来宣传赤化思想的，停止使用。

---

① 孟松林、石映照：《达斡尔密码》，新世界出版社2010年版，第9页。
② 胡和：《达斡尔文字的创立者——纪念郭道甫先生诞辰一百周年》，内蒙古自治区达斡尔学会编《达斡尔族研究》第五辑，1996年（内部资料）。

（五）出席中华教育改进社年会

1. 中华教育改进社及年会

中华教育改进社，旧中国的教育团体。1921 年由实际教育调查社、新教育共进社、新教育编辑社合并组成，总社在北京。设教育行政、各级各类教育、普通教育的各种学科、心理教育测验等专门委员会。蔡元培、范源廉、郭秉文等为董事，美国人孟禄、杜威等为名誉董事。到 1925 年为止，共开年会四次。主要宣传美国教育制度和实用主义教育思想，推行"智力测验""教育测验"和道尔顿制等教学方法。对于壬戌学制的制定，曾起决定性的作用。北伐战争开始以后，组织解散。中华教育改进社入社社员分两类，一是集体社员，由各级各类学校及教育学术团体、教育行政机关参加；二是个人社员，为个人研究学术或办理教育有成绩者。下设 32 个专门委员会，如教育行政委员会；高等、中等、初等、幼稚、义务、乡村、师范、职业等各级各类学校教育委员会；理化、数学、生物、国语、英语、历史、地理、美育、音乐、体育等各门学科教育委员会；心理教育测验委员会等。每年开一次年会，到 1925 年为止，共开年会四次（分别于 1922 年 7 月、1923 年 8 月、1924 年 7 月、1925 年 8 月举行）。它以调查教育实况，研究教育学术，力谋教育改进为宗旨。对于欧美教育状况，甚为留意，常派社员出外考察和请外国专家学者来讲学。所办刊物，主要是《新教育》。

2. 关于郭道甫出席中华教育改进社年会的考证

郭道甫到底出席了几届中华教育改进社年会？是需考证的。有资料显示，"到 1922 年底，改进社有机关社员 119 个，个人社员 479 人，以全国各省而论，贵州、新疆、热河、四川、蒙古、西藏尚未有社员"。① 以此可以推断郭道甫没有参加第一届年会。在第二届年会之前没有蒙古地区的社员。那郭道甫参加第二届年会了吗？"1923 年 8 月 20 至 26 日，中华教育改进社第二届年会在清华学校举行，到会社员及来宾 700 余人……"根据郭道甫自述："记者遂于一九二三年六月间，籍北京蒙藏学校派员前往外蒙招生之便，亲到库伦。蒙外蒙各界招待甚厚，迟至九月间，始克回

---

① 《陶行知与中华教育改进社》，中华教育改进社·历史渊源，http://www.ceiiedu.org/html/about/。

京。"① 第二届年会期间郭道甫不在国内，也不可能参加第二届年会。

　　1924 年 7 月，中华教育改进社在南京东南大学召开年会，郭道甫代表蒙古地区出席会议，是应陶行知主任干事的邀请参加的，"1924 年 7 月召开的中华教育改进社三届年会上，陶行知请来了呼伦贝尔海拉尔中学校长郭道甫先生。这次会议对内蒙古教育有很重要的意义，一是成立了蒙古教育组；二是议决了 15 项内蒙古提案，其中内蒙古教育方针案是由陶行知提交大会公决的，陶行知参加了议案的讨论和修改的全过程。"② 1924年是郭道甫在全国教育界初展风采的一年。代表呼伦贝尔地区出席会议。会上，他畅谈蒙古问题和他对发展蒙古教育的见解。并就蒙古教育问题发表演讲（后以此为基础，作《蒙古与教育》一书）。"1924 年，中华教育改进社在南京召开全国大会，会后去广州拜见孙中山先生，取得孙中山先生对蒙古民族解放运动的同情和支持，孙中山先生的三民主义，在他思想中产生了深刻影响。"③ 作为少数民族的代表出席全国教育界的最高会议，并发表演说，使全国教育界了解了发展蒙古地区教育的迫切性，意义是深远的。不仅在全国引起反响，也引起孙中山的重视。1924 年 7 月的中华教育改进社第三届年会到会 20 余省区，会员 1400 余人，社员到会者 600 余人。学术会议议决研究蒙古教育之方针，反对日本对华文化事业及收回教育权等重要案件。通过议案 100 件，大会在南京东南大学召开，分组会议除女子教育组在金陵女子大学外，其余皆在东南大学，"会议时，除讨论问题外，并由社员提出论文，以为研究之资料。"图书馆教育组列为第 26 组，第 1、3 次会议主席为戴超；第 2、第 4 会议主席为洪有丰，书记为朱家治，图书馆教育组 7 月 4 日宣读论文，五日研究议案，保留 1 案，退还国家教育组者 2 案。退还教育行政组 1 案，这届年会是四届年会的巅峰，开得非常成功。陶行知说"去年开年会（指第三届）的时候，中国教育界同人的融洽啊！"④ "在此以后的诸多内蒙古教育活动中，陶行知都是组织者和参加者。1924 年底，中华教育改进社主办了一次全国教育展览，陶行知是内蒙古生

　　① 郭道甫：《新蒙古》"自序"，奥登挂编《郭道甫文选》，内蒙古文化出版社 2009 年版，第 71 页。

　　② 储朝晖：《陶行知与内蒙古教育》，《教育史研究》1992 年第 2 期，第 70 页。

　　③ 阿·恩克巴图、额尔很巴雅尔：《我们所知道的郭道甫》，《呼伦贝尔史志资料》（上）第一辑，1985 年，呼伦贝尔盟地方志办公室编印。

　　④ 陶行知：《新教育评论》第 1 卷第 7 期，1926 年 1 月 15 日。

活及教育组的主任，弓继援、孙毓华等任干事，共展出生活、衣饰、画图、照片、书籍等101件。"① 陶行知如此重视内蒙古教育是内蒙古的幸运，为内蒙古培养了大批人才，这一功绩永载史册。

　　1925年8月第四届中华教育改进社年会在太原举行，郭道甫出席了本次年会，陶行知先生这样写道："郭道甫先生是内蒙人，曾任呼伦贝尔海拉尔中学校长，现任内蒙国民党中央执行委员会秘书长。他此次来京，对于内蒙的改革，曾发表了好几篇宣言，很多且要的议论。一天，我们会面的时候，我就问他对于内蒙教育之意见，他在本刊发表的这篇文字就是一个答案。我们在这篇文字上，可以看得出蒙古人自己关于教育之主张与要求，这篇文字确实可代表蒙古革新派之教育理想。前年七月，中华教育改进社在南京开第三届年会，成立了一个蒙古教育组，讨论蒙古教育之方针与办法。那时郭道甫先生也曾出席。"② （陶行知写这段话是1926年，因此说"前年七月"）在已出版的郭道甫的回忆文章中好像把郭道甫出席两次中华教育改进会年会，误认为只有一次，是1924年的第三届。陶行知按语的发现揭开了历史的面纱，还其本来的面目。"1925年的中华教育改进社第五届年会上，陶行知以主任干事身份和陈潜夫亲任内蒙古组主席，金醒吾任书记，通过了8项议案。这次会议的内蒙古代表也大大增加了，有巴图、伊德钦、吴恩和、巴雅尔、王德呢嘛、李凤冈、林琴、博彦格勒尔、乌勒吉、金永昌等内蒙古代表提出了议案，参加会议的内蒙古代表还有：敖霖泰、施祥庭、王晋霖、吴冠卿、伊规成、杨桂林、白玉昆、李丹山、张树声、金勋卿、夏冰谷、郭翙虞、福松亭"。③ 1925年12月20日郭道甫著的《蒙古教育之方针及其办法》，刊登在1926年《新教育评论》第1卷第7期上。陶行知先生在本刊上介绍了郭道甫，"郭道甫先生是蒙古人，曾任呼伦贝尔海拉尔中学校长现任内蒙国民党中央执行委员会秘书长，他此次来京，对于内蒙古的改革，曾发表了好几篇宣言，很多切要的议论。一天，我们会面的时候，我就问他对于内蒙教育之意见，他在本刊发表的这篇文字就是一个答案。我们在这篇文字上，可以看得出蒙古人自己关于教育之主张与要求，这篇文字确可代表蒙古革新派之教育理

---

① 储朝晖：《陶行知与内蒙古教育》，《教育史研究》1992年第2期，第70页。

② 华中师范学院教育科学研究所主编：《陶行知全集》第一卷，湖南教育出版社1984年版，第602—603页。

③ 储朝晖：《陶行知与内蒙古教育》《教育史研究》1992年第2期，第70页。

想。前年七月，中华教育改进社在南京开第三届年会，成立了一个蒙古教育组，讨论蒙古教育之方针与办法。那是郭道甫先生也曾出席。我现在要把那次议决的蒙古教育方针写出来给大家看：（一）养成五族共和公民资格；（二）培植蒙贤治蒙；（三）保持蒙古民族之独立性；（四）依据现在生活状况，图谋适应社会进化之需要。试把这四条方针与郭道甫先生所提出的三条比较一下，我们觉得只有养成五族共和之公民资格一条没有包括进去。郭道甫先生或者以为这条是当然的事实，不必大书特书。读了他中段的理论，就晓得我的设想是有根据的。郭先生说：'吾人认定蒙古确为中国之一部，则应当提高蒙古人民之程度，使其与其他民族同尽立国之义务，亦同享立国之权利，此种工作非教育不能成其功。'看了这段话，就可以想见郭先生对于养成五族共和的公民资格一条实在是赞成的。不过这条与民国前途关系太大，在教育方针里特别提出来总是有益的。我对于中国各民族运动有两句话贡献：共和不忘自治，自治不忘共和。不知道甫先生以为如何？"① 1925 年 8 月 17 日中华教育改进社第四届年会在太原召开，与会者超过 700 人。马寅初、叶恭绰等到会并发表演讲。议决各案 90 余件。其中有：请《根据国家主义明定教育宗旨案》，中等以上学校设施军事训练案，规定各级学校教职员待遇建议案，拒却日本、英国以庚子赔款行其侵略主义之教育文化办法案，促进全国童子军联合会，促进西藏文化教育办法案等。其中，大会《依据国家主义明定教育宗旨案》提出：中国现时教育宗旨应养成以国家为前提之爱国之民。大会认为，做到这点，一是应注重本国文化以启迪发挥国性之独立思考；二是实施军事教育以养成强健身体；三是酌实国耻教育以培育爱国情感。四是促进科学教育以增益基本知识技能。从上述文献资料证明郭道甫连续两年出席了第三届、第四届中华教育改进社年会，为内蒙古的教育事业做出了贡献。

八　郭道甫婚姻家庭与社会关系

郭道甫生于 19 世纪末，他结婚成家时已是 20 世纪初，当时的中国婚姻还是父母包办和媒妁之言，男子在婚姻中占主导地位，多妻遗风尚存，他的婚姻也就不能不打上了那个时代的烙印。他有两位夫人，六个子女。

---

① 　陶行知：《新教育评论》第 1 卷第 7 期，1926 年 1 月 15 日。

（一）郭道甫的婚姻

郭道甫有两位妻子，原配夫人为郭翠介、二夫人为郭秀杰。另有一种说法在蒙古（俄国人）还有一个夫人列娜（纽拉）。

原配夫人郭翠介（1891—1964），属兔，比郭道甫大3岁，在我国古代的婚姻中有种说法：女大三抱金砖。郭翠介是大家闺秀，出身贵族家庭，端庄秀丽，心地善良，从嫁给郭道甫至1957年前一直生活在莫和尔图。1957年来到呼和浩特与儿子阿日亚生活在一起，郭翠介生前多次对儿子阿日亚谈到在张家口见过冯玉祥夫人李德全的情景，这个事情给笔者的印象很深。郭道甫三女儿奥登挂1925年出生于张家口，2个月的时候与全家坐汽车去了乌兰巴托。郭翠介1964年2月4日逝世，享年73岁，20世纪60年代的中国73岁已算高寿。安葬在内蒙古东瓦窑南的大黑河公墓，20世纪90年代迁过一次坟，2008年又迁至离呼和浩特80公里的武川县大青山极乐山庄公墓。遗憾的是"1931年12月，郭道甫去满洲里苏联领事馆之后，某日有辆吉普车到家来接夫人郭翠介，因郭道甫想与妻子见一面，但当时郭翠介因某些顾虑而没有去见面，从此将成为永别"。① 对夫妻二人都是一个永远的憾事。

郭道甫苏联之妻列娜（俄国人，另一说叫纽拉），1927年与郭道甫生有一子，名字米格蒙。1933年（还有一种说法1932年）给莫克尔图的家来电报，（一种说法是来信）要生活费。还同时寄来了孩子的照片，郭道甫的父亲荣禄寄去400块大洋②，如果这个儿子还活着的话，已90多岁了。1927年郭道甫是去过蒙古，这与回忆的实事符合。笔者父亲阿日亚在世时也曾想找这位哥哥，由于信息的有限和寻找渠道的不畅没有结果。

（二）郭道甫的子女

郭道甫有6个子女，与原配夫人郭翠介生有8个孩子，其中一个男孩、一个女孩和一对双胞胎女孩夭折，成活的孩子3女1男。郭道甫与二夫人郭秀杰生有龙凤胎儿女。

郭翠介所生8个子女，长大成人4个，3女1男：

---

① 郭道甫外孙女儿斯日口述（听母亲说的，斯日母亲是郭道甫的大女儿郭雪凤）。
② 阿日亚口述，乌尼日记录。

郭翠介生长子时 23 岁，郭道甫 20 岁，长子生于 1914 年，1917 年 3 岁时夭折。

郭翠介生长女时 27 岁，郭道甫 24 岁，生长女娜仁挂（郭雪凤，1918—2012 年），与郭道甫同一属相，属马。为家庭主妇，生有 4 个女儿。2012 年 8 月前一直生活在海拉尔，2012 年 8 月 2 日逝世，享年 94 岁。在内蒙古人民革命党成立大会的全体合影中，由参会成员怀抱着的就是长女郭雪凤。[1]

郭翠介生二女儿时 31 岁，郭道甫 29 岁。二女儿萨仁挂（郭雪红，1922—   ），属狗，比姐姐小 4 岁，家庭主妇，生有 4 个子女，3 个男孩，1 个女孩，目前仍生活在海拉尔，现 93 岁高龄。在内蒙古人民革命党成立大会的全体代表合影中，由参会成员怀里抱着的就是次女郭雪红。[2]

郭翠介生三女儿时 34 岁，郭道甫 31 岁。三女儿奥登挂（郭雪英，1925—   ），属牛，内蒙古社会科学院民族研究所副所长，研究员，离休干部。在 84 岁高龄时将郭道甫的著作编成《郭道甫文选》，2009 年 12 月由内蒙古文化出版社出版，使社会各界更加全面了解了郭道甫的生平与思想，是非物质文化遗产的传承人，现年 90 岁高龄。

郭翠介生小儿子时 41 岁，郭道甫 38 岁，郭道甫 37 岁时离开国内时阿日亚在母亲腹中只有 3 个月，因此郭道甫没有见过这个最小的儿子。阿日亚米德（现名阿日亚），此为阿日亚的全名，（1932 年 7 月 5 日—2014 年 3 月 7 日），属猴，内蒙古语委厅级离休干部。1936 年，4 岁的阿日亚经历了日本宪兵抄家和监视的经历，根据回忆阿日亚包着母亲的腿，嘴唇发紫，浑身发抖。这一幕给阿日亚留下了终身的阴影。儿子尽管没见过父亲郭道甫，却在祖父、母亲与 3 位姐姐的照顾下，成长为国家干部。阿日亚 15 岁就参加了解放战争的土改运动，现为离休干部。

1944—1946 年，阿日亚 12—14 岁在莫和尔图国民优级学校、扎兰屯道学校、呼伦高等学院、内蒙古工业学院学习。1947—1949 年，阿日亚 15—17 岁结业于扎兰屯青年干部训练班、北京中央团校、内蒙古党校等。其间，参加了扎兰屯清算斗争、布特哈旗土地改革运动。1949 年加入中国共产党，1949 年在海拉尔第一中学担任教导干事、团总支书记，兼任

①　奥登挂编：《郭道甫文选》，内蒙古文化出版社 2009 年版，书中第六幅图。
②　同上。

盟直属机关团委副书记等职务。1951 年由党组织选送中央团校学习（今中国青年政治学院），1952 年毕业回到内蒙古，成为内蒙古团校的一名辅导员、教员、教务长。1954 年，荣幸选派参加在我国举行的世界民主青年联盟理事会上，这次世界理事会上，蒙古代表团来华，阿日亚担任周恩来总理的蒙语翻译，今天称之为同声翻译。1951—1977 年任内蒙古团校副教育长、《花蕾》杂志编委、内蒙团委党总支副书记、内蒙青少年杂志社副总编辑等职。1977 年始历任内蒙古语委办公室主任、语文政策处处长、蒙语翻译专业技术职务系列办公室主任、《蒙古语文》杂志编委、语文政策检查办公室主任、蒙古语文翻译研究会常务理事、副会长等职。在团校工作期间用蒙汉两种语言讲哲学、中共党史、民族问题理论政策、团的业务等课程，并为此编写了 10 余万字的材料。20 世纪 80 年代初参与了全区蒙语翻译专业技术职称评定工作。在自治区级的报纸杂志上曾以蒙汉两种文字发表文章，有《学习马克思主义的巩固无产阶级专政》《哲学教学的体会》《全面正确理解和掌握马列主义毛泽东思想》《坚持实践第一观点，树立革命学风》《略谈加强蒙语翻译队伍建设》。主编《内蒙古自治区专业技术资格蒙古语文考试复习教材》。组织编辑《党政机关企事业单位名称蒙汉对照辞典》。作为制片主任与内蒙古电视台合作拍摄《蒙古语文工作》（蒙汉两种语言文字）系列专题片（获二等奖）。译著《青年思想通讯》一书。参与《蒙古语会话录音教材》的编写、审定、录制工作。在全国召开的国际会议上为国家领导人担任同传工作，曾为周恩来、邓小平、朱德、陈毅、胡耀邦、乌兰夫做过同传工作。"文化大革命"中阿日亚遭到严重的迫害，多次被抄家，被政治审查隔离一年多，唐山学习班结束后又下放到内蒙古巴盟乌拉特前旗农村劳动改造，"文化大革命"的迫害造成眼部和精神上的损伤。

郭道甫与二夫人郭秀杰所生双胞胎儿女：

大儿子：特木尔巴图（郭文汉，1930— ），属马，离休干部，哈尔滨工业大学毕业，高级工程师。

四女儿：伊敏（1930— ），属马，河北师范大学历史与文化学院教授。他们两位同父异母的哥哥和姐姐比阿日亚大两岁。从小相处很好，如同亲生一般。

据说与苏联夫人列娜所生的儿子米格蒙，传说在蒙古，阿日亚 1991 年 7 月 3 日通过呼和浩特市侨务办公室申请办理侨眷手续寻找过这位哥哥，这一愿望笔者父亲阿日亚在世时没有实现。

（三） 郭道甫的社会关系

1. 郭道甫舅舅——成德

郭道甫舅舅成德在当地是一位很有影响力的人物，中华民国政府授予他镇国公①。郭道甫 6 岁就失去母亲，舅舅成德定对他的成长产生了影响。

成德（1875—1932），家名龙本，呼伦贝尔索伦左翼正白旗莫和尔图人，达斡尔族敖拉氏登特科屯人，自幼受到良好的教育，精通满蒙汉三种文字，主要从事文史研究工作。"1913 年，成德奉呼伦贝尔副都统公署之命前往多伦军营充当笔帖式，并作为莽赉王—达木丁苏荣的部下参加了多伦战役。因他在多伦淖尔战役中立有战功，开始被重用。后为呼伦贝尔副都统府左厅正座。1915 年，成德作为呼伦贝尔副都统公署的代表驻大库伦。是年，他任蒙古自治政府外交部副部长。在大库伦期间，成德将《蒙古秘史》首次还原成蒙文。有谋略巴图鲁，孔雀烟顶戴。此后，返回呼伦贝尔就职，被中华民国政府授为镇国公。"② 成德用蒙文还原《蒙古秘史》是任外蒙外交部副部长时 "有机会接触了蒙古族历史文化的重要著作《蒙古秘史》，并被它吸引住了。他想把这个成书于六百多年前的用汉字音写的蒙古语著作用蒙文还原过来，让更多的蒙古族读者能够读到它。成德蒙文还原的《蒙古秘史》，经他姑娘罕达苏荣的多方努力，终于在 1997 年 1 月在蒙古乌兰巴托出版发行"。③ 1917 年在成德的建议下成立了货币兑换事宜的——董事会，并设立了呼伦贝尔蒙旗官钱局，成德任监督，下设三位经理，主要是保护牧民的金融利益，防治货币贬值。1923 年在成德的主持下，在海拉尔市设立了呼伦贝尔蒙旗消费合作社，同时也设有分设，它以牧民投资入股做基金而成立的，克服种种困难，采取由官钱局贷款和由出口商预支等办法。成德担任过东北行政委员会顾问、黑龙江省督军公署顾问等职。他还被聘为呼伦贝尔督办程廷恒主编《呼伦贝

---

① 只是一种爵位，也是一种荣誉称号和头衔，享受相应的特殊待遇。

② 碧力德、碧力格：《关于成德家族的家谱》，内蒙古自治区达斡尔学会编《达斡尔族研究》第六辑，1998 年（内部资料）。

③ 阿·恩和巴图：《蒙文还原〈蒙古秘史〉的开拓者》，内蒙古自治区达斡尔学会编《达斡尔族研究》第六辑，1998 年（内部资料）。

尔志略》的编辑委员。"20 年代初期,由成德提议,呼伦贝尔地区购进一批澳洲美利奴长毛种公羊、荷兰牛及三河种马,进行了畜牧改良。他协助日本留学生邵麟在扎罗木得车战兴办了私人绵羊改良场。成德为了提高牧草质量,在呼伦贝尔牧区还提倡试验种植紫花苜蓿等多年生草本植物。部分牧民也开始使用美德俄等国所产的马拉割草机、搂草机和牛奶分离机等机具。"[1] 成德不但改良牲畜,还修公路,在阿尔山建简易的旅馆。1932 年成德因病逝世,享年才 57 岁。成德在短暂的人生中参加过战役,用蒙文还原《蒙古秘史》,建立过消费合作社,引进先进设备提高生产效率,在当时是一位具有开拓性的人才。

2. 郭道甫连襟——凌升

凌升为郭道甫原配夫人郭翠介的亲姐夫,是郭道甫的连襟,我国对这一关系的另一种说法叫"一担挑",凌升比郭道甫大 8 岁。凌升是呼伦贝尔地区著名的历史人物,为 1936 年"凌升事件"的代表人物。

凌升(1886—1936),又名福贤,字云志,内蒙古呼伦贝尔盟索伦右翼正黄旗第一佐红花尔屯,即海拉尔西屯人,达斡尔族,莫日登氏。呼伦贝尔副都统贵福之子。其先祖明信阿于嘉庆八年(1803)奉命从戍,由布特哈地区到呼伦贝尔,任厄鲁特旗总管;其父贵福,亦任厄鲁特旗总管、呼伦贝尔副都统。凌升幼年随父学习满文,稍长入呼伦贝尔官立初、高级小学学习汉文,又入呼伦贝尔蒙旗中学。他聪颖好学,成绩优良,精通满、汉两种文字。凌升毕业于呼伦贝尔蒙旗中学,曾担任过呼伦贝尔副都统公署帮办、额鲁特旗总管、黑龙江省公署咨议、东三省保安总司令部顾问、蒙疆经略使公署顾问、北洋政府参政、中华民国国务院顾问、国民政府立法委员等职。九一八事变后任东北行政委员会委员。满洲国成立后,于 1932 年出任兴安北分省省长。1934 年升为兴安北省省长。在任期间由于对日本不满,于 1936 年被日本关东军驻海拉尔宪兵队逮捕,与他同时被捕的还有兴安北省警备军参谋长福龄、警务厅长春德等 20 余人。凌升被杀害的时间,目前看到的资料中有两种说法,一个是 1936 年 4 月 19 日;一个是 1936 年 4 月 24 日。其一说:"4 月 19 日,日本关东军司令部发布《凌升等通苏通蒙公报》,在新京南岭刑场上枪决了凌升、福龄、

---

[1] 阿·恩克巴图:《镇国公成德略传》,扎森图雅编《风雪录》,内蒙古大学出版社 2010 年版。

春德、华霖泰四人"① 其二说："1936 年 4 月 24 日，在伪满洲国首都新京（今长春）南岭刑场，日本关东军司令部下令，枪杀了以伪兴安北省省长凌升为首的福龄、春德、华霖泰等 4 人。"② 百度百科凌升人物介绍的被杀害时间是 1936 年 4 月 24 日，应该这个时间是准确的，这个资料的来源更新。在被关押期间，凌升"身陷狱中不为苦，刀悬头上不知愁。他心怀坦荡，站在维护民族利益立场上蔑斥日本帝国主义分子的暴行"。③ "在刑场上面不改色而含着冷笑，叫他带上复面带时，坚决不带，挺着腰不在意。问他还有什么说的，他说：没有！快打吧！"④ 伪满皇帝爱新觉罗·溥仪听到凌升被捕的消息后坐立不安。特别听关东军司令官植田谦先告知已对凌升宣判了死刑，溥仪吓了一跳，曾将其四妹韫娴许配给凌升之子色布精太，但凌升死后溥仪在日本人的压力下撤销了这门婚事。2012年播出十六集电视剧《东条英机枪口下的凌升》。

3. 郭道甫堂姐——黄格萨满

黄格是郭道甫大爷的女儿，比郭道甫大 6 岁，20 世纪 70 年代之前在海拉尔地区是有名的萨满，至今在当地还有影响。1961 年，笔者 5 岁时与母亲回到老家住在她家，家中养有奶牛，早晨亲自挤牛奶给笔者喝，和蔼可亲，这个场景到现在还浮现在眼前。1964 年笔者奶奶去世时，她还来过呼和浩特，那次就是最后一次见面，虽然只见过两次面至今难忘。

黄格（1888—1970），女，萨满，1921 年当萨满，以"苏木·巴尔肯"和"翁胡尔·巴尔肯"为其神灵。她嫁给登特科屯的富兴后，过了几年，在民国六年（1917）得了很重的泻痢病。病刚好就开始神经错乱，神魂颠倒，有时清醒若常，有时突然看见各式各样小动物进入屋内。这样一直闹了 5 年，屡请萨满治疗，都说由于神灵要叫她当萨满，才患神经错乱病的。最后她许愿当萨满，病才好了。在民国十年（1921），她认阿尔哈昌屯的霍卓尔萨满福楞成为师，由他引导传授，当了萨满。1943 年，

---

① 阿·恩克巴图、额尔很巴雅尔：《反日民族英雄——凌升》，扎森图雅编《风雪录》，内蒙古大学出版社 2010 年版。

② 宜日奇：《试论凌升的功过是非》，内蒙古自治区达斡尔学会编《达斡尔族研究》第六辑，1998 年（内部资料）。

③ 孟和那苏：《试论凌升在伪满时期的思想动态》，内蒙古自治区达斡尔学会编《达斡尔族研究》第九辑，内蒙古教育出版社 2008 年版。

④ 阿·恩克巴图、额尔很巴雅尔：《反日民族英雄——凌升》，扎森图雅编《风雪录》，内蒙古大学出版社 2010 年版。

在海拉尔地区的达斡尔萨满服和法器有 4 件，这些在原则上几乎一样，只是有些局部的差异。下面以黄格萨满实物为例予以说明。对于其他则补充一下不同点。

萨满服包括萨满帽、萨满面具、萨满的颈部以下所带的一切东西的总称。全套法衣重量 80—120 斤。所谓萨满法器指除此以外的萨满用具。

达斡尔人萨满的法衣名为"扎瓦"。"扎瓦"的构成非常复杂，制作十分精致华丽，给人以奇特罕见之感。黄格萨满的法衣恐怕标志着达斡尔族萨满服饰发展的最高水平。

（1）神帽——达斡尔语称"玛格勒"或"扎热·玛格勒"；形体圆帽，用铁或铜条做帽架，架顶有直径约一寸五分的圆铜片。铜片上有仿鹿角做的六叉铜角两个。在两角间有铜制小鸟一只，把它单独成为"得吉"（dige）。帽顶的这小鸟，是萨满所领"温果尔"（神灵）神的象征（一般认为他能化为布谷鸟）。帽架内侧有黑色大绒帽头，帽边两侧钉有布带两条。以备戴后系于额下。鹿角的叉数标志萨满的资格。初次学萨满者跳神是只用红布包头。如此经过三年，等到举行第一次"斡米南"仪式后，才能带有三个角叉的神帽。在经过三个"斡米南"仪式后，才能带有六个角叉神帽。戴六个角叉神帽的萨满叫作神灵"通达"了的萨满。在铜角上系有很多各种两尺多长颜色的哈达，绸绫（带上神帽搭拉在背后），象征这个彩虹。人们每次请萨满跳神，为了酬谢他在他的神帽的铜角上系上一条绸绫。因此萨满的资格越老，神帽后面的绸绫越多。神帽全身用黑天鹅绒来覆盖，其中央贴有像纹章的银质宝贝（即照妖镜），从它的左右两边又有配有称作木都尔（龙）的装饰带，神帽前面钉有长两寸左右的黑色丝绥，戴上神帽，丝绥挡住萨满的双眼。平果萨满的神帽上大约有五十根黑线下垂，黄格萨满的神帽上有十几根红珊瑚细线像璎珞一样下垂，它的名称是"苏衣苏"。

（2）法衣——用鞣得柔软的罕达犴皮裁制的对襟长袍，袖子和腰身下摆都很瘦，扣上纽子后不能迈大步。这种软革称乃勒苏，它是"扎瓦"的基本部分。在左右袖筒及长袍前面左右下摆上，钉有绣着各种花样的宽寸许、长五六寸的黑大绒各 3 条，共 12 条，名称是"沃衣"，象征四肢八节。在下脚部左右等三处每个绒条节上，钉有"晃嘎尔特"（即小铜铃，球状铃之义）10 个，共 60 个，象征着木城城墙。另外，法衣有诸种附属物：法衣的前背两面，上部是由胸衣，中部是铜镜，下部是上面有刺绣的黑大绒制品等。

（3）胸衣——称作"扎哈尔特"。是在"扎瓦"上面套的披肩，其前面嵌有 360 只"约戈斯"（yogos，小贝壳、子安贝之一，170—360只），象征一年 360 天。从它的下边下垂着几个小铜铃。在两个肩膀上贴着以彩色布片制作的鸟形两个（一公一母），是萨满的使者，叫"包尔朝忽尔"神（包尔为鼠色。朝忽尔，似乎是有斑点之义，据说这是有鼠色斑点的鸟之一），据说神灵经常在鸟形中附身。

（4）铜镜——"托里"是它的总称。长袍前面左右襟上各钉有小铜镜 30 个，共 60 个铜镜。背部钉有铜镜 5 块，最引人注目；中央最大的一面直径大致与胸幅相同，把这面镜称作"阿尔汗·托里"（后身镜之义），即护背镜，称其四面的铜镜为"达尔拉嘎·托里"（镇压镜之义）。护背镜重 18 斤左右。据萨满自己说，有些铜镜具有法力，也有些铜镜则不具备法力功能。铜镜一般通过它的形状、光泽、音响，具备赶走恶灵的力量，也具有护身的力量。他们经常把它放在病人枕头上。在他们中间还流传着萨满的神奇故事。据有人说，黄格萨满的巫镜的额真（主人）是同屯过去的巫祖嘎胡查萨满。

（5）神裙——"哈扯邦库"在"扎瓦"背面下半部（臀部）全部是短形刺绣，有日、月和松树下的鹿像的布片及由 24 条飘带做成，象征着鸟尾。下层 12 条长约一尺七寸，象征一年的 12 个月（或 12 属相），上层 12 条长约 8 寸，象征 12 个"杜瓦兰"。

（6）还有一种重要的法衣附属物，是"阿斯朗"的悬垂于腰部两侧之物。法衣的左右两旁钉有细皮条 9 根，长两尺多，在这细皮条综合处系"博吉勒岱"（铁或铜制环）。还有从那黄铜环悬着黄铜制"红阔"（风铃之义）一个，"索约"（猪牙之义）一个，左 4 右 5 根共 9 根细皮条。在跳神中所请的神降临，通过萨满说话时，萨满不再敲鼓，两手拿着"阿斯朗"。在平果萨满的法衣上的相同位置上，悬垂着大型南京锭。据说，萨满举行"道勒博尔"（去往冥界萨满术之义）时，它保护着萨满的身体。

（7）神鼓——"翁土尔"。这是无柄圆形单面鼓。它的框子，要用宽约寸许的榆树、杨树或落叶松往东南方向延伸的部分制作，其直径两尺许。鼓面是用山羊、牛犊皮、狍子皮或狼皮糊成，有些是用狼皮做的，具有很强的"翁土尔"的萨满才能拥有这种鼓。它的构造，鼓内面中央部位有分别能进无名指和小指的 3 个黄铜环，并以此为中心 4 对 8 条细皮条往外布满框子内侧。鼓对萨满的作用仅次于"扎瓦"。有时，不穿"扎瓦"仅敲鼓也能跳神治病。在萨满跳神处于昏迷状态，其神灵同外层世界打交道的时候，在平地神鼓就变成马和鹿，在江河上鼓就是舟。所以神鼓是最重要的法器。

（8）鼓槌——"吉苏尔"。用细藤条做心，用哈达捆住，外面套上带毛的兽腿皮而成。鼓槌穿眼，串皮条做囊，作为击鼓之用。鼓槌也能变成鞭子和桨。

（9）萨满面具称"阿布嘎勒岱"，是一具铜制面具。在海拉尔地区 4 名达斡尔萨满中，2 人无面具。现在还没有听说布特哈以及齐齐哈尔达斡尔中有萨满面具。黄格萨满的萨满面具悬挂于她主屋的西间北墙神坛上，面向南，在浓浓的胡须中间半开的嘴巴里塞着一块瓦奇（羊尾脂肪）。据说这是从 150 年（今 200 年）前的嘎胡查萨满流传下来的。有人说，此俗与熊信仰有关系，并在除掉"恶孙斯"（恶灵之义）或"树特古尔"（魔鬼）时要使用它。拉玛萨满可能早已不从事萨满活动的缘故吧！把巫面具装在了革制袋子里。据说，他的巫面具大约是在 40 年（今 90 年）前制作的，与火神信仰有关，它的使用方式与前者大致相同。

（10）护心镜——"涅克鲁·托里"。萨满穿白色贴身衣服后，脖子带护心镜，接着在人们的帮助下把很重的法衣缠绕在身上。胸前佩戴护心镜，防止恶魔摄去心肺。

（11）念珠——"额尔客"，也成为萨满法器之一种。一般珠数 108 个，不穿法衣祈祷时，挂在肩上。但只有扎布萨满用此物。它的构造是把黑色大数珠用四个大珠分 4 等，在其一处带有黄铜镜一面及五色布、青铜巫镞，在另外两个大珠上分别系有一个黄铜或铜巫镞。这是原有巫镜与喇嘛教系的念珠复合起来的东西。

（12）藏法衣和法器物——由小型木箱、圆形布袋和"布特连"等物品组成。日本的大间知笃三先生这样详细记述过："笔者（指大间知笃三）实地考察的有一天寒夜，正在行治病巫术，女巫黄格·萨满乘着马橇来的。患者家的三个男人出去迎接她。一人帮她捧着一个四面有一尺左右的正方形木箱，一人抱着一口大而沉重的皮袋，一人拿着巫鼓，跟在巫的后面进病人家西屋。木箱放在南侧高桌上，并马上在它的前面点起香来。为了使巫鼓鼓面更紧绷，把它烤在火旁，把大革袋放在了西炕。这皮袋称作‘布特连’（butlien），是结实的牛皮袋。在它的中部纵向开着口子，把它用皮条交叉系着。他们解开皮袋皮条，首先从里面拿出两个布包，接着取出两面达尔拉卡·托里。原来她用四面镜子，但这位女巫近于老龄，为了减轻重量，现在只用两面，接着又取出带有60面黄铜镜以及近七十个各种铃的巫衣。从最下面取出最大的阿尔汗·托里。从一个口袋里拿出用子安贝修饰的胸衣，从另一个口袋里取出绣有十二属相的哈尔本阔。然后巫衣和胸衣连接起来，从木箱里取出两只鸟形，把它戴在胸衣两肩上。又把哈尔本阔连接在巫衣后部。看起来好像对这些动作顺序，谁也得心应手，在屋里的年轻男子很快做完这一切。接着巫穿着白色贴身衣服，在人们的帮助下把很重的甲瓦缠绕在身上，最后戴上一面阿尔汗·托里。接着有人从木箱里拿出巫冠交给巫，巫把它戴在头上，把皮条紧紧系在颚下。这样巫装的准备已经完成。巫术结束，卸巫装的顺序与此相反，此时仍点着线香。海拉尔群体中的其他亚他堪也与之大致相同。但他们不点线香。其中有些人用一种以干古（gangu）草手制的叫做敖托里（otoli）的香。”（［日］大间知笃三先生1900年生于富山县。1927年毕业于东京帝国大学文学部德文学科）

　　另外说明，在黄格萨满的法衣上又表现出好几种系统的新文化要素，这也是她的法衣特色之一。这些是除在十二属相刺绣上表现出的汉文化要素之外，还有喇嘛教系的铙钹、俄罗斯系的铃铛，还把俄罗斯帝政时代的硬币当作扣子用之。更有趣的是，她把她的亲戚从日本旅行回来时带来的大卷贝、与里面有“大观通宝”字样的黄铜镜，连接起来戴在身上。因而可以这样说，近代波及呼伦贝尔的强劲的诸文化，都以一定的方式被吸收到那里。①

　　（13）郭道甫曾孙通福——《敖包相会》曲作者

　　我国包括世界的许多歌迷听众虽然都非常熟悉《敖包相会》的旋律，但并不熟悉曲作者——通福，通福是至今流传国内外的经典名曲《敖包相会》的曲作者。他与郭道甫是同一氏族而且有亲戚关系，通福虽说只比郭道甫小25岁，按郭博勒氏族的辈分排通福为郭道甫的曾孙。笔者记得小时候直到“文化大革命”结束前经常到我们家，因他称笔者父亲阿

---

　　①　敖拉·碧力格选编：《海拉尔地区达斡尔族黄格等四位萨满的法衣和法器》，http：// blog. sina. com. cn/s/blog_ 4901c81d0102voa5. html。

日亚为爷爷，其实按年龄他比笔者父亲大 13 岁，而辈分却比笔者父亲小。对他的生平做一简单的介绍。

通福（1919—1989），1919 年 2 月 20 日出生，1989 年 11 月 20 日逝世。内蒙古鄂温克旗巴彦嵯岗苏木莫和尔图嘎查人，别名郭布勒哈拉，昵称通福。中共党员，达斡尔族著名音乐家。曾任中国音乐家协会内蒙古分会理事、副主席，内蒙古歌舞团乐队指挥等职。1981 年他着手整理过去和改编的 100 多首歌曲，交内蒙古出版社出版发行，并在内蒙古自治区第二届萨日纳文艺评奖中，获音乐创作的最高奖——金驼奖。1935 年，通福就读并毕业于莫和尔图民国优级学校。考入扎兰屯师道学校，1940 年毕业。翌年赴日本学习提琴和钢琴。1945 年，通福由日本回国。次年，他带着小提琴参加呼伦贝尔自卫军文工团。20 世纪 50 年代初他调到内蒙古歌舞团工作。1952—1964 年，先后在长春电影制片厂和内蒙古制片厂从事电影音乐创作。[①]《敖包相会》就是这个时期创作的经典作品。1989 年 11 月 20 日通福在呼和浩特逝世，享年 70 岁，作为著名音乐家还是逝世的早了一些，是我国音乐界的损失。

（四）亲历者的回忆

索能苏荣在《缅怀政治家、教育家郭道甫先生》一文中回忆了 1931 年秋与郭道甫见面的经历："令我至今难忘：那是在 1931 年秋末的一天傍晚，我跟着妈妈在齐齐哈尔车站，想坐西行的火车回家乡莫和尔图。当时我妈在齐齐哈尔市的一所由慈善事业单位办的名叫博济工厂的被服厂做工。条件是供应我母子二人食宿和免费让我上厂办小学。合同规定，我母亲为此每日劳动 12 小时，不付劳动报酬等等。我们是因为日本帝国主义已经开始侵入我国东北而不得已回乡避难的。由于买不起车票正在困窘的时候，忽然听见有一个人从车厢门口喊：'嫂子，快过来！'我们一看，原来是我三堂叔华霖太……在车上见到了郭道甫先生一家。他们都非常热情地给我们让了座，他们的孩子们给我吃糖果。一路上使我深受感动的是大名鼎鼎的郭道甫先生竟是那么平易近人。他不以我妈在那个时代是一位

---

① 昆仑冷月、玛拉沁夫、通福：《敖包相会》，《音乐人生》2011 年 5 月 15 日。

生活在社会底层，为糊口而挣扎的贫苦女工而蔑视。他声声称'嫂'，问寒问暖，并称赞我妈有志气，后来稍大后听妈妈回忆，说他讲的主要是关于妇女翻身、十月革命、反封建、反压迫等。我大姐桂瑞赴苏前也给妈妈讲过许多关于革命的道理。妈妈回忆说'听了郭道甫先生的讲话后，更觉得你姐姐她们赴苏留学是一件具有重大意义的事情，她走对了。'这是我第一次见到郭道甫先生，也是最后一次。此后不久，他去满洲里到苏联领事馆就一去不复返了。"① 这段回忆太珍贵了，在郭道甫研究的学者中亲身与郭道甫接触的人并不多，而且见的时间也是很珍贵，因 1931 年的冬天他永远离开了祖国。

九 郭道甫下落之谜

郭道甫虽已得到了平反，但最终的结局仍是悬案。按中国传统的生死观念，最大的憾事莫过于后代不知其父辈的下落，有种说法叫："活要见人，死要见尸。"郭道甫 1931 年 12 月 11 日从满洲里离开祖国之后，对父亲、妻子、子女来说最大的疼点就是亲人的离散及长久的期盼。家人当前千方百计想要弄明白的就是郭道甫的最终下落。作为儿子阿日亚，为此付出了几十年的努力，通过各种渠道得到了苏联的平反书，但目前还没弄清楚的是判刑以后的情况。当前已知的是郭道甫于 1934 年在苏联被判刑后，送到了劳动改造营，生活了多少年？后面哪年？在什么地点、年月离开人世？（苏联劳动改造营有好多地点）。而今儿子阿日亚自己也到了人生的暮年，（笔者写作这段时仍健在）每当时间一年一年地过去，父亲下落还未彻底弄清楚，他心中的不安却与日俱增，何时能搞清其准确的下落呢？是每位后代的共同心愿。郭道甫为什么会有这样的结局？因为他在 20 世纪 20—30 年代选择了革命的职业生涯，一心想着民族与国家的前途与命运并为其日夜奔波，置生死于度外，他的人生轨迹与 20 世纪 20—30 年代国内国际的局势密不可分，其经历也就充满了曲折、传奇、神秘甚至是恐怖，那是一个怎样的人生传奇？

---

① 内蒙古自治区达斡尔学会编：《达斡尔族研究》第五辑，1996 年（内部资料）。

（一）内蒙古满洲里失踪

当日军占领呼伦贝尔时郭道甫神秘失踪，有人说逃向外蒙，途中走失，从此不知下落。郭道甫在离开祖国之前足迹踏遍了大半个中国，以呼伦贝尔为中心，在当年的交通情况下，北到北京、太原、张家口，呼和浩特；南到南京、广州；西到包头、阿拉善、宁夏；东到满洲里。而满洲里是他在祖国时的最后一站。

满洲里作为祖国的北大门，总给人以神秘的感觉。清代，属黑龙江将军呼伦贝尔副都统衔总管（后为呼伦贝尔副都统）辖区。1901 年（清光绪二十七年），中东铁路西部线建成后，建立火车站，因是从俄国进入中国东北地区（当时惯称"满洲"）的首站，故名"满洲里站"，俄语为"满洲里亚"，音译成汉语变成了"满洲里"。1903 年（清光绪二十九年），设满洲里铁路交涉分局。1909 年 10 月（清宣统元年九月），黑龙江行省于满洲里正式设置胪滨府，1912 年 1 月被废止。1920 年 2 月，复设胪滨县。1923 年 4 月，将满洲里铁路交涉分局改为满洲里市政分局，隶属东省特别区管辖。东北沦陷后，1933 年 1 月，伪满取消胪滨县，设满洲里办事处。满洲里市黑龙江省曾辖市县。位于黑龙江省西部，大兴安岭岭北中俄边境，今属内蒙古自治区呼伦贝尔市，边境口岸城市。满洲里原称"霍勒津布拉格"，蒙语意为"旺盛的泉水"。今天作为我国北端的边境口岸也成为新的开放地区。

对郭道甫来说，1931 年的冬天非比寻常，或许连自己也没有意识到从此便踏上了一条不归之路，与自己的家人永远的诀别了，始料不及的是最后竟死在了异国他乡，而寻找下落成为亲人 80 多年的悬案，为了获得郭道甫下落的准确消息家人仍在努力着……

1931 年 12 月郭道甫"为了安全起见，在凌升（伪满洲国成立后，任伪兴安北省长，后被日本人杀害）家住了一宿，换穿一套西服、一件水獭大衣。第二天一早同色尔古冷悄悄地前往满洲里，住在俄侨老友家。次日用完早点，持通过耐拉尔图得到的一份与苏联联系的证明书，只身去苏联驻满洲里领事馆。临走前对色尔古冷吩咐说，他去苏联领事馆，不知什么时候回来，你不要出去等等。但郭一去再没回来。这就是人们所谓郭道甫在满洲里失踪的真实情况"①。郭道甫失踪之后，对他的下落出现了种种的猜测。猜测之一：被苏联领事馆强行扣留（今已得到证实，是秘密逮捕）；猜测之二：被苏炳文的部下杀害（现在看来是不准确的）；猜测之三：在苏联 30 年代的肃反扩大化时枪毙了（这也是不太准确，已有平反书做证）。苏联平反书获得后，上述猜测都不攻自破。1989 年 5 月 19 日，由苏联国家安全委员会发给平反昭雪通知。

（二）后代八十余年的寻觅

郭道甫 1931 年 12 月 11 日在满洲里失踪之后，其家人就开始了漫长的思念与寻觅，已经历了三代人不懈的追踪与努力，其父亲荣禄 1931 年失去儿子后，直到 1945 年秋还抱有希望，原以为 1945 年第二次世界大战结束郭道甫会回来，1931 年至 1945 年 14 年过去了，郭道甫儿子阿日亚回忆："听爷爷荣禄说：一天晚上好像听到一个吉普车的声音，以为是儿子郭道甫回来了，可出去看后吉普车又不见了。"② 在长期期盼没有结果的情况下荣禄郁郁寡欢得了一场大病，于 1945 年冬天逝世了，一个坚强老人的离去，使得家人失去了主心骨。好在子女都参加了革命，成为国家干部、研究员、教授、工程师。郭道甫的子女"文化大革命"前因国内的政治氛围都不敢提及此事，而"文化大革命"中其子女和孙子、孙女辈都受到郭道甫历史问题的严重牵连。由于当时国际国内的政治环境制约都没有想到还能得知郭道甫失踪后的去向和被判刑送到苏联的劳动改造营的情况，之前只能用思念代替寻觅。可喜的是 1994 年获得了平反书，解开了郭道甫失踪的谜团。

（三）家人终见平反书

苏联国家安全委员会 1989 年 5 月 17 日、5 月 19 日给郭道甫平反昭雪。1931 年 12 月 11 日郭道甫在满洲里进入苏联领事馆后，即被国家政治保安局人员秘密逮捕。1934 年 3 月 27 日以在内蒙古地区煽动民族主义、从事间谍活动、企图挑起武装冲突等罪名被判处死刑，后改判劳动改

---

① 阿·恩克巴图、额尔很巴雅尔：《我们所知道的郭道甫》，《呼伦贝尔史志资料》（上）第一辑，1985 年，呼伦贝尔盟地方志办公室编印。

② 阿日亚口述。

造 10 年，送劳动改造营。

郭道甫平反书的获得经历了一番曲折，郭道甫之子阿日亚口述了获得平反书的详细过程：1989 年后阿日亚找了呼和浩特市语委干部苏日，因他的叔伯弟弟巴特在蒙古国，1945 年日本投降后他就去蒙古国定居了，在蒙古国安全部工作。阿日亚十分关注苏联对肃反扩大化错误的平反问题，因在《参考消息》上得知，斯大林时期肃反扩大化的受害者，只要家属要求平反，就会给予正式的平反。凭这一消息带给家人莫大的希望，于是阿日亚就用新蒙文写了一页纸关于郭道甫的基本情况，交给了苏日，希望他能帮忙打听郭道甫的消息，这页纸的基本情况材料通过苏日递给了蒙古国的巴特，但时间过去了半年却没有消息。突然有一天情况有了转机，内蒙古大学的满德呼先生准备去蒙古国，主动问我父亲阿日亚在蒙古国有什么需要办的事情，于是就又重新提起了打听爷爷郭道甫平反的事情。因满德呼先生的小舅子哈斯巴根先生，也在蒙古国定居，当哈斯巴根接手了这件事之后，很快有了进展，他回到蒙古国后又找了巴特，巴特就与蒙古国的平反委员会取得了联系，正巧苏联内务部把 20 多名被平反人员的平反书寄给了蒙古国平反委员会，其中就有郭道甫的平反书。① 这份平反书是内蒙古大学满德呼和哈斯巴根两位先生亲自交给郭道甫儿子阿日亚的。从此，郭道甫平反的消息传播开来。平反书中译文如下：

批准

副总军事检查长

司法陆军少将

B. C. 帕日飞诺夫

（签字）

1989 年 5 月 19 日

关于墨日色（郭道甫）的结论

根据刑事案件材料（档案号：H－9180）

姓、名、父名：墨日色又名郭道甫　郭博勒

出生年月：1894 年

出生地：（中国）呼伦贝尔地区扎罗木得村

---

① 2014 年 1 月 5 日晚阿日亚口述，乌尼日记录。

　　党籍资料（包括党证号码）：1925 年加入内蒙古人民工人党工作地点及被捕前职务：沈阳市蒙旗师范学校校长。

　　被捕前住址：巴尔虎地区海拉尔东南六十公里。

　　家庭成员：被捕当时家庭成员有：妻翠介及三个女儿：娜仁挂，14 岁、萨仁挂，12 岁、奥登挂，10 岁；住在巴尔虎。

　　无现实材料。

　　被捕和公诉日期、何时由何非司法机关判刑：

　　墨日色因在内蒙古地区煽动民族主义运动，从事间谍活动于 1931 年 12 月 11 日在满洲里站苏联领事馆被国家政治保安局人员秘密逮捕。案件的侦查工作是由远东地区国家政治保安局，后由该局外事部的全权代表进行。没有关于逮捕、对墨日色的起诉及缩短和延长刑期的诉讼程序的文件。根据 1934 年 3 月 27 日国家政治保安局委员会决定，因有从事间谍活动替日本情报机构服务及准备武装暴动企图挑起武装冲突罪，特根据俄罗斯苏维埃联邦社会主义共和国刑法典第 58—4 和 58—6 条款判处死刑，后改判十年徒刑送劳动改造营。现根据 1989 年 1 月 16 日苏联最高苏维埃主席团命令《关于对在三十至四十年代和五十年代初受迫害者予以平反昭雪的补充规定》第一条精神，予以平反。

　　内务部军事检查长

　　司法上校　道罗飞也夫（签字）

　　苏联国家安全委员会部助理

　　中校

　　A. B. 别列雅科夫（签字）

　　　1989 年 5 月 17 日

　　HII－3883－88

　　平反书的获得，使家人 60 年的期盼有了结果。郭道甫的各项莫须有的罪名都被洗清了，不公正的政治待遇也得到了昭雪。60 年的历史冤案终于大白于天下，后代的政治压力总算得以释放。

　　根据苏联平反书，郭道甫"后改判十年徒刑送劳动改造营"，接下来的问题为劳动改造营是什么部门？地点在哪儿？

（四）古拉格——劳动改造营

古拉格是苏联劳动惩戒营的管理部门，直属于 NKVD（人民内务委员会：НКВД，Народный Комиссариат Внутренних Дел Narodnyy Komissariat Vnutrennikh repatriated，部分原文直译为"苏联内务部"）。追溯古拉格的历史，它产生于 20 世纪 20 年代初期。1923 年，在索洛维茨基群岛上建立了第一个特别劳改营，用来关押那些反对十月社会主义革命、与苏维埃政权为敌的政治犯、不同政见者，其中包括社会革命党人、孟什维克及宗教界人士。自此之后，这种古拉格的模式在全苏各地越建越多，1935 年已有 14 所，1941 年第二次世界大战爆发前夕已达 85 所。之后，第二次世界大战开始，许多犯人戴罪上了前线，到 1945 年"二战"结束时，古拉格的数量减少了 30 所，只剩下 58 所。但到 1947 年又升到了 70 所。1953 年斯大林逝世前夜，古拉格的发展达到了顶峰，全国共有 170 所，遍布各个地区和角落，织成了一张大网，罩在苏联的版图了。1954 年，斯大林去世之后，极权统治结束，很多被平反，离开了集中营，古拉格的数量一下子减少了 102 所，只剩下 68 所。另外，在 1948—1953 年，苏联内务部还建立了 12 个残酷监。

被关押在劳改营的人数，被判监禁的人根据刑期不同分别关押在劳动感化营（исправительно—трудовой лаяерь，缩写词为 ИТЛ，关押三年刑期以上的犯人）、劳动改造营（испраьительно—трудовая кололия，缩写词为 ИТК，关押三年刑期以下的犯人）、监狱管理局（мюремный отдел）。关在监狱的则是所谓最危险的政治敌人，大部分是原苏共上层领导人。监狱里的犯人以后都陆续转到了前两个劳改营关押。

"在 1929 年到 1953 年的三十四年间，至少一千四百万人被监禁于古拉格，多于七百万的苏联公民被流放到苏联的垦荒地区进行垦荒。在苏联内务部转型为俄罗斯国家安全局的过程中，大量关于古拉格的文件被解密，其中部分文件对不同时期监禁于古拉格人数作出了精确的统计：1934 年时于古拉格服刑的囚犯数量为大约 510307 人；1953 的服刑人数则激增至约 1727970 人。需要指出的是，尽管苏联的政治犯被部分分配到了古拉格集中营，大多数被监禁于古拉格的囚犯并不是政治犯。任何苏联公民都可能因为无故旷工，偷窃，或开反政府的玩笑而被逮捕并流放至集中营中。其中二百六十万件个案由苏联俄罗斯秘密警察审理。虽然苏联集中营的规模在 1953 年斯大林病逝后大幅缩减，然而根据官方档案，直至戈尔巴乔夫时代，劳动改造营仍旧存在。"① 在劳动改造营（ИТК）的政治犯约占囚犯总人数的 10.1%。这样，从 1937—1950 年总共关在劳改营的有 8803178 人，其中政治犯有 340—370 万人。

郭道甫是由非司法机关判刑的"没有经过司法程序被判刑的人是否列入统计？在被镇压的人中，有的是经过法律机构宣判的，如各级法院、军事法庭、最高法院的特别委员会和军事委员会等等，这些人当然属于被统计之列；而一些人则是由非法律机构定刑的，如苏联国家政治保安总局的委员会、内务部下属的负责镇压工作的各级'三人小组'、特别会议等等。由于当时法制荡然无存，很多人没有经过正当司法程序就被判刑了。这些人自然应当列入统计范围。实际上由非法律机构定刑的人远远多于前者"。② 郭道甫是 1989 年由苏联国家安全委员会给予平反的，那我们还要对苏联国家安全委员会做个了解。

苏联国家安全委员会简称克格勃。③ 克格勃（俄文：Комитет Государственной Безопасности，英文：The Committee of State Security），简称 КГБ；克格勃是此三个俄文字母的音译，即苏联国家安全委员会，是 1954 年 3 月 13 日至 1991 年 11 月 6 日期间苏联的情报机构，以实力和高明而著称于世。前身为捷尔任斯基创立的"契卡（Cheka）"，苏联早期的情报机构契卡将总部设在彼得格勒（圣彼得堡）霍瓦亚大街 2 号；1918 年苏俄政府迁都莫斯科，契卡总部也在 1920 年迁到莫斯科克里姆林宫附近的卢比扬卡广场 11 号。1922 年改称国家政治保安局。1923 年改称国家政治保安总局。1934 年并入内务人民委员部。1943 年另设国家安全人民委员部。1946 年改称国家安全部。1953 年该部又并入内务部。1954 年国家保安机构改组，成立国家安全委员会。1991 年苏联"8·19"事件后，10 月 11 日苏联国务委员会决定撤销国家安全委员会。

苏联国家安全委员会的行政地位与部平行，由苏联部长会议（1990 年 12 月后由苏联内阁）领导。其组成人员有委员会主席 1 人，副主席若干人，委员若干人等。委员会主席为部长会议（内阁）组成人员，任期

---

① 百度百科：古拉格。
② 吴恩远：《苏联三十年代大清洗人数考》，《历史研究》2002 年第 5 期。
③ 百度百科：苏联国家安全委员会。

与部长会议（内阁）相同，为 5 年。委员会实行一长制，由主席领导。苏联国家安全委员会下设各局、处，主要有秘密政治局，负责对各部门有关国家安全的调查和监视；外事局，搜集外国情报资料；反间谍局，主要和外国间谍进行斗争；军事反情报总局，负责保证军队、边防军，警察部队、内务部及其本身的安全；保卫局，负责保卫苏联党政重要负责人的人身安全；警卫局，负责中央机关及主要负责人的住宅的警卫工作的管理；经济总局，保卫各重要经济部门，组织搜集国外经济情报；科学技术局，保卫重要的科技部门，搜集科技军事情报；边防军局，负责苏联边境的守卫和巡逻的管理；印刷出版物国家机密保卫局，对出版物进行监督检查，以防泄露国家机密；反恐怖活动特别处；情报和档案特别处等。克格勃历史上最有影响力的领导人是安德罗波夫和贝利亚，安德罗波夫最后担任了苏联的最高领导人，而贝利亚在权力斗争中失败，被赫鲁晓夫以叛国的罪名处死。

（五）下落谜团仍未解

在郭道甫子女执着的追踪下，下落的线索较之 1989 年前清晰了。当下亲人最关心的问题就是郭道甫在苏联生活了多少年？逝世的具体时间和安葬的地点？弄清楚上述问题是当前郭道甫家人的重要使命，1999 年 11 月 25 日笔者父亲阿日亚在回忆祖父郭道甫的遗作中这样写道："我是遗腹子，郭道甫 1931 年 12 月离华，我生于 1932 年 7 月，故在平反书上没有我的名字。人都冤案而失踪，我们根本不想取得什么，最主要是所谓《结论书》中，31 至 34 年正式判刑间在何处？最终下落，结局，命运如何？只字没有提，故想方设法拟查清此事，不管查清查不清，凡要试试看。"[①] 弄清郭道甫的下落是其后代的使命。郭道甫的子女，除大女儿 2012 年（95 岁）、最小的儿子（82 岁）逝世外，其他子女都为高龄长寿老人，二女儿 92 岁，三女儿 90 岁，四女儿 85 岁，这是所有家人的迫切心愿，希望能早日实现。（可惜书稿还在写作之中，2014 年 3 月 7 日郭道甫的儿子阿日亚病逝了）

---

① 阿日亚：《郭道甫（墨日色）有关与前苏联（包括第三国际）蒙古国关系的始料概述》，1999 年 11 月 25 日下午 15 时 10 分写于广西大学。

第三章　郭道甫革命实践活动

郭道甫是在内蒙古近现代史上产生过重要影响的历史人物。20 世纪 80 年代，由国家民委组织编写的少数民族问题五种丛书之一《达斡尔族简史》称他是一位杰出的政治家、活动家和教育家，也是内蒙古早期民族民主革命的先驱者之一。郭道甫不但重视理论研究同时还注重实践活动，内蒙古近现代革命斗争史专家郝维民先生这样评价道：郭道甫"先生善于思考，注重实践，从不坐而论道，将理论束之高阁。初欲兴教救蒙，便带头创办学校；后论民族民权革命，即率先发起组织政党；议及蒙汉关系，便倡办蒙汉大学……理论思考与革命实践的统一，是其革命生涯的突出特点"。[①] 郭道甫的革命理想与斗争追求注定了他始终处于革命的风口浪尖，1923 年外交部部长王正廷本派他考察外蒙古，而他到了库伦后却又与共产国际取得了联系，违反了北洋政府的旨意，被称为"赤化"分子，解除了民国政府中俄交涉公署咨议处俄文翻译的职务。1924 年追随孙中山三民主义，成为组建内蒙古人民革命党（也称内蒙古国民党）的核心要人，当选为中央常委和秘书长，起草《内蒙古国民革命第一次代表大会宣言》。1927 年国共合作破裂后，共产国际内部也出现了不同政见，波及了内蒙古人民革命党的领导机构，革命实践曾一度转到内蒙古西部。他的革命实践活动与我国当时的政治局势密切相关。郭道甫在党内斗争中被撤职，政治生涯曲折艰难。

---

① 郝维民：《刍议郭道甫与蒙古民族问题——纪念郭道甫诞辰 110 周年》，内蒙古自治区达斡尔学会编《达斡尔族研究》第八辑，内蒙古大学出版社 2005 年版。

一　革命实践的前奏

郭道甫革命理想的确立可以从他剪掉辫子说起。1914 年，正值 20 岁的他在辛亥革命的影响下，剪掉了清王朝的重要象征小辫子，去掉辫子的郭道甫从齐齐哈尔回到家乡时，有看不惯他的人视他为异端，认为是叛逆行为。但被呼伦贝尔的青年们认为是楷模，成了他们外出升学求知的先驱。郭道甫思想超前，能说会道，是国学功底扎实的知识分子。他用拉丁字母创制了达斡尔文字，后因日寇入侵遭到禁用。他以蒙古民族自决为己任，联络东蒙古青年组织蒙古青年党，继而成为蒙古青年党领袖。

（一）呼伦贝尔青年党

郭道甫在家乡宣传蒙古平民革命，并在呼伦贝尔学生会基础上，于 1923 年底 1924 年初组建"呼伦贝尔青年党"，接受"外蒙平民革命党"的主张。关于呼伦贝尔青年党，文献记载：1920 年秋，海拉尔官立学校恢复，郭道甫任校长，福明泰任副校长。从各旗招来 200 多名各族学生，其中有达斡尔族、满族、苏联籍布里亚特人和俄罗斯人。郭道甫和福明泰每天晚上以教室为活动场地，向青年学生、教师、职员和社会青年讲述俄国十月革命、中国辛亥革命、国际国内形势，揭露日本帝国主义'满蒙政策'的侵略本性。号召青年反对军阀官僚和封建上层势力，奋力于民族解放事业。在呼伦贝尔学生会的基础上，郭道甫和福明泰组建呼伦贝尔青年党。1921 年，蒙古革命成功，呼伦贝尔青年党与蒙古人民革命党发生联系。"成立青年党的时间是 1917—1918 年，当时苏维埃政权初建，所指'斯拉夫民族的侵略'是指沙俄时代对呼伦贝尔的侵略。1922—1923 年对郭道甫来说是从国内到国外，不断扩大影响的一年，也是与国内政府要人会面，打通国际路线的一年。

（二）被称为赤化分子

郭道甫担任过中华民国政府外交部部长王正廷的秘书和俄文翻译。据文献记载"民国十一年（1922 年），郭道甫与呼伦贝尔当局发生分歧，赴北平经当时蒙藏学校校长金永昌推荐任蒙藏学校教员、学监等。复经金永昌推荐任民国政府中俄交涉公署咨议处俄文翻译（王正廷任署长）"①。
郭道甫与王正廷的联系要归功于蒙藏学校校长金永昌的推荐，可谓是伯乐
慧眼识人才。

郭道甫 1922—1923 年以北平为政治活动的舞台，展示了自己的学识
与口才。1923 年郭道甫"在燕京大学、青年会等应邀讲蒙古问题，受到
热烈欢迎。随后，会见北京政府外交部部长王正廷，就国内民族问题交换
意见，为王正廷所赏识，被聘为秘书兼俄文翻译。北京政府又任命他为中
俄交涉公署咨议，中央蒙藏学校学监等职"②。民国 12 年（1923）6 月，
"王正廷为了解外蒙古独立情况，出资六百元，限期四个月，派郭道甫赴
外蒙古考察。"③ 考察对郭道甫来说是一个千载难逢的机遇，而结果对王
正廷而言却是出乎他的预料，与派郭道甫考察的初衷背道而驰，这次考察
创造了郭道甫与苏联与共产国际接触的机会，这是北洋政府不愿意看到的
情况。

1923 年 6 月，外交部长王正廷派郭道甫前往乌兰巴托，考察"外蒙
古独立"情况。其间，郭道甫撰写了《新蒙古》一书，介绍革命成功之
后的蒙古情况；去莫斯科会见苏联共产党负责人，要求他们支持内蒙古民
族的解放运动。他的上述活动使王正廷不满，未等考察结束，即以"赤
化"之名革掉他的职务。郭道甫回只得回到家乡呼伦贝尔，黑龙江军务
督理朱庆澜想任用他，旋即因王正廷函告郭道甫是"赤化分子"而再次
被解除职务。尽管如此，郭道甫仍在家乡宣传蒙古平民革命，并在呼伦贝
尔学生会基础上，于 1923 年底、1924 年初组建"呼伦贝尔青年党"，接
受"外蒙平民革命党"的主张。郭道甫在其著作《呼伦贝尔问题》一书
中回顾了这段历史"等到一九一七年恢复呼伦贝尔失守的当儿，他们都
回到家乡来，加入这个运动，以求地方政治改良。那年冬天，联合一般留
外的学生们，组成了呼伦贝尔学生会，讨论青年们的学行方法及地方政治
问题，这是呼伦贝尔青年党发生的起点。一九一八年冬天，用本会的名

---

① 纳古单夫：《郭道甫略传》，内蒙古自治区蒙古语文历史研究室编《蒙古史文稿》第一
辑，1978 年，内蒙古自治区蒙古语文历史研究室编印。

② 阿·恩克巴图、额尔很巴雅尔：《我们所知道的郭道甫》，《呼伦贝尔史志资料》（上）
第一辑，呼伦贝尔盟地方志办公室编印，1985 年。

③ 纳古单夫：《郭道甫略传》，内蒙古自治区蒙古语文历史研究室编《蒙古史文稿》第一
辑，1978 年，内蒙古自治区蒙古语文历史研究室编印。

义，派代表参加于上乌金斯克城布里雅特蒙古的民族大会。从那时候起，就以教育实业为改革政治的方针，还没有采取革命手段。但是旧势力的黑暗，究竟积重难返，也没有充分的结果。等到一九二一年以后，外蒙方面的平民革命，业经成功，这种潮流，也就输入了呼伦贝尔。而接受这种潮流的就是这一般有组织的青年们了。不久也与外蒙平民革命党，发生关系，完全接受了他们的主张和方法。这是一九二三年和一九二四年的事情"。① 1923—1924 年是郭道甫思想发生重大转变的时期。反对封建专制在我国的统治，是追随孙中山的新三民主义，具体的就是反对王公贵族在民族地区的统治。

二　参与组建内蒙古平民革命党

内蒙古人民革命党的斗争目标就是针对曾归属清王朝的封建专制残余——札萨克政权。因此，我们必须先了解这一政权体制的建制情况。

（一）封建专制政体——札萨克

1. 内札萨克蒙古

内札萨克蒙古或内札萨克，指归附清朝较早的漠南蒙古各旗札萨克，地位在外札萨克之上，属于外藩蒙古。乾隆以后，内札萨克分为二十四部，四十九旗，由理藩院旗籍清吏司、王会清吏司管理。内蒙古一词即源自内札萨克蒙古。清代后期，内蒙古成为内札萨克四十九旗的正式称呼。

内札萨克蒙古原分为二十五部，编为五十一旗。康熙年间，归化城土默特左右翼二旗改为内属，置归化城副都统。乾隆以后，内蒙古共二十四部，四十九旗，设六盟：（1）哲里木盟（科尔沁部九旗、六旗扎赉特部一旗、杜尔伯特部一旗、郭尔罗斯部二旗）。（2）昭乌达盟（敖汉部一旗、奈曼部一旗、巴林部二旗、扎鲁特部二旗、阿鲁科尔沁部一旗、翁牛特部二旗、克什克腾部一旗、喀尔喀左翼部一旗）。（3）卓索图盟（喀喇沁部三旗、土默特部二旗）。（4）锡林郭勒盟（乌珠穆沁部二旗、浩齐特部二旗、苏尼特部二旗、阿巴噶部二旗、阿巴哈纳尔部二旗）。（5）乌兰察布盟（四子部落一旗、茂明安部一旗、乌喇特部三旗、喀尔喀右翼部

---

① 奥登挂编：《郭道甫文选》，内蒙古文化出版社 2009 年版，第 129 页。

一旗）。（6）伊克昭盟（鄂尔多斯部七旗）。"本朝龙兴，蒙古科尔沁部率先归附，及既灭察哈尔，诸部相继来降。于是正其疆界，悉遵约束。有大征伐，并帅师以从。及定鼎后，锡以爵禄，俾得世及。每岁朝贡以时，奔走率职惟谨，设理藩院以统之。盖奉正朔、隶版图者，部落二十有五，为旗五十有一，并同内八旗。……是为内札萨克蒙古。"①

贡道，由山海关入贡，科尔沁、扎赉特、杜尔伯特、郭尔罗斯四部由喜峰口入贡；阿鲁科尔沁、扎鲁特、喀尔喀左翼、喀喇沁、土默特、奈曼、敖汉、翁牛特八部由独石口入贡；巴林、克什克腾、浩齐特、乌珠穆沁四部及阿巴噶左翼旗、阿巴哈纳尔左翼旗由张家口入贡；苏尼特、四子部落、喀尔喀右翼、茂明安四部及阿巴噶右翼旗、阿巴哈纳尔右翼旗由杀虎口入贡。归化城土默特、乌喇特、鄂尔多斯三部设官。

内札萨克所置官吏主要有盟长、副盟长，每盟各置一人，于该盟所属札萨克、闲散王公内简选。札萨克（扎萨克），即旗长，每旗一人，掌管一旗政令，一般可以世袭。协理台吉，每旗二人或四人，协助札萨克办理旗务。管旗章京，每旗一人；副章京每旗二人。参领，每六佐领置一参领。佐领，每苏木（"佐"）设佐领一人（也有例外），相当于乡长。骁骑校，每苏木一人。什长，每十户设一什长。

封爵，内札萨克之爵位有札萨克和硕亲王、札萨克多罗郡王、札萨克多罗贝勒、札萨克固山贝子、札萨克镇国公、札萨克辅国公、札萨克台吉（一至四等）、塔布囊（一至四等）。

领兵，内札萨克各旗蒙古兵由本旗札萨克及其所属盟长统领，盖内札萨克多从龙功臣，而游牧之地悉附近盛京、直隶、山西、陕西一带，与外札萨克之后来归附、远在漠北者有别。

2. 外札萨克蒙古

外札萨克蒙古指清代外藩蒙古中除内蒙古二十四部以外的蒙古各旗，与哈密、吐鲁番、西藏等地的郡王同为外札萨克。外札萨克蒙古包括西套蒙古二旗、漠北喀尔喀四部以及科布多、青海、新疆所属札萨克各旗，由理藩院典属清吏司与柔远清吏司管理。清末，外札萨克蒙古有时仅指喀尔喀四部，后演变出外蒙古的概念，即土谢图汗部、赛音诺颜部、车臣汗部与札萨克图汗部。

---

①　嘉庆《重修大清一统志》，外藩蒙古统部。

盟部，外蒙古土谢图汗部、车臣汗部由库伦办事大臣管辖，赛音诺颜部、札萨克图汗部由乌里雅苏台将军管辖。科布多由科布多参赞大臣管辖。青海蒙古统属于西宁办事大臣，新疆蒙古各部统属于伊犁将军。

土谢图汗部二十旗（汗阿林盟），赛音诺颜部十九旗，附额鲁特部二旗（齐齐尔里克盟），车臣汗部二十三旗（克鲁伦巴尔和屯盟），札萨克图汗部十八旗，附辉特部一旗（札克毕拉色钦毕都尔诺尔盟），科布多所属札萨克，杜尔伯特部十四旗（左右翼赛音济雅哈图盟），附辉特部二旗、辉特下前旗、辉特下后旗、札哈沁三等公旗、新土尔扈特部二旗（青塞特奇勒图盟，光绪末改属阿尔泰）、新土尔扈特左旗、新土尔扈特右旗、新和硕特部一旗（光绪末改属阿尔泰）、新和硕特、西套蒙古，西套蒙古二旗不设盟。阿拉善厄鲁特旗、额济纳土尔扈特旗。

青海蒙古各部，青海蒙古由西宁办事大臣主持会盟。和硕特部二十一旗、和硕特前头旗、和硕特前左翼头旗、和硕特北前旗、和硕特北右翼旗、和硕特北左翼旗、和硕特北左末旗、和硕特北右末旗、和硕特东上旗、和硕特南左翼次旗、翼中旗、和硕特南左翼后旗、和硕特南左翼末旗、和硕特南右翼中旗、和硕特南右翼后旗、和硕特南右翼末旗、和硕特西前旗、和硕特西后旗、和硕特西左翼后旗、和硕特西右翼后旗、和硕特西右翼中旗、和硕特西右翼前旗、辉特部一旗、辉特南旗、绰罗斯部二旗、绰罗斯北中旗、绰罗斯南右翼头旗、土尔扈特部四旗、土尔扈特西旗、土尔扈特南前旗、土尔扈特南中旗、土尔扈特南后旗、青海喀尔喀部一旗、喀尔喀南右旗、新疆蒙古各部、旧土尔扈特部（乌讷恩素珠克图盟）、南路旧土尔扈特四旗、北路旧土尔扈特三旗、东路旧土尔扈特二旗、西路旧土尔扈特一旗、中路和硕特部三旗（巴图塞特奇勒图盟）。

设官，外札萨克蒙古官吏通制，盟长、副盟长，每盟各置一人，于该盟所属札萨克、闲散王公内简选。札萨克（扎萨克），即旗长，每旗一人，掌管一旗政令，一般可以世袭。协理台吉，每旗二人或四人，协助札萨克办理旗务。管旗章京，每旗一人；副章京每旗二人。参领，每六佐领置一参领。佐领，每苏木（"佐"）设佐领一人（也有例外），相当于乡长。骁骑校，每苏木一人。什长，每十户设一什长。

领兵，外蒙古之兵，统于乌里雅苏台将军。杜尔伯特、新土尔扈特、新和硕特之兵，统于科布多参赞大臣。青海蒙古各部之兵，统于西宁办事大臣。新疆各部之兵，统于乌鲁木齐都统与伊犁将军。

封爵，外札萨克封爵与内札萨克大致相同，有札萨克亲王、札萨克郡
王、札萨克贝勒、札萨克贝子、札萨克镇国公、札萨克辅国公、札萨克台
吉（一至四等）。无塔布囊。土谢图汗部、车臣汗部、札萨克图汗部、杜
尔伯特部与旧土尔扈特部保留有汗号，位在王爵之上。① 清王朝建立了归
属它的利于统治的封建体制。

关于札萨克专制的黑暗，革命者们这样描述：使得"私权威被其剥
夺，常无安居生活之路，公权尽被其贩卖，永无参政之机会，名虽国民，
实如黑奴，王公暴虐，烈于桀纣，蒙民惨苦，酷于朝鲜"。② 郭道甫在
《为蒙古代祷文》中揭露了札萨克的政治腐朽，"蒙古之政治为贵族阶级
制度，清时分内外蒙古为八十余旗，每旗设札萨克以统治之，俨然与帝王
无异，子孙世袭以迄于今。凡生杀予夺之权，皆为札萨克所独揽。又定兄
弟每二人一人为喇嘛，除王公子弟之外，不准蒙人读书，以寓愚弱蒙古之
妙策。方今中华民国虽以民权为本，究以蒙古有特别情形，人民程度不
齐，遂仍其旧。"③ 1911 年的辛亥革命，民主思想深入人心，也波及了偏
远的内蒙古，一场反对札萨克的民族民主革命正在酝酿。

（二）内蒙古平民革命党的筹备

内蒙古人民革命党的产生绝不是偶然的，它是戊戌变法、辛亥革命以
来，民主思想深入中国边陲内蒙古的必然结果。

由于清朝政府在它的最后阶段实施了一些维新或改良举措，尤其
"废科举，兴学校"，使蒙古地区文化教育得以部分更新和展开，出外
（内地、邻省、国外）学习或留学者也开始不断涌现，蒙古族社会产生了
一批新型知识分子。而民国以后选官制度的变化，使一些平民或下层贵族
出身的青年知识分子也开始跻身于全国性的政治舞台；随着孙中山民主革
命（三民主义）思想的进一步传播，也开始有部分蒙古人加入民主革命
队伍中，如恩克巴图、金永昌（阿拉坦敖其尔）等。

孙中山在广州揭起"护法"旗帜建立革命中心之后，先后又有白云
梯（又作布延泰、色楞栋鲁布）、克兴额及金永昌等南下追随。约于1920

---

① 郭松义、李新达：《清朝的边疆行政体制》，白钢主编《中国政治制度史》，天津人民出
版社、新西兰霍兰德出版有限公司 1991 年版。

② 白云梯：《叙》，奥登挂编《郭道甫文选》，内蒙古文化出版社 2009 年版。

③ 郭道甫：《为蒙古代祷文》，奥登挂编《郭道甫文选》，内蒙古文化出版社 2009 年版。

年，白云梯还曾被孙中山委任为中国国民党内蒙古（热、察、绥）党务特派员。20 年代初期，恩克巴图、白云梯等在北京等地陆续结识、联系了来自内蒙古各地的青年知识分子郭道甫（又名墨尔色，达斡尔族，当时称达斡尔蒙古）、福明泰（达斡尔人）、乐景涛、李丹山（字凤岗）、包悦卿（蒙古名赛音巴雅尔），以及当时在京的伊克昭盟"独贵龙"运动领袖旺丹尼玛、锡尼喇嘛（从本旗狱中获救潜逃）等人。在 1924 年 1 月召开的中国国民党第一次全国代表大会上，恩克巴图与国共两党著名领袖人物汪精卫、廖仲恺、李大钊等一起当选为中央执行委员，白云梯则与林祖涵（林伯渠）、毛泽东、瞿秋白、张国焘等一起当选为候补中央执行委员。

国民党一大的各地代表名单

广东廖仲恺	邓泽如	陈树人	冯自由	谢英伯	胡文灿
广西刘　崛	苏无涯	覃超	蒙卓山	施正甫	
福建刘　通	丁超五	黄韫业	林严生	林黄卷	许卓然
云南李宗黄	杨友棠	胡盈川	周自得	杨华馨	刘国祥
湖南和　潜	谭延闿	陈嘉佑	李执中	谢　普	刘　况
林祖涵	罗　迈	邹永成	夏　曦	袁达时	毛泽东
江西肖炳章	彭素民	王　恒	徐苏中	周道腴	胡　谦
赵　斡	刘伯伦	洪宏文			
浙江杭辛斋	沈定一	戴传贤	戴　任	胡公冕	宣中华
贵州周仲良	李亢著	王　度	凌　霄	韦杵	简　书
直隶王法勤	于树德	李永声	韩麟符	于兰渚	陈镜湖
山西王用宾	刘盥训	刘景新	邓鸿业	苗培成	赵连登
陕西于右任	焦易堂	路孝忱	江伟藩		
山东王乐平	丁惟汾	张苇村	王尽美	杨泰峰	孟广浩
江苏茅祖权	刘云昭	狄　侃	朱季恂	张凌霄	顾子扬
安徽柏文蔚	张秋白	陈独秀	李次宋	曹似冰	杨　虎
四川杨庶堪	赵铁侨	谢　持	刘泳恺	刘泉如	
湖北刘成禹	詹大悲	夏　声	刘　芬	张知本	孙　镜
河南刘荣棠	张善与	丁　骞	李　衡	王传恕	王友梅
赵　峻	薛广汉				

奉天朱霁青　祁耿寰　宁　武　王秉谦

吉林李希莲　董耕云　徐青和　张普　李忠选　赵志超

黑龙江　田铭璋　乔　根　傅汝霖　龚德宣　常毓□　韩喜亭

甘肃施世昌　张宸枢

新疆张凤九

西藏乌勒吉

蒙古恩克巴图　克兴额　白云梯

广州特别区　孙　科　吴铁城　覃平山　方瑞麟　董　维　陈竞西

上海特别区　叶楚仓　何世桢　伏　彪　黄怃台　张拱辰　谭　惟
　　　　　　洋　白　朱之洪

北京特别区　谭熙鸿　李守常　石　英　延琪祺　许宝驹　谭克敏

汉口特别区　居　正　李　法　彭介石　李能至　廖乾五
　　　　　　（李能至即李立三）

在上述代表名单中内蒙古的代表有 3 人，足见代表的广泛性。国民党中央设立负责整个华北、西北、内蒙古各省区党务的北京执行部，恩克巴图、白云梯与李大钊、张国焘等同为领导成员。中央党部指定专人负责筹建各省（特别）区党组织时，由恩克巴图负责察哈尔，白云梯、克兴额负责内蒙古，乌勒吉负责绥远。[①]（国共合作、国民党改组使国民革命以崭新的面貌蓬勃兴起，中国国民党"郑重宣言，承认中国以内各民族之自决权"（《中国国民党第一次全国代表大会宣言》），支持蒙古族的民族民主解放运动；而当时蒙古人民革命已基本取得成功。于是，随着一批包括国共两党成员在内的蒙古族先进分子和热血青年的出现，内蒙古人民革命党应运而生。

1924 年，直系军阀冯玉祥发动"北京政变"，邀请孙中山北上，与共产党北方负责人李大钊一起发动"全国国民会议"运动。与孙中山一起北上的白云梯与郭道甫等人借国共合作的大好时机，在北京发起"内蒙古国民会议运动"并筹备组织内蒙古人民革命党。1925 年 1 月，由郭道甫发起的"中华民国蒙党执行会"在北京成立。"1925 年 1 月成立了中华

---

① 李新主编：《中国新民主主义革命史长编》，肖超然等编著《国民革命的兴起，1923—1926》，上海人民出版社 1991 年版。

民国蒙党执行会，发出《中华民国蒙党执行会布告》。色楞栋布任该会会长、墨尔色、慕容噶、满达拉图、阿拉坦敖其尔、赛音巴雅尔，以及负责内蒙古工作的共产国际特派代表奥其洛夫等担任执行会会员。不久，他们又召开了内蒙古各盟旗各团体代表大会。此次大会亦称内蒙古国民代表大会预备会议，于1月13日开幕。会议出席了50余人，成立了以色楞栋鲁布、墨尔色为正、副委员长的筹备委员会，其他委员中有恩克巴图、博彦格日勒、满达拉图、阿拉坦敖其尔、赛音巴雅尔、慕容噶和旺丹尼玛等人"① 1925年的《冯玉祥日记》记录与会议相关的内容。4月21日"六点半，会白云梯，会谈"②。5月4日"十一点半，延见李凤岗、白琳、白云梯、吴振东、乐景涛，均熟悉蒙事者。其言曰：蒙旗专制，甚于满清，至今未少变更。其王公思想陈腐，多主保守，不思革新，亟须普及教育，以开启蒙民知识，然后蒙事方有可为也。余深韪之"③。"七月末到张家口的白云梯、金永昌等加紧进行开会的筹备工作。九月，丹巴道尔基也从乌兰巴托来到了张家口，十月二日福明泰和郭道甫从呼伦贝尔赶到，这是开会前十天的事情。"④ 冯玉祥1925年10月4日"七点，与张之江及蒙古代表丹巴会餐，并谈彼此协助，共求解放，以救中国"。10月28日"五点，与白云梯谈西北设航空署事"。11月2日"十一点，与白云梯、陈镜湖论热河奉军之蹂躏，及本军不敢轻举妄动之苦衷"。《冯玉祥日记》记录了他与内蒙古人民革命党要人的会面经历，这对研究内蒙古人民革命党的历史意义重大。

（三）内蒙古平民革命党的成立

1925年秋，丹巴道尔吉前往北京，同李大钊等中国人会见，就两国革命力量联合问题进行了会谈，同年10月，在中国和蒙古人民革命党帮助下，内蒙古人民革命党成立，他亲自率领蒙古人民革命党代表团出席了成立大会。并且在会议期间会晤了控制中国北方大部分地区的亲革命的武

---

① 朝鲁孟：《1925—1931年内蒙古人民革命党历史探述》，内蒙古大学硕士学位论文，2013年。

② 中国第二历史档案馆编：《冯玉祥日记》第二册，江苏古籍出版社1992年版。

③ 同上。

④ 野津彰：《内蒙古赤化运动的变迁》，内蒙古大学中共内蒙古地区党史研究所编《内蒙古近代史译丛》第一辑，内蒙古人民出版社1986年版。

装集团（国民军）领导人冯玉祥，并且会见许多国民军的将领。之后，国民军在他建议下在库伦设立了一个常驻办事处。根据中国共产党通过的《蒙古问题决议案》，为了领导内蒙古地区的民族解放运动，在李大钊和共产国际特派代表奥齐罗夫的指导下，经过近10个月的联络准备，当年10月13—20日，在被誉为"第二延安"的塞外山城张家口召开了内蒙古人民革命党第一次代表大会。

1. 关于预备会议

俄国十月革命及蒙古人民革命成功，使内蒙古的蒙古族人士开始成立政治组织以实现民族解放。1924年底至1925年初，正值孙中山赴北京，并和李大钊共同发动国民会议运动之时，大批蒙古族青年知识分子、牧民运动领袖在北京集会，讨论召开内蒙古国民代表大会及成立内蒙古国民党事宜。起初，郭道甫发起成立了"中华民国蒙党执行会"，白云梯担任会长，共有7名会员。随后，1925年1月13日，"内蒙各盟旗各团体代表大会"（又称"内蒙国民代表大会预备会"）召开，50多人出席大会。大会通过了大会宣言，宣布内蒙古自治的六项主张，决定于1925年3月15日召开内蒙国民代表大会，并发表《致内蒙王公书》。但因3月1日至4月16日，孙中山、李大钊主持召开了国民会议促成会全国代表大会，其间孙中山于3月12日在北京病逝，又因为北京政局发生变化，内蒙国民代表大会未能按原定时间举行。

2. 关于党的名称问题

有叫内蒙平民革命党的；有叫内蒙古人民革命党的；也有叫内蒙古国民党的。郭道甫称该党为内蒙平民革命党，他说："至若一九二五年，内蒙平民革命党之产生，及一九二八年，呼伦贝尔之革命运动，皆以本此目的而进行者也。惟此等运动，至今虽未成功，然其背景，均以民众为主力，故亦可称谓内蒙方面之平民阶级自治运动。"① 纳古单甫在《郭道甫略传》称该党为内蒙古人民革命党，"1925年10月12日在张家口土尔沟街召开了第一次内蒙古人民革命党代表会，宣告内蒙古人民革命党成立。"② 台湾学者哈勘楚伦在《蒙古近代史上的青年教育家——默尔则》

---

① 郭道甫：《蒙古问题讲演录》，见奥登挂编《郭道甫文选》，内蒙古文化出版社2009年版，第101—102页。

② 纳古单夫：《郭道甫略传》，内蒙古自治区蒙古语文历史研究室编印《蒙古史文稿》第一辑，1978年（内部资料）。

一文中称该党为内蒙古国民党，"民国十四年（一九二五）国民政府聘默尔则先生为西北遵防督办公署秘书。……召开内蒙古国民党第一次代表大会，"① 札奇斯钦说："这一政党的汉文名称叫内蒙古国民党，如此满足了孙中山和中国国民党方面的要求，其蒙古语名称的字义则是内蒙古人民革命党，这样符合了蒙古人民革命党和苏联第三国际（共产国际）方面的要求。"② 在三种名称中内蒙古人民革命党的称呼用得最多。郭道甫是当事人，是内蒙古平民革命党的秘书长，笔者认为他的称呼更为准确。

3. 关于会议召开的时间问题

有几种不同的说法，有说 1925 年 10 月 3 日开的；有说 1925 年 10 月 12 日开的；也有说 10 月 13 日开的。白云梯是内蒙古平民革命党的一号人物，但他的回忆却说是 3 月 1 日召开的，台湾学者哈勘楚伦的《蒙古近代史上的青年教育家——默尔则》一文中提道："杨家骆先生，在民国二十六年出版的［名人图鉴］"，记录了白云梯的口述，"民国十四年（一九二五）国民政府聘默尔则先生为西北边防督办公署秘书。同年十二月（此依名人图鉴，唯据蒙古同乡白云梯先生口述则在三月一日），在［CHGUL ULT HALAGA］（张家口）召开内蒙古国民党第一次代表大会"。③ 3 月 1 日显然是不对的，白云梯可能把预备会议的时间记成代表大会的时间了。民国二十六年为 1937 年，1925 年到 1937 年过了 12 年后，白云梯在口述时把预备会的时间与成立大会时间记混了也是很正常的。

4. 关于出席会议的人数问题

一说约百名代表；内蒙古平民革命党第一次代表大会在冯玉祥将军所属国民革命军控制下的张家口正式召开，来自内蒙古各地的近百名代表参加了大会。另一说 40 多名代表。说 40 多人的一定是把内蒙古平民革命党的预备会的参会人数和第一次代表大会的人数搞混了。

5. 关于会议召开的地点问题

内蒙古平民革命党的第一代表大会在张家口举行绝不是偶然的，"当时的张家口最适合内人党召开会议。1923 年后苏联极力排挤在张家口的

---

① 哈勘楚伦：《蒙古近代史上的青年教育家——默尔则》，《社会学报》第 24 期，1989 年抽印本。

② 札奇斯钦：《我所知道的德王和当时的内蒙古》，中国文史出版社 2005 年版，第 37 页。

③ 哈勘楚伦：《蒙古近代史上的青年教育家——默尔则》，《社会学报》第 24 期，1989 年抽印本。

美国等国家的店铺和贸易公司，控制了该地主要对外贸易，并在此形成了一定的影响力。张家口还是以接近人民、支持国民革命的'基督将军'冯玉祥的势力重心，他跟内人党一样以苏联和共产国际为依靠，并同内人党达成了合作协议。"[①] 张家口1924—1925年的历史地位，可以通过下面的故事来体会。张家口市原工会副主席王治良作为抡才书院文化沙龙的主讲嘉宾，与许多沙龙好友一起回顾了李大钊多次来张家口搞工人运动的历史，以及其与冯玉祥友好合作的佳话。李大钊与冯玉祥两位中国近代史上赫赫有名的大人物在张家口的活动，推动了中国革命的历史进程，使张家口的革命史也如其军事史、商业史一样曾在全国占有显著的地位。由于张家口工商业的繁荣发展及京张铁路的修建开通，张家口成为全国最早拥有大量现代产业工人的城市之一，进而张家口也成为我国最早建立党组织和工人运动蓬勃发展的地区。李大钊作为中国共产党的主要创始人之一，曾被广大青年爱戴敬仰，他们中广为流传这样一首小诗"北李（李大钊）南陈（陈独秀），两大星辰，漫漫长夜，吾辈仰承"。就是这样一位杰出的革命领导，多次亲自到张家口领导工人运动和做争取军阀冯玉祥的工作，使工人运动多次胜利，宣传了党的主张，壮大了革命队伍，培养锻炼了大批优秀干部，促进了国民军与苏联的合作，推动了北伐战争的发展，并促使冯玉祥从旧军人逐渐转变为民主主义战士。李大钊在张家口期间的行动不仅让张家口人深切体会到了一个伟大的共产主义战士的远见卓识、高超的斗争战略和策略，同时也感受到他高尚的道德与情怀。李大钊与冯玉祥在张家口的经历与故事从另一个侧面反映了张家口曾经的历史辉煌。

首先，李大钊善于把握形势和敌人之间的矛盾，积极建立党的组织并推动工人运动发展，李大钊非常关心在铁路工人中建立党组织。1920年，他就派遣北京共产主义小组成员到铁路工人集中的张家口、石家庄等地传播马克思主义，建立工会组织，发展党、团员。1922年，李大钊利用直系军阀与奉系军阀的矛盾，经北京政府交通总长高恩洪允许，派遣张昆弟、安体城、陈为人、何孟雄、包惠僧、袁子贞6名共产党员到京汉、京奉、京绥、陇海、正太、津浦等铁路以密查员的身份开展工人运动，建立党组织。1922年春，何孟雄以京绥铁路密查员的身份到达张家口，他和

①　朝鲁孟：《1925—1931年间内蒙古人民革命党历史探述》，内蒙古大学硕士学位论文，2013年。

共产党员张隐韬等一起在铁路工人中组织了"车务工人同人会"，并介绍先进工人李泽入党。6月又发展了康庄车站工人李连生、周振声入党，建立了张家口的第一个党小组，称为"中国劳动组合书记部张家口铁路工人小组"。10月，又发展张树珊、张小珊、魏华池、付国忠4人入党，小组改名为"中共张家口铁路工人小组"。到1923年初，已在张家口的铁路系统中建立了3个党员小组。二七惨案以后，工人运动转入低潮，何孟雄根据李大钊的指示，采取"隐蔽斗争、秘密联络"的方针，使党组织得到进一步发展。1924年春，建立了中共京绥铁路支部，书记何孟雄，隶属于中共北京区委。在以国共合作为基础的革命统一战线建立以后，为了贯彻党的三届一中全会决议，中共北京区委和李大钊派遣王仲一、江浩、张良翰等共产党员到张家口，他们在建立国民党组织的同时，秘密建立共产党组织。1925年初，王仲一、江浩等人根据李大钊的指示，为了统一张家口地区的党组织，建立了中共张家口特别支部，由王仲一任书记。李大钊认为，张垣乃西北一带的枢纽与关键，亟须建立党的统一领导机构。于是，又派出肖子暲（肖三）、杨洪涛等人到张家口。他们与原特支领导人王仲一、江浩等人一起开始筹备中共张家口地方委员会，在筹备过程中，李大钊亲自与他们谈话，布置任务。1925年10月，中共张家口地方委员会正式成立，书记肖子暲（后由王仲一、丁孜孜担任），地委秘密代号"章迪芳"，对外公开用国民党察哈尔特别行政区党部的名义。在李大钊正确的领导和何孟雄等人的艰苦努力下，以张家口为中心的京绥铁路工人取得了两次著名的斗争胜利，一次是1922年8月至9月在张家口发生的京绥铁路工人反对出卖京绥铁路主权的斗争，另一次是1922年10月27—28日的全路车务工人要求提高工人待遇的罢工斗争。由于李大钊的艰苦努力，冀、热、察、绥及西北地区革命形势发展很快。1925年10月，中共中央接受李大钊的建议，决定成立内蒙古人民党，接着北方党组织决定在张家口成立内蒙古农工兵大同盟，以推动热、察、绥等地区党组织的建设和革命工作。当年10月底，李大钊又一次来到张家口，主持召开了"西北农工兵代表大会"，建立了内蒙古农工兵大同盟。出席会议的有中共北方区代表赵世炎、谭平山、罗章龙、韩麟符等，国民党的代表李烈钧、徐谦等，还有蒙、汉等民族的工人、农牧民、士兵的代表共200余人。大会通过了《国民革命的任务》《和冯玉祥合作的关系》等决议。大会选举李大钊为大同盟书记，选举赵世炎、韩麟符为大同盟副书记。

其次，争取冯玉祥及其领导的国民军，促进大革命运动的发展1924年11月，冯玉祥发动"北京政变"，推翻了"北洋政府"。不久，段祺瑞任命他为西北边防督办，冯玉祥领导的军队改名为国民军。1925年1月，冯玉祥来到张家口就职。为了争取冯玉祥参加国民革命，李大钊在1925年数次来张家口。一是联系苏联给国民军提供军事援助。在李大钊的安排下，苏联驻广州革命政府高级顾问鲍罗廷和驻华武官格克尔于当年4月21日来张家口访问，达成了对国民军军援具体项目的协议。5月初，一个30多人的苏联军事顾问团来到张家口，给国民军送来步枪5585支、子弹5820发、机枪230挺、各种炮78门、手榴弹1万多枚，还有火焰喷射器、军用器材、药品等。从内蒙古分别运到张家口和平地泉（集宁）。从此，苏联军事顾问和军械源源不断地支援国民军。二是劝说冯玉祥在部队开展政治工作。李大钊对冯玉祥讲："部队要真正革命，就必须重视政治工作。"冯玉祥接受建议，决定先建两个军人俱乐部，并决定派参谋长熊斌率团以上军官代表团到苏联参观，从学兵团挑选25名优秀连、排长送往苏联基辅军官学校学习。李大钊还派宣侠父、萧明、钱清泉、陶梁、廉卿等共产党员及国民党左派人士到国民军中工作。还为国民军办了两份报纸：一份是在张家口办的《察哈尔日报》，另一份是在包头办的《西北日报》。三是与冯玉祥商谈北伐战争问题。1925年6月，李大钊和国民党人士于右任、吴稚晖来到张家口，与冯玉祥商谈西北国民军与广州国民军联合作战的问题，以消灭北京政府吴佩孚军阀集团，酝酿以"南征北伐、郑州会师"为中心的北伐战争的作战方案。四是为消除冯玉祥对共产党内同志的误会前来。1925年10月初，为庆祝国民党"双十节"，冯玉祥赠送给每个工人10元钱，以表示对工人生活的关心。当时个别共产党员却不解地说："这是冯玉祥对工人的收买。"冯玉祥听到此话后很生气，李大钊在北京得知此事后，立即乘火车来到张家口做善后工作。他把新任中共张家口地委书记王仲一介绍给冯玉祥，并指示王仲一必须做好党内和工人群众的思想教育工作。李大钊此行，使冯玉祥深受感动，进一步促使他相信共产党员处事公道，真心为革命。

最后，李大钊的高尚品德及其与冯玉祥的深厚情谊。李大钊平易真诚的待人态度、艰苦朴素的生活作风、高尚的道德情操给工人兄弟留下深刻印象，也使冯玉祥将军对他怀有深厚情谊。来张家口主持召开"西北农工兵代表大会"期间，李大钊身穿破旧的工人制服，和工人一起住宿舍睡地铺。一些工人想把自己的衣服换给他，他含笑谢绝了。冯玉祥听说李大钊来到张家口，立即派人去请，找遍大小旅店，也没找到，最后在宝善街一个工人宿舍里找到李大钊，见他和工人们一同睡在只铺些干草的地铺上。冯玉祥得知后非常感动，他对部下赞誉道："李大钊茹苦食淡，冬一絮衣，夏一布衫，而能'铁肩担道义，妙手著文章'，其事业能有不成功者?!" 1927 年 5 月，正在冯玉祥的部队与北伐军在郑州会晤期间，听到李大钊壮烈牺牲的消息，万分悲痛，他下令全军戴孝，树碑纪念，5 月 9 日，写了《吊李大钊等 20 位革命同志》，诗中以诚挚的感情，表答对这位良师益友及其他革命同志的深切悼念。

有"第二延安"之称的历史名城张家口其历史沿革为，"春秋时北为匈奴与东胡居住地，南部分属燕国、代国。秦时南部改属代郡、上谷郡。汉时分属乌桓、匈奴、鲜卑。三国魏晋时为乌垣校尉治所，隋时东为涿郡，西属雁门郡。唐时多属河北道妫州、新州，少属河东道蔚州。北宋时为武州、蔚州、奉圣州、归化州、儒州、妫州地。南宋时皆属辽。元属中书省上都路宣德府，西北部置兴和路（治今张北）。明始筑张家口堡，相传因其北七里有东太平山与太平山，两山相距数百步，对峙如门；又因该城堡为指挥张文所筑，故名。明为延庆州、保安州、云州、蔚州及万全都指挥使司十二卫、所地。清朝置察哈尔都统和宣化府。清时北属口北三厅（多伦诺尔厅、独石口厅、张家口厅），南属宣化府（治今宣化）。民国二年（1913 年）属直隶省察哈尔特别区口北道。民国十七年（1928 年）设察哈尔省，张家口为省会。1939 年设张家口市，民国二十八年（1939 年）初设立张家口特别市。1928 年至 1952 年间曾为察哈尔省省会。1952 年撤察哈尔省划归河北省。"① 张家口当年作为具有革命意义的城市应被人们铭记。

6. 会议议程

内蒙古平民革命党第一次代表大会 1925 年 10 月 13 日在张家口土尔沟街召开，来自包括哲里木的内蒙古各盟部旗的约百名代表出席大会。共产国际代表、中国共产党代表、中国国民党代表、冯玉祥国民军代表和蒙古人民革命党中央书记等出席祝贺。内蒙古平民革命党第一次代表大会在张家口土尔沟街召开。它的举行是西北地区政治生活中的一件大事，是大

---

① 百度百科：张家口。

革命时期对内蒙古的革命斗争产生了重要影响的会议。达斡尔族青年知识分子郭道甫、福明泰、金鹤年等近十名代表出席了本次大会。经过讨论，大会通过了由郭道甫主持起草的《内蒙古人民革命党第一次代表大会宣言》《内蒙古人民革命党纲领》《内蒙古人民革命军组织案》和《革命事业的各项措施》。大会选出该党中央执行委员 21 人，在 7 名常务执行委员中，有郭道甫、福明泰二人。内蒙古人民革命党在张家口成立时，中央执行委员会常务委员同蒙古人民共和国及共产国际代表合影。前排左起：金永昌、福明泰、郭道甫、白云梯、乐景涛、包悦卿、李丹山；后排左一为宝音鄂木合（笔名齐庆毕力格图，蒙古革命青年联盟中央委员会书记），左二为丹巴道尔吉（蒙古人民革命党中央委员会委员长），左三为奥齐罗夫（共产国际代表）。

从此，达斡尔族青年知识分子与蒙古族青年知识分子一道，投入了内蒙古的民族解放运动。郭道甫、福明泰是内蒙古人民革命党中的左翼代表，在他们的影响下，内蒙古平民革命党的基本政治纲领、基本主张、近期奋斗目标等，更接近于中国共产党的民主革命"最低纲领"，而比国民党改组后的政纲激进得多。

内蒙古平民革命党是一个具有反帝反封性质的，代表内蒙古蒙古族劳动人民利益的民族民主革命政党。会议具有广泛的代表性。参加会议的有，中国共产党的代表：王仲一、江浩等 4 人，中国国民党的代表于右任、李烈钧等；共产国际的代表奥齐罗夫；西北军的代表张之江。冯玉祥及其俄国顾问列席会议；蒙古人民共和国总理丹巴多尔吉；内蒙古各盟旗分别派代表到会。会议选举中央执行委员 21 人，常务执行委员 7 人。大会通过的第一份议案是内蒙古人民革命党组织案（10 月 12 日），决定成立内蒙古人民革命军，组织武装，联合冯玉祥，打击北洋军阀。大会于 20 日（又一说 27 日）制定了内蒙古人民革命党第一次代表大会宣言，在宣言中指出："1911 年的革命事业还丝毫没有完成，因此，我们要和与我党有着同一宗旨、使命的中国国民党联合协作，打倒帝国主义列强和军阀专制主义，以期真正实现五族共和的国家。"在该党纲领中指出："同中国民众一起共同打倒暴虐的军阀和帝国主义。"从宣言和党纲中可以看出，它和中国共产党二大提出的最低纲领即民主革命时期的纲领是一致的。这次大会之后所采取的一系列行动都充分证明了这一点。但值得注意的是内蒙古人民革命党的活动始终和西北军紧密配合，互不分离。① 这是笔者在 25 年前纪念李大钊诞辰 100 周年时的入选文章中对内蒙古人民革命党第一次代表大会宣言的评述，笔者认为还是准确的。

大会通过的《内蒙古人民革命党第一次代表大会宣言》（以下简称《宣言》），明确阐述了自己的七项基本政治纲领、政治主张和近期工作方针。

《宣言》阐明的七项基本政治纲领主要为："内蒙古与中国内地同因军阀之专横，任意侵害民权，吾侪不可不先打倒此状态"；"各帝国主义益形跳梁"，故本党引导民众与各弱小民族及革命运动各党派相联合，以期各民族安全；"1911 年之革命事业尚未成功，吾等与本党有同一意见及使命之中国国民党联合协力，以期打破列强之帝国主义与军阀之专制主义，实现真正之五族共和国家"；"内蒙古各地人民撤废加以直接压迫之旗制，夺王公札萨克之实权，以进行自治制"；"为保全蒙古人民共有之土地，禁止王公等买卖土地"；"提倡以全力倾注蒙古民族之平等主义，及增进其幸福，而与居住蒙古属于被压迫阶级之汉人相提携，以期完成中国国民革命"；"本党负内蒙古革命之全责，由渐进主义以完成此事业"。

《宣言》还公布以下三项基本主张："中国领土内各民族各有其自决权"；当中国人民打破帝国主义，扑灭军阀，建设真正之民权政府时，"我等内蒙古民众亦设立同样之民众政府"；"我内蒙古民众无族姓之分别，有自由参加国政之权利"。

《宣言》接着分政治、经济和文化教育三项，列出了十一条近期奋斗目标。其"政治事项"为：一是废除王公专制制度；二是各旗之政权完全移入人民之手时，执行民选制度；三是开全内蒙古人民代表会议。其"经济事项"中包括："王公札萨克等所领土地，一切皆移交民选机关"；"废除蒙古地方现行一切虐政"；"停止各旗人民代王公偿还内外商人一切债务"等。

野津彰在其文章《内蒙古赤化运动的变迁》中对内蒙古国民革命党第一次代表大会宣言，[1925 年（民国十四年）10 月 20 日] 是这样记载的："告蒙古父老兄弟：我们受专制政治压迫已沉沦很久了，今天幸亏民

---

① 乌尼日：《李大钊在西北地区的革命活动》，中共中央党史研究室科研局编《李大钊研究文集》，中共党史出版社 1991 年版。

族运动的曙光照到了蒙古。曙光是什么呢？就是内蒙古国民革命党第一次
代表大会的召开。当本大会召开之际，蒙古有志之士，联袂奋起，组织起
来了。内蒙古六盟各旗及察哈尔、巴尔虎、达斡尔、索伦、阿拉善、额鲁
特、青海等地的民众都选派代表参加大会。因此，本大会才得以组成足以
代表全内蒙古的完善的组织。

内蒙古国民革命决议的目的在于如何铲除一切专制政治压迫的惨祸。

现在把各位代表对各地方受压迫状况的报告综合起来，认识到受其压
迫之惨，主要原因是札萨克、王公等特权阶级勾结军阀及奸商压迫民众，
出卖土地，贪图私利。

我们必须齐心协力为蒙古民族的平等主义而战，必须努力增进全体人
民的幸福。为了完成这个伟大事业的第一急务，首先要创立革命团体来领
导被压迫的民众。因此，本大会在此宣告内蒙古革命党的方针如下。

第一，蒙古久处清朝专制统治下，由于十四年前国民革命爆发，清朝
灭亡，根据约法规定五族共和。然而直到今天，此种约法还未见诸实现，
内蒙古和内地一样，由于军阀专横，民权继续受到侵犯，因此我们首先必
须打破此状态。

第二，各国帝国主义日益跋扈，日美英法等列强利用军阀缔结借款条
约尽专横之能事。特别日本，乘欧洲大战之机，获得了东蒙古铁路敷设
权，现已着手敷设。此铁路敷设完成之日，即内蒙古整个成为其殖民地之
时，因此，我党号召民众，联合各弱小民族革命运动之各党派，抵抗帝国
主义国家势力，以图各民众自身的安全。

第三，1911 年的革命事业……还丝毫没有完成。因此，我们要和与
我党有着同一宗旨、使命的中国国民党联合写作，打倒帝国主义列强和军
阀的专制主义，以期真正实现五族共和的国家。

第四，废除直接压迫内蒙古各地人民的旗制，剥夺王公札萨克的实
权，朝着实现自治制的方向迈进。

第五，保全蒙古民族所共有的土地，禁止王公等出卖土地。

第六，本党鉴于内蒙古民众对王公和军阀、奸商抱有极端的仇恨，提
倡革命运动，并为蒙古民族的平等主义和增进其幸福而竭尽全力。而且同
居住在内蒙古的、属于受压迫民族阶级的汉人携起手来，以期共同完成中
国国民革命。

第七，本党完全担负内蒙古革命的整个使命，朝着完成革命事业的大

道前进。"① 原文是日文，笔者认为在翻译的过程中一定有译者对其理解的因素。

内蒙古国民革命党第一次代表大会宣言，"是出于郭道甫之手"，"郭道甫对蒙古民族的认识也趋成熟，反帝反封建，建立民族民主革命政党和人民民主政权，建立民主制度，已成为郭道甫解决蒙古民族问题的主导思想。在中国大革命高潮中，郭道甫作为内蒙古人民革命党的创建者之一，参与领导发动了内蒙古的蒙古民族解放运动，声势颇大，轰动一时。这是当时中国民族民主革命的一部分。"② 郝维民先生的这段评价，肯定了郭道甫为之奋斗的革命目标与我国当时的民族民主革命目标相一致，这是极高的评价。郭道甫回忆"一九二五年，该青年党又与内蒙方面的革命分子们，结合起来，组织了内蒙国民党，又接受了孙中山先生的三民主义，因为当时外蒙所取的政策，完全没有差别的缘故。"③

内蒙古人民革命党的成立，不是简简单单的内蒙古地区的事情，有着广泛的国际背景，从 20 世纪 20 年代苏联情报机关在中国的资料显示苏联在张家口设有顾问团，"张家口顾问团在 1923 年的第一位领导人是维托夫特·卡济米罗维奇·普特纳，他毕业于高级进修班，来中国之前任工农红军监察员，是革命前入党的共产党员，从中国回国后先后在日本、芬兰、德国、英国担任武官。从 1925 年 5 月起顾问团领导人由维塔利·马尔科位奇·普里马科夫（林·艾伦，1897—1937）担任，他是乌克兰红军创建人之一。"④ 他们来中国的时间正是国共合作时期，起到了指导与帮助的作用。

（四）李大钊与内蒙古平民革命党

1924 年，首都革命之后，冯玉祥因段祺瑞篡夺革命果实而异常气愤，于 11 月初，到北京门头沟庙天台山出家了。此时，他虽然消极避世，但仍有许多人去看望他，劝他振作，特别是李大钊通过驻冯玉祥部的徐谦来

---

① 野津彰：《内蒙古赤化运动的变迁》，内蒙古大学中共内蒙古地区党史研究所编《内蒙古近代史译丛》第一辑，内蒙古人民出版社 1986 年版。

② 郝维民：《郭道甫与蒙古民族问题（代序）》，奥登挂编《郭道甫文选》，内蒙古文化出版社 2009 年版，第 8—9 页。

③ 奥登挂编：《郭道甫文选》，内蒙古文化出版社 2009 年版。

④ ［俄］维克托·乌索夫著，重译赖铭传，初译焦广田、冯炜：《20 世纪 20 年代苏联情报机关在中国》，解放军出版社 2007 年版。

做他的工作。后来，段祺瑞任冯玉祥为西北边防督办，他便下山了。

1925 年 1 月 13 日，西北边防督办署在张家口成立，将国民军改编为西北边防军，司令部设在桥东土尔沟街"新村"。当时的张家口是西北政治、军事、经济、文化的中心，从地理位置上讲，虽离京津较近，却是反动派统治比较薄弱的地区。由于冯玉祥的政治态度，"新村"就成为当时许多政治活动的中心，1925 年间，李大钊来张家口活动时，就曾住在这里。

国共合作之后，国共两党的共同敌人就是北洋军阀，由于冯玉祥的政治倾向，我党争取冯玉祥参加国民革命就成为当时一项很重要的任务。这项工作的开展就是在李大钊同志的具体领导下进行的。1924 年 11 月，李大钊参加共产国际第五次代表大会后从莫斯科回到北京，立即召开了由赵世炎、彭建华参加的会议。在会上，李大钊谈了如何争取冯玉祥的问题。他说："西北军冯玉祥想让我们帮助他仿照黄埔军校办所军校，聘请苏联军事顾问，遣派政工人员。当然，他们有他们的想法，我们也有我们的主意，这些工作我们都要派同志去作，来推动革命形势的发展。"① 为了争取冯玉祥参加国民革命，李大钊在 1925 年数次到张家口，为这项工作倾注了大量的心血。

1925 年初，徐谦向冯玉祥介绍他与李大钊曾以国民党中央委员的身份，几次同苏联大使加拉罕交换过意见，苏联可以通过外蒙古到张家口的路线给西北军以无偿的援助，冯玉祥欣然接受。2 月下旬，冯玉祥派毛以亨以秘书的名义去北京向李大钊、徐谦商谈此事。两天后，李大钊、徐谦在毛以亨的陪同下，来到张家口的"新村"举行会谈。4 月，苏联驻广州革命政府高级顾问鲍罗廷和驻华武官格克尔来张家口访问冯玉祥，顺利地达成了关于苏联向冯玉祥提供援助的协议。5 月 3 日，苏联顾问团在张家口建立。冯玉祥在《我的生活》中说："鲍罗廷和加拉罕也先后由人介绍相识，常来找我谈话……我们的接触，越来越亲密，越来越接近，于是我的思想和许多政治方面的见解也慢慢起了变化，因此我请他们二位介绍，从苏联来三四十位顾问，步骑炮工等各项专门人才皆备，分在我们训练中任教。两方均无条件，只为帮助我们完成国民革命。"从此，苏联军事顾

---

① 《1924 年秋，李大钊出席共产国际五大后对北方区工作的部署》，《党史资料》1983 年第一辑。

问和军械源源不断地支援西北军。

1925 年 10 月，中共中央在苏联大使馆军事参赞沃罗宁的住宅召开了扩大执行委员会，在会议通过的议决案中指出："最近一年来，中国发现所谓国民军，他们与国内解放运动发生关系，一方面可见他们有反帝国主义的情绪，别方面他们为民众运动所推引参加反帝国主义斗争运动，产生了军队力量对于革命运动的新作用。所以冯玉祥等国民军与奉系军阀之间的冲突，当然与最近将来中国民众争政权的革命运动有直接的关系。"①1925 年 10 月，李大钊以国民党驻华北特派员的身份第 4 次来到张家口，他通过拜访上层人物，起草文件和对组织机构等的协商，正式成立国民党察哈尔省党部，连牌子也即时挂上了。

由于李大钊的艰苦努力，1925 年 10 月至 11 月，西北地区的革命形势发展很快，李大钊抓住有利时机于 1925 年 11 月底，第 5 次来到张家口，亲自参加并主持了"西北农工兵代表大会"，出席会议的有：我党北方区的代表赵世炎、谭平山、罗章龙、韩麟符、陈乔年、刘伯庄、王仲一、江浩；国民党的代表，李烈钧、徐谦等；还有工人、农民、牧民、士兵的代表共 200 人。他们来自察绥热三特区，具有广泛的代表性。李大钊为大会做了重要讲话。他"介绍了苏联工农兵政权的情况，在分析全国革命形势和任务时，特别强调坚持革命统一战线和蒙汉各族人民团结起来翻身解放的重要意义"。② 会议提出"农工兵大联合！""拥护苏联！""反对帝国主义及封建军阀！"等政治口号。大会最后通过了《国民革命的任务》《和冯玉祥合作的关系》等决议。会后，帮助国民党建立了察、绥两特区；察绥、内蒙两地区和张垣（张家口）、归绥（呼和浩特）两市的 6 个党部。会上李大钊被选为农工兵大同盟的书记。赵世炎、韩麟符为副书记。这次会议对推动农工兵革命运动的开展，团结西北各民族人民共同进行革命斗争起了积极的作用。

1926 年 3 月至 8 月冯玉祥出访苏联的愿望在李大钊的帮助下得以实现。8 月，北伐战争刚刚开始，由于西北军在南口失败，北方战局十分危急，处于群龙无首的西北军急需冯玉祥回来坐镇。李大钊为促使冯玉祥回国参加北伐战争，加强北方的力量，制定了"进军西北，策应北伐"的

---

① 《中共中央文件选集》（一），中共中央党校出版社 1982 年版，第 400 页。
② 《中国共产党在张家口地区的建立及其活动》，《张家口地区党史资料》第 7 期。

战略方针。为此，约请国民党左派领袖于右任带着翻译马文彦前往苏联做冯玉祥的工作，在半个月内，李大钊接连三次发出电报，敦促冯玉祥迅速回国。[①] 这时张家口也来人报告：西北军正在南口与张作霖、吴佩孚等联军激战，阎锡山晋军又从大同切断了西北军的后路，这就更加速了冯玉祥的回国。他同第三国际多次商谈，请苏联接济弹药和选派军事顾问。共产国际研究决定，派乌斯马诺夫为顾问，中共党员刘伯坚为政治部部长，随同冯玉祥一道回国。冯玉祥等人先到蒙古库伦，由于交通不便在蒙古逗留一个多月。9 月 10 日从库伦动身，9 月 15 日抵达五原县。9 月 16 日冯玉祥发表宣言，全体军官、战士加入中国国民党。9 月 17 日冯玉祥统率国民联军接受党旗、宣誓就职。而后，将部队带到包头整训。他曾设想：若全军开赴包头，沿京绥线向京津反攻，南口天险尽在敌手，就是拼死一战闯过去，牺牲必多，与北伐军会师有困难；若是分为两路，包头一路，秦陇一路，则分散主力，势单力薄。正当举棋不定之时，李大钊派人送来了作战计划，冯玉祥回忆说：李大钊先生"建议我们出长安会师郑州，我们加以研究，乃决定采用李先生计划。当定方针为'固甘援陕，联晋图豫'八个字"。[②] 西北军开出长安，首战告捷，经过半年多的苦战，于 1927 年 5 月 30 日占领郑州，与北伐军会师。

正在会师期间，冯玉祥听到李大钊牺牲的消息，万分悲痛，于 1927 年 5 月 9 日写了《吊李大钊等二十位同志》，诗中以诚挚的感情，表达了对李大钊及其他革命同志的深切悼念。为了纪念这位良师益友，冯玉祥下令全军戴孝，树碑纪念。

1925 年至 1926 年，李大钊为争取冯玉祥所做的一系列工作，是我党统一战线工作的重要组成部分，正是由于李大钊艰苦细致的工作，使西北地区出现了高涨的革命形势，打击了张作霖在北方的嚣张气焰，为前期北伐战争的南北配合做出了不可磨灭的贡献。

1925 年前后，内蒙古的革命斗争是和全国的革命斗争紧密相连的。为什么内蒙古人民革命党第一次代表大会能在冯玉祥控制的西北重镇张家口举行，并且是在冯玉祥的住地土尔沟街召开，这是李大钊艰苦努力积极争取冯玉祥的结果。

---

① 《李大钊、邓小平与冯玉祥》，《党史通讯》1985 年第 4 期。
② 冯玉祥：《我的生活》（上），黑龙江人民出版社 1981 年版。

1925 年 7 月，金永昌、乐景涛、李凤岗根据白云梯的指示，从驻北京的苏联使馆得到 2 万元的活动经费，来到张家口。月底，白云梯到张，开始筹备成立内蒙古人民革命党的工作。由于冯玉祥和李大钊近一年的接触，思想发生了不小的变化，对这次会议给予了极大的支持。日本人野津彰在《内蒙古赤化运动的变迁》一文中说："内蒙古人民革命党第一次代表大会在赤俄傀儡冯玉祥控制下的张家口召开时，他们之间具有一种像同志一样的关系，所以援助他们就更不用说了。"① 中国共产党接受了李大钊的建议，经共产国际的同意，决定成立内蒙古人民革命党。1925 年 10 月，中共中央扩大执行委员会通过了《蒙古问题议决案》，议决案中指出："中国边境农工群众中的工作，对于我们的党，也有很重要的意义。所以我们应当注意内蒙古的工作……我们认为应当组织内蒙古国民革命党，这是内蒙古人民的民族上政治上的职任，可是内蒙古国民革命党和内蒙古农工兵大同盟工作应当密切的联络，这是中蒙农民中的革命工作能够有成效的一种保证。"② 在成立内蒙古人民革命党之前，白云梯和李大钊就有过接触。1924 年 1 月，在以国共合作为标志的中国国民党第一次代表大会上，白云梯当选为国民党中央执行委员。③ （一说是候补执行委员）。④ 在这次会上，李大钊是孙中山先生指定的北京代表，而且是 5 人主席团成员之一。同年 11 月，白云梯"随同孙中山北上，在北京结识了李大钊同志，并通过李大钊和孙中山同共产国际、苏联和蒙古人民共和国取得了联系，还与冯玉祥有了交往"。"李大钊积极同白云梯等上层人物进行磋商，参加组建了内蒙古人民革命党"。⑤ 内蒙古人民革命党中央常委乐景涛于 1925 年底在昭盟克什克腾旗自己的家乡组成了蒙古骑兵队，配合冯玉祥的西北军在林西、经棚、赤峰一带向张作霖的奉系军阀作战，在同西北军的并肩作战中蒙古骑兵队扩展到 1100 多人，组成两个团的兵力，编在西北军中。内蒙古人民革命军在后来的发展中，所需的经费和武

---

① 野津彰：《内蒙古赤化运动的变迁》，内蒙古大学中共内蒙古地区党史研究所编《内蒙古近代史译丛》第一辑，内蒙古人民出版社 1986 年版。

② 《中共中央文件选集》（一），中共中央党校出版社 1982 年版，第 419—420 页。

③ 野津彰：《内蒙古赤化运动的变迁》，内蒙古大学中共内蒙古地区党史研究所编《内蒙古近代史译丛》第一辑，内蒙古人民出版社 1986 年版。

④ 郝维民：《第一、二次国内革命战争时期的内蒙古人民革命党》，中共内蒙古地区党史研究所编《内蒙古近代史论丛》第二辑，内蒙古人民出版社 1984 年版。

⑤ 同上。

器也是通过冯玉祥运回内蒙古的，1926 年 8 月，冯玉祥西北军在南口失败，西撤包头，内蒙古人民革命党中央也随之迁到包头。时隔不久，1926年 12 月，内蒙古人民革命党中央又随西北军迁到银川。1926 年底，共产国际代表奥齐罗夫和郭道甫到阿拉善宣传内蒙古人民革命党的主张，同时组织武装。1927 年 4 月 4 日，他们在冯玉祥西北军将领吉鸿昌的援助下，举行了起义，推翻了阿拉善旗的王公政权，建立了革命政权。总之内蒙古人民革命党成立之后，始终按照李大钊的各项指示精神，和西北军互相配合，互相支援，共同打击张作霖和各盟旗王公贵族的反动统治，使内蒙古的革命斗争成为全国革命斗争的重要组成部分。1989 年笔者写《李大钊在西北地区的革命活动》的文章已有 26 年，① 其中阐述了李大钊与内蒙古人民革命党的关系，今天重温体会更加深刻。

（五）内蒙古平民革命党的改组

1927 年 8 月 5 日，在共产国际驻外蒙古代表主持下，在乌兰巴托召开了内人党特别会议，代表中有哲里木盟的布尼雅巴色尔。撤销了白云梯和郭道甫的职务，改选了中央领导机构，布尼雅巴色尔为中央常务委员。会后，蒙古人民革命党书记丹巴道尔计不经共产国际和内人党中央同意，私自让白云梯等潜回内蒙古。9 月，白云梯等发表《内蒙古国民党反共宣言》，策动反革命政变，杀害了内蒙古人民革命军副总指挥、中共党员李裕智，然后到南京向蒋介石请功。经蒋同意，白云梯以国民党中央委员身份在张家口召开各盟旗王公代表会议，决定在多伦设立内蒙政府，一切悉听中央政府之命令，全内蒙古悬挂青天白日旗等。

1927 年 8 月，受共产国际派遣，白永伦、云润、乌力吉敖其尔、白海风等人到乌兰巴托参加了内蒙古人民革命党特别代表大会。会上白永伦被选为"内人党"中央常委会委员兼秘书长。白永伦（1902—1941 年），蒙古族，蒙名好日劳。昭乌达盟克什克腾旗白岔莘莲沟（今赤峰市克什克腾旗）人。自小父母双亡，由叔父和哥哥抚养。他幼年读书，聪敏上进，毕业于经棚萃英小学，后被乐景涛派到北平蒙藏学校学习。1926 年赴莫斯科东方大学学习，在校期间得到了向警予同志的帮助和培养。1932

---

① 乌尼日：《李大钊在西北地区的革命活动》，中共中央党史研究室科研局编《李大钊研究文集》，中共党史出版社 1991 年版。

年，"内人党"总部计划要从乌兰巴托迁回内蒙古，初选地点为经棚。受组织委派白永伦回克旗进行先遣工作。他也以第一小学教员身份做掩护，经过一年多的努力，克旗"内人党"员发展到80余人。在这期间，他与旗长阿拉腾敖其尔的女儿斯尔基莫得格结了婚。白永伦经常和陈荣久（又名陈震华，当时是内人党克旗支部负责人）、汪瀛洲等人召开秘密会议，听取汇报和进行工作部署。

1936年9月，白拟回到乌兰巴托述职，由于途中盘查甚紧，中途作罢。1937年白得了肺病，为治病和扩展工作，经哈丰阿推荐，去开鲁伪满兴安西省行政公署任科长，以此身份和哈丰阿、张寓恩、乌力吉敖其尔、吴树德等人来往，有时召开秘密会议，进行地下革命活动。1939年，白永伦调到鲁北任旗公署总务科长时，肺病复发。1941年，去长春医治无效，返回克旗于经棚病逝，时年40岁。①

三　革命斗争转入内蒙古西部

（一）伊克昭盟和乌兰察布盟的活动

在内人党领导下，大革命失败后，内蒙古的蒙古族人民举行了阿拉善旗"小三爷"领导的起义、乌拉特前旗起义和呼伦贝尔暴动。1930年春天，内人党领导人发表了《日本帝国主义和中国反动派对内蒙古的政策》一文，是内人党最后一篇对国内和内蒙古政治形势、革命斗争以及蒙古民族解放运动的纲领性文献。可以看出内人党新中央坚持中国共产党的民族民主革命纲领，对中国革命和内蒙古革命坚持与共产国际和中国共产党完全一致的立场。

内蒙古人民革命党成立后，在共产国际的指导以及中国共产党的配合下，在内蒙古发动了蒙古民族解放运动。因奉系在内蒙古东部的袭扰，内蒙古人民革命党的活动中心逐渐转至内蒙古西部。1926年8月，内蒙古人民革命党中央领导机关迁至包头，此后该党在伊克昭盟和乌兰察布盟的活动十分活跃。1926年10月，在包头召开了伊克昭盟和乌兰察布盟代表会议，会议做出了发展党务的各项决定，推动了该党的发展。仅伊克昭盟便成立了34个区党部，发展党员3000多名，连同其他盟旗共达到6000

---

① 百度百科：白永伦。

多名党员。

1925 年底，内蒙古人民革命党在内蒙古东部克什克腾旗成立了共 600 多人的蒙古族武装——内蒙古特别国民军第一纵队，配合冯玉祥的国民军同奉系作战。1926 年底，在包头正式成立了共有将近 2000 人的内蒙古人民革命军，旺丹尼玛担任总司令，李裕智担任副总指挥；同时还成立了内蒙古军官学校，王瑞符（中共党员、黄埔军校第二期学生）任校长。此外，在锡尼喇嘛的领导下，伊克昭盟乌审旗成立了旗党部，下属共 17 个党支部 700 多名党员，组建了内蒙古人民革命军第 12 团，推翻了王公札萨克政权，成立了人民革命政权——公会，并实施了一系列革命政策。

（二）阿拉善的革命斗争

1926 年底，内蒙古人民革命党中央领导机关迁至宁夏银川。此后该党又开始在阿拉善旗大力开展活动。1928 年 6 月上海《民国日报》称，农牧民中的内蒙古人民革命党党员有 8000 多人，军队中的内蒙古人民革命党党员有 5000 人左右，合计达 1.2 万人。

"1926 年 9 月，冯玉祥领导的国民军退据绥西及甘、宁一带。那时内蒙古人民革命党的白云梯、郭道甫、伊德钦等得到冯玉祥的支持，在苏联顾问乌斯曼诺夫协同下，来到阿拉善旗开展以推翻封建王公制度为目的的革命活动。德毅忱首先参加，并吸收田协安、孟雄、罗敖有为成员，决定尽速发展内人党组织，建立武装力量，准备夺取政权。在盐务局、税务局、百货统捐局内秘密发展了一部分税丁作为商团的基本武装力量；又在旗兵中发展了一些蒙古士兵。这些都得到了冯玉祥、吉鸿昌的有力支持。"①

策划推翻阿拉善旗封建王公制，罗晓仑说，"小三爷"蒙名为德钦一心诺尔布，汉名德毅忱，袭位辅国公（蒙古贵族的闲散职位），是阿拉善驸马亲王塔旺布理甲拉（以下简称塔王）的堂叔伯弟弟。宣统元年，他毕业于北京贵胄学堂。"小三爷"精通蒙、汉、藏文，擅长绘画。

1925 年 10 月 12 日内蒙古人民革命党大会"小三爷"是阿旗代表，和郭道甫建立了初步联系。1926 年 7 月中旬，冯玉祥从苏联考察回国，

---

① 罗永寿、张文第、张世杰：《阿拉善王达理札雅生平》（一），阿拉善左旗政研室编辑，2010 年 3 月 25 日。

率国民革命军在绥远省五原县召开"五原誓师大会"。提出"迎接北伐，挥师南下、会师北京、将大革命进行到底"的战斗口号！大会声势浩大、振奋人心，震动了周邻阿拉善旗和伊克昭、乌兰察布两盟 13 蒙旗。阿旗称之为"东军"，仍派"小三爷"到会观察，"小三爷"认识了吉鸿昌旅长。9 月 17 日，冯玉祥浩荡出师，连续占领了陕西、甘肃、宁夏三省，随后任命吉鸿昌将军为宁夏省主席。阿旗派"小三爷"前往银川祝贺吉将军。届时吉鸿昌受冯玉祥之托，经多时多方考察、数次密谈，任命"小三爷"为"国民革命军蒙兵第二路司令部"司令，并配备一个团的经费和枪支弹药，共同策划武装推翻阿拉善旗封建王公制度，建立新生革命政权。

　　坚持 7 月之久的短暂政权，据罗介绍，1927 年 2 月，正值春节之时。吉鸿昌将军按协议，派姚连榜（也称姚甲三）连长率 100 余兵从银川开进阿旗驻防，暗中归"小三爷"指挥，协助武装革命。此时的"小三爷"掌握着阿旗"第二路蒙古革命军" 100 余兵（大部分是阿旗保安团的团丁），阿旗商会商团 100 余兵，共计 300 余人的武装力量。

　　1927 年 4 月 2 日（阴历三月初一），"塔王"对于"小三爷"近期和外界的联系活动，以及长期的防范心理，终于迫使他采取恩威兼施的拉拢手段，提拔"小三爷"为"阿拉善正协理"的显赫职位（王爷之下第二把手），以此拉拢"小三爷"，企图稳定"阿拉善衙门府"。"小三爷"却不为所动。

　　1927 年阴 4 月 4 日（阴历三月初三）早晨 8 点，"小三爷"率田协安（王爷府花匠）、孟雄、姚连榜四人带 300 余兵，按计划准时开进"旗衙门"，武装接管阿旗旧政府，正式挂起"阿拉善政务委员会"和"国民革命军蒙兵第二路司令部"两块大红牌匾。

　　记者了解到，从 1927 年 4 月 4 日到 10 月 7 日，"阿拉善政务委员会"虽然是仅仅坚持了 7 月之久的革命政权，但却是在"苏联第三国际共运""大革命国民革命军"等领导下的内蒙古各盟、旗中唯一建立的革命政权。

　　罗告诉记者，1928 年春，"苏联第三国际共运"的顾问乌斯曼诺夫曾指示"小三爷"，从银川秘走取道蒙古国，前往莫斯科，接受新的任务和学习。"小三爷"在赴苏途中，路过归绥市（今呼和浩特）时，不幸被

"塔王"的密探跟踪捕获，监禁在归绥监狱。①

"西安城解围后，刘继曾除做苏联军事顾问团的翻译工作外，还负责顾问团与中共地方组织的联系，并在西安中山军事学校和中山学院授课，邓希贤（邓小平）讲《政治学》，刘继曾讲《资本论》，张子刚讲授《中国革命史》、许权中讲《步兵操典》，韩威西讲《地形学》，两位苏联顾问乌斯曼诺夫和赛夫林分别讲《射击理论》和《战术课》……"②

1926 年初夏，根据共产第三国际的指示，郭道甫到阿拉善旗一带宣传内蒙古人民革命党的主张，开展组织工作，派人发动武装暴动（次年 4月举行，失利）。

1928 年 4 月，阿拉善旗爆发了德钦一心诺尔布领导的旨在推翻该旗王公政权的军事暴动，成立了政务委员会和国民革命军蒙兵第二路司令部，并宣布了四项革命政策。该旗札萨克王爷塔旺布里甲拉同南京国民政府进行联络，最终推翻了为时 7 个多月的革命政权，德钦一心诺尔布也于1932 年被捕并遭到杀害。

1928 年 8 月，乌兰察布盟西公旗爆发了恩克巴雅尔领导的军事暴动。在部队向蒙古人民共和国边境转移过程的作战中，恩克巴雅尔阵亡，暴动失败。

（三）呼伦贝尔青年暴动

1928 年 6 月，皇姑屯事件张作霖被日本人炸死，随即东北局势变得动荡不定。此时在蒙古人民共和国的内蒙古人民革命党领导人郭道甫和福明泰返回了呼伦贝尔，决定以"呼伦贝尔青年党"的名义发动"武装革命"，夺取呼伦贝尔政权并实现"完全自治"1928 年 7 月，内蒙古人民革命党中央常委福明泰、中央执委郭道甫发动了呼伦贝尔暴动，后来黑龙江当局派军队围剿，经东三省保安总司令张学良斡旋，谈判结束了此次暴动。随着暴动失败，内蒙古人民革命党留在乌兰巴托的成员中的"巴尔虎派"遭到严重挫折。

同年 7 月，郭道甫策动新巴尔虎左翼正蓝旗保卫团起义，建立了呼伦贝尔平民军。然后派人向呼伦贝尔副都统送交了宣布"统一内蒙古，蒙

---

① 《长孙眼里的阿拉善"小三爷"》，《内蒙古晨报》2010 年 9 月 20 日。

② 阳郭史苑：《渭华起义时期的中共陕东特委书记刘继曾》，2010 年 4 月 4 日。

古人自治"的通告；同时致书呼伦贝尔道尹赵仲仁，提出撤换副都统贵福，"左右厅长等重要官吏由呼伦贝尔人民选举产生"，"呼伦贝尔的租税中除关税以外一切由蒙旗方面征收"，"一切地方行政由蒙古人行使，并应将中国军队撤退"等要求。贵福和赵仲仁立即与当地驻军商定，派部分军队进驻新巴尔虎左翼地区；同时派人与郭道甫交涉，提出可以改善行政，但决不允许变更制度，要求"青年派"立即解散军队，并派代表前来谈判（田中文一郎《呼伦贝尔事件的经过》，1928 年 9 月，日本外务省外交史料馆档案）。

1928 年 8 月中旬，平民军骑兵切断了海拉尔至满洲里间的铁路运输和通信，袭击了黑龙江督军万福麟的专列。万福麟从黑龙江增调两个步兵旅、一个炮兵团和一个骑兵团及空军，开始向青年党、平民军控制区推进。同时，赵仲仁与海满警备司令梁忠甲联名发布满汉文通告，宣称青年党是"土匪"，要求他们立即停止活动，"若有不同政见可以和平商量"。并指派呼伦贝尔左厅厅长成德和左右厅会办凌升前去交涉。

经过多方交涉、疏通，东北保安总司令张学良决定将呼伦贝尔青年党事件视为政治问题，以和平方式谈判解决，并请郭道甫的启蒙老师、奉天省长翟文选致函规劝。郭道甫等人鉴于继续对峙下去必将引起更大纠纷，地方秩序"不堪收拾"，原有权利亦会损失，遂决定让步（郭道甫《呼伦贝尔问题》）。

此外，新的内蒙古人民革命党中央领导人在伊克昭盟乌审旗举行了秘密会议，部署恢复蒙古民族解放运动。自蒙古人民共和国派回内蒙古的党员，也在乌兰察布盟、察哈尔盟、昭乌达盟、哲里木盟开展活动。但是，由于新的党中央设在蒙古人民共和国，后来该党领导人分散在内蒙古各地，缺乏党的指挥中心，最终在 19 世纪 30 年代中期，该党作为统一政党已不存在。仅剩下一部分党员以个人身份在各地继续活动，部分党员转入中国共产党领导的革命中。

1945 年抗日战争结束后，内蒙古东部的部分内蒙古人民革命党老党员和革命者，同蒙古族青年和原在满洲国兴安省任职的蒙古族上层人士，于 1945 年 8 月 18 日在兴安盟王爷庙召开会议，提出恢复内蒙古人民革命党，并且成立了内蒙古人民革命党东蒙党部，制定了民族、民主革命纲领，发动了东蒙自治运动，于 1946 年 1 月成立东蒙古人民自治政府。同时，中国共产党领导的内蒙古自治运动在内蒙古西部兴起，1945 年 11 月成立了中国共产党领导的内蒙古自治运动联合会。1946 年 4 月，上述双方在承德举行了"内蒙古自治运动统一会议"，会议决定将内蒙古自治运动统一在中国共产党领导的内蒙古自治运动联合会下，扩大了内蒙古自治运动联合会的领导机关，撤销了东蒙古人民自治政府，解散了内蒙古人民革命党。达斡尔族革命家参与组建的民族民主革命政党。1926 年 8 月，郭道甫赴乌审旗、鄂托克旗与席尼喇嘛共同推动牧民革命运动，建立革命武装，使鄂尔多斯地区成为内人党影响最大的地区，共有区支部 37 个，党员 3000 多人，占全体党员数的 50%，1927 年四一二政变后，冯玉祥宣布投蒋反共，内蒙古革命形势迅速恶化，内人党中央负责人白云悌等人的态度也开始右转，郭道甫在阿拉善地区工作时公开指责主要领导人过分信任和依赖军阀，并表示要向共产国际反映。1927 年 7 月内人党中央在银川召开部分党员代表和中央领导成员特别会议，以"反中央"的罪名，暂停郭道甫中央秘书长和中央常委职务。1927 年 8 月，根据共产国际的建议，内蒙古人民革命党在乌兰巴托召开特别会议，对于白云梯等人妥协于国内外反动势力的错误及其对革命造成的损失，进行了严肃的批评和清算。郭道甫也因"搞宗派斗争"错误被撤销秘书长职务（保留中央执行委员），在会议新选出的中央常委中，原常委只有福明泰留任。白云梯等人回国后，立即叛变革命，发表反共宣言。从此直到抗战胜利，内蒙古人民革命党在内蒙古地区没有再进行公开活动。①

（四） 内蒙古平民革命党重要人物

1. 福龄

福龄（1889—1936.4），字松亭，内蒙古鄂温克族自治旗巴彦托海镇莫日登哈拉人。早年毕业于齐齐哈尔中学。曾任骁骑校。1920 年参加呼伦贝尔青年党。1924 年和郭道甫一起代表呼伦贝尔地区出席在南京召开的中华教育改进社全国会议。1925 年作为呼伦贝尔代表，出席在张家口召开的内蒙古人民革命党第一次代表大会。1928 年任呼伦贝尔保安队统领，参加 1928 年"呼伦贝尔暴动"。1930 年出席在南京召开的"蒙古问题讨论会"。伪满洲国成立后，任兴安北省警备军上校参谋长。1936 年 4

---

① 内蒙古"三少民族"多媒体资源库，内蒙古人民革命党，2012 年 12 月 4 日。

月 24 日因凌升"反满通苏事件"被日本关东军判处死刑。①

2. 包悦卿

包悦卿（1894—1939），蒙名色音巴稚尔，科尔沁左翼后旗巴彦茫哈人，父特古斯巴雅尔，曾被清廷授予四等台古爵。包悦卿儿时在家念私塾，后就读于旗立马兰屯小学堂，民国初年入奉天蒙文中学堂求学，后辍学在旗札萨克衙门任见习笔帖式。

1912 年，中华民国建立，清王朝奴役统治了 200 余年的蒙古民众，又遭受军阀之蹂躏。民族败类执掌旗札萨克权力。札萨克官吏为了讨好军阀，放垦蒙民牧地，使蒙民流离失所；又联合军阀欺压蒙民，搜刮民脂民膏，蒙民生活在水深火热之中。在札萨克衙门当差的包悦卿认识到了蒙古的颓废是阶级压迫、民族压迫之缘故，同时更加坚定了他为民族振兴、民族解放事业奋斗终生的思想信念。

包悦卿任笔帖式期间，旗札萨克印务扎兰乌恩吉尔格勒隐瞒阿王，倚仗权势，放垦了包悦卿家乡塔本瞒希那荒。家乡父老无力反抗，只好委托包悦卿去京城面见阿王告知此事。受此重托后，包悦卿不顾个人得失与安危只身去京面见阿王："开垦蒙民草牧场，蒙民何以生计。蒙民失去了土地，只好远离家园，您的旗民都走了，您要做谁的王爷呢！"经过包悦卿苦口婆心地陈述利害，终使阿王知道事情的利害关系，谕旨制止了开荒。包虽然为家乡父老保护住了土地，却被札萨克官吏们痛恨他"不安本分"，事后很快被以莫须有的"聚众闹事，反对王爷，图谋不轨"等罪名，驱逐出旗。

包悦卿被驱逐出旗后，投奔了冯系卢占奎部下，与达木林苏克一起在后旗招募了 200 多人，组建成骑兵独立团。达任团长，包任参谋长。很快这支队伍扩充到 1500 多人。恰时，苏和巴特尔领导的外蒙古革命捷报频传，包想把这支队伍作为内蒙古自决自治的革命武装，把队伍拉到索伦一带整训，等待外蒙古的支援。此时发生了第二次直奉战争，张作霖部围剿了骑兵独立团，缺乏训练、武器弹药又不充足的骑兵独立团被打散。包悦卿只身避居北京的学友克兴额家。

客居北京的包悦卿很快就找到了志同道合的白云梯、郭道甫、金永昌、李丹山、伊德钦等人。他们多次彻底长谈，讨论蒙古民族的出路问

---

① 内蒙古"三少民族"多媒体资源库，2012 年 12 月 4 日。

题，最后达成一致意见：遵循孙中山的民族自决宣言，组织内蒙古民族的民主政党——内蒙古国民革命党（后称为内蒙古人民革命党，简称内人党）。并拟定于1925年10月召开党的第一次代表大会。在大会前夕，包悦卿不顾个人安危秘密回到家乡宣传革命道理："中国要革命，内蒙古不革命不行，只有革命才是我们唯一的出路。"同时介绍蒙古争取独立、进行社会主义建设的情况，并指出："革命是要付出代价的，甚至是血的代价……但是只要我们蒙古民众团结起来，进行艰苦卓绝地斗争，革命一定会成功！"包悦卿在家乡动员和发展了一部分知识青年参加内人党，并把其中的一部分输送到蒙古和苏联学习党务和革命理论。

1925年10月12日，内人党第一次代表大会历经一年多的酝酿和准备终于在张家口召开了。内蒙古各盟旗代表及学生100多人参加，第三国际派来的奥其洛夫（布利亚特蒙古人），中国国民党代表，中共代表，蒙古人民革命党领袖丹巴道尔基和冯玉祥及其苏联顾问均到会祝贺。丹巴道尔基还做了重要讲话。大会宣布担负内蒙古革命整个使命的内蒙古人民革命党正式成立，并发表宣言。宣言揭露了帝国主义对内蒙古的侵略和军阀在内蒙古的暴虐行径以及封建王公对蒙古族人民的压迫剥削。声明主张打倒帝国主义列强和军阀专制主义，以期完成中国革命。大会还制定通过了党的纲领及奋斗目标，完成内蒙古的自决自治为首要任务，打倒帝国主义和军阀统治，废除封建制度，确立平民政治，建立内蒙古地方自治政府等民族民主革命纲领和各项具体政策。大会选举白云梯为中央委员会委员长，郭道甫为秘书长，包悦卿及白云梯、郭道甫、金永昌、福明泰、乐景涛、李丹山为中央常务委员。从此，包悦卿作为共产国际领导下的内人党党员，把毕生的精力倾注于内蒙古的民族解放事业。

内人党第一次代表大会后，包悦卿积极从事组建内蒙古革命武装的工作。与乐景涛（著名诗人席慕蓉的姥爷）一起组建了内蒙古骑兵旅。这支武装不断扩大，曾经占据赤峰、哲盟一带的奉军望风披靡。由于同盟军冯玉祥部队的败退，内人党总部亦往西逐步撤至鄂尔多斯、宁夏一带。由旺丹尼玛任总司令，包悦卿任副总司令的革命武装，为建立革命根据地，抗御军阀，清剿土匪，做出了卓越的贡献。

1927年1月在乌兰巴托召开了内人党紧急会议。第三国际方面指出了内人党中央领导干部在工作中的失误，解除了白云梯、郭道甫、包悦卿等人的职务。白云梯由此倒向了中国国民党。包悦卿遵照第三国际的指示转为国民党党员，被南京政府任为蒙藏委员会专门委员，国民政府军事参议院中将参议等职。1933 年，德王在百灵庙成立蒙政会，邀包悦卿来百灵庙辅佐。包征得共产国际同意后，出任了蒙政会财委会主任一职。后德王倚日本势力组织自治政府，包在德王自治政府中任第八师中将师长，蒙疆银行总裁等职。自乌兰巴托会议后，包悦卿无论是在国民党政府，还是在德王政府中任职，始终未间断过与第三国际的联系，多次向第三国际提供情报，保护第三国际的联络员，对搞蒙古民族民主运动的人员提供了多方面的服务，培养为蒙古民族奋斗之人才。可惜"壮志未酬身先死"，1939 年夏，包悦卿在贝子庙（今锡林浩特）举行的那达幕大会上突然发病，送往北京医治无效去世（据部分研究者说包与第三国际的联系被日本人发现后被日本人毒害的）。他曾向往过蒙古人民共和国所建设的社会主义社会，然而却没能实现其梦想。若他能够知晓如今的内蒙古人民在中国共产党领导下已经走上了社会主义民族区域自治的道路，过上了幸福生活，他在九泉之下也该瞑目了。①

3. 乐景涛

乐景涛（蒙名慕容嘎），男，蒙古族，克什克腾旗热水塘人，生于 1884 年（光绪十年）。其父乐山，是克旗管旗章京。台湾著名诗人席慕蓉之外祖父，妻子为蒙古王族宝光濂公主。

乐景涛自幼读书，后在北平受过启蒙教育。清末民初时，他看到军阀混乱，蒙古民族由于经济、文化落后，备受欺凌，于是便产生了办教育以振兴民族文化的思想。辛亥革命后，克旗扎萨克府从草地迁入经棚，1915 年，他亲手创办了本旗第一所蒙古族小学—萃英小学。

1922 年春，他自北平蒙藏学校同白云梯、郭道甫及路级三等人去外蒙古学习，1924 年结业回到克旗，依靠其父乐山的身份抓军事。在达王庙，建立蒙古骑兵队伍，有 300 人，他从苏联及外蒙古搞回了 2000 条步枪及 30 万发弹药，进行装备，这支军队即是后来的内蒙古人民革命军的前身。乐景涛为争取民族民主解放做出了贡献。乐景涛在他组建的学校、军队中，公开宣传苏联十月革命的先进思想，讲"阶级斗争"，讲进化论，鼓动学生在经棚街上张贴打倒王公贵族的漫画，大讲民族平等。因此当时人们都说他是"红党"。

———————————

① 《哲里木报》，1997 年 1 月 7 日史话版；《哲盟博物馆馆刊》，1997 年。

1925 年 10 月，内蒙古人民革命党在张家口召开了第一次代表大会，乐景涛当选为中央常委（军事委员）。

"内人党"第一次代表大会以后，乐景涛受"内人党"总部派遣回到克旗组建军队一内蒙古骑兵团。他在原达王庙 300 名士兵的基础上进行扩充，至 12 月末扩充到 600 人。同时，在经棚还设立了蒙旗军官学校，以他过去亲手创办的萃英小学的学生为基础，招收了 40 名蒙古族青年学习军事、政治，培养干部，他亲任校长，金永昌任教导主任。

在此期间，中共北方区委为开展武装斗争，决定在冯玉祥军队中建立自己的武装力量。与冯玉祥商量决定先在内蒙古东部地区建立三个骑兵纵队，命名为"内蒙古特别民军"。第一纵队编 5000 人，"内人党"推荐并经冯玉祥同意，由乐景涛任司令官。第二、第三纵队各编 3000 人，由共产党员陈镜湖（李铁然）、郑丕烈任司令官并决定乐景涛部与陈镜湖部配合冯玉祥的国民革命军攻打热河的奉军。

1925 年 12 月 6 日，乐景涛部奉命率 600 骑兵由达王庙起兵攻打经棚。当时驻守经棚的是奉军石文华部约 1000 人。交战中，奉军有 200 人投降，乐部占领经棚后，队伍扩充到 1200 人。不久又攻下林西，旋又率部向乌丹进军。12 月 11 日攻下乌丹。一周之内，连下三城，大获全胜，并俘奉军参谋长 1 人，士兵 1000 人，缴获大炮 7 门，还有大量武器弹药。乐景涛部损失很小，士兵仅战死 1 人，负伤 4 人。此时乐景涛部人数已达 3000 余人，又追击奉军到开鲁、洮南。逮捕了民愤极大的巴林左旗章京色楞、阿拉坦格日勒，林东设治局长王立三等 50 余人，受到群众热烈拥护。由此，乐景涛部声威大振。奉军头子张作霖大为震惊。事后派员调查，并呈报民国政府蒙藏院要求对乐进行查办。

1926 年 3 月，冯玉祥的国民军西撤。乐景涛的纵队也撤离锡、昭、卓盟西下。在林西起兵时，处决了林西县税捐局长全济及林东设治局长王立三，大快人心。

乐景涛西下是从经棚南白岔向多伦进发的。在多伦城住六七天，与汤玉麟部打了一次大仗。

之后乐部由张家口乘火车到归绥（今呼和浩特），在归绥常住下来。不久，乐景涛便离开了部队。

1927 年 8 月，"内人党"特别代表大会在乌兰巴托召开。在这次会议上，由于乐景涛搞军运工作未被充分肯定，再加上他在外蒙学习的四弟跟郭道甫关系密切，在批郭的同时，乐景涛也受到了牵连，因此，会后他自动退出了"内人党"。退党后他说："第一。退党是自己自愿的。第二，退党后决不做有损于党（告密）的事。"以后的事实证明，乐景涛是实践了他的诺言的。

乐景涛退出内人党后，在北平任蒙藏委员会职员，后加入了国民党。此后，历住国民党中央执行委员，国民政府监察院监察委员，国民政府委员。1944年病逝于西安，终年61岁。

1927年，郭道甫在蒙古被选为全国职工总工会中央委员会秘书长，并代表蒙古出席在莫斯科召开的世界工联会议，当选为工联委员。

1927年蒋介石发动"四一二"反革命政变后，内蒙古地区的革命形势急剧恶化，内蒙古人民革命党内的斗争亦日趋激烈。有鉴于此，在第三国际的指导下，内蒙古人民革命党于同年8月在乌兰巴托召开特别大会，并以郭道甫在指导阿拉善旗革命运动上的严重错误为由，决定撤销他的中央秘书长、中央执行委员职务。此后，在第三国际的指示下，以留苏、留蒙的内蒙古革命青年为主体，创建新的组织——内蒙古革命青年党，并断绝与白云梯为首的"三民主义派"的一切关系。郭道甫、福明泰加入了这一组织，并成为主要负责人。

1928年7月，在第三国际和"外蒙古"的指示与协助下，郭道甫、福明泰等人在新左旗秘密召集呼伦贝尔青年党会议，决定"以武装革命，恢复呼伦贝尔的完全自治。"他们提出："我们运动的目标，是要蒙古人民来治理蒙古，我们不再要腐败的王公制度，我们不愿再受贵族阶级的宰割，我们是要近代的民治主义。"同时，由郭道甫、福明泰任军事委员会委员长和副委员长，组织千余人的呼伦贝尔骑兵团，"向海拉尔、兴安岭、满洲里三路进攻"。由于计划的失误和力量的悬殊，加之苏、蒙军未予配合，青年党及其武装未能攻下海拉尔，并在东北军的镇压下不可避免地失败了。这一期间，郭道甫与福明泰又因军事上的失利而发生分歧，并导致双方支持者的冲突。郭道甫以"争持日久，则必酿成外交上的纠纷。不但地方上的事情不堪收拾，就是权利上的损失，也必致没法儿补偿"，遂在有关人员的调停下，以"政治问题"解决呼伦贝尔为条件，郭道甫去奉天（沈阳）接受议和，福明泰则带领部分人员退往乌兰巴托。

4. 福明泰

郭道甫与福明泰的是创办家乡教育和革命实践的合作者，他们的合作始于 1918 年的"先后创办呼伦贝尔地方近代学校——小学和中学"①。福明泰比郭道甫小 2 岁，他们是表兄弟。

福明泰（1896—1938），又名宝音达赉，化名布音迭力格尔（博彦格日勒），达斡尔族，敖拉哈拉氏，呼伦贝尔索伦左翼正白旗莫和尔图屯人，内蒙古人民革命党创始人之一。1912 年，福明泰自海拉尔高级小学毕业，此后回到家乡以牧业为生。1916 年，入黑龙江省立第一中学，1919 年赴北京参加五四运动。1920 年，福明泰在呼伦贝尔蒙旗中学担任教师。他毕业回到家乡后，和表哥郭道甫共同关心莫和尔图屯小学，曾聘请布里亚特共和国女教师索妮娅来校任教，他还在海拉尔创建了"呼伦贝尔青年学生会"。1922 年，福明泰通过与郭道甫合办的蒙旗合作社联络大蒙古国高层，并且联络苏维埃俄国，希望他们支持内蒙古民主革命，同时福明泰还秘密组织及接应呼伦贝尔青年学生会的 50 余人赴大蒙古国、苏维埃俄国留学或参加革命。1923 年 7 月至 8 月，福明泰参加了大蒙古国的蒙古人民党第二次代表大会；1924 年 8 月至 9 月参加了蒙古人民党第三次代表大会。1925 年 9 月 23 日至 10 月 1 日参加了蒙古人民革命党第四次代表大会后，福明泰回到中国。1925 年 10 月 13 日，福明泰参加了在中国张家口召开的内蒙古人民革命党第一次代表大会，并当选为中央执行委员会常务委员。其后，福明泰负责"内蒙古特别民军"的武器及装备转运任务。1927 年 8 月，福明泰参加了在蒙古人民共和国首都乌兰巴托召开的内蒙古人民革命党特别会议，继续当选为中央执行委员会常务委员。此后，福明泰在乌兰巴托同白永伦、白海风共同主持内蒙古人民革命党中央日常工作。1928 年 7 月，福明泰、郭道甫共同领导了"呼伦贝尔暴动"，郭道甫任军事委员会主席，福明泰任"呼伦贝尔平民军"司令。暴动遭遇失利后，福明泰反对同张学良谈判议和，郭道甫乃通电下野，独自赴奉天同张学良谈判议和，福明泰则率领主战派人士返回了蒙古人民共和国。

1929 年 9 月，福明泰赴内蒙古会见了内蒙古人民革命党中央委员会委员长孟和乌力吉，秘密举行会议。1929 年 11 月 15 日，福明泰率军开进海拉尔，创建了索伦共和国，福明泰任索伦共和国政府委员会主任委

---

① 纳古单夫：《郭道甫略传》，内蒙古自治区蒙古语文历史研究室编《蒙古史文稿》第一辑，内蒙古日报社 1978 年。

员。1930 年 1 月，索伦共和国失败。同年，福明泰被共产国际派回中国，秘密调查甘肃、宁夏、内蒙古阿拉善旗情况。1932 年，福明泰被共产国际派往莫斯科东方大学任教。1937 年 10 月 25 日，福明泰被克格勃逮捕，并严刑逼供。1938 年 3 月 10 日，苏联最高法院军事委员会以"日本特务罪"判处福明泰死刑。1990 年 3 月 29 日，苏联最高法院全体会议决议撤销原判，为福明泰彻底平反，并恢复名誉。

（五）"旧"内人党与"新"内人党

内蒙古人民革命党当时汉译又作"内蒙古国民革命党""内蒙古国民党"。内人党的成立，标志着内蒙古民族民主解放运动进入了一个新的历史阶段①但事实上，内人党这个名称并未存在多久，其成员不是自行解散，就是融入了国共两大党的队列中，至 1946 年 5 月，内人党正式解散。然而多年以后，在"文化大革命"中，"挖内人党事件"竟成为内蒙古人民尤其蒙古族知识阶层的空前灾难。

1967 年 2 月 5 日大批学生、干部冲击内蒙古军区，内蒙古师范学院学生韩桐被枪击身亡。4 月 13 日中央决定成立自治区革委会筹备小组，代替原自治区党委和政府职权，要求公开揭露批判乌兰夫等。6 月 18 日，滕海清接任筹备小组组长等职务，11 月 1 日自治区革委会成立，滕任主任。1968 年 4 月 13 日滕再次煽动"挖肃"，将哈丰阿等一批自治区领导干部打入乌兰夫"黑线"。1968 年 2 月 6 日滕提出"内人党"问题，7 月 15 日自治区革委会决定乌兰夫是"内人党"后台、党魁，原内人党支部委员以上的骨干分子均按反革命分子论处，一般党徒必须自首登记。1969 年 2 月 4 日滕向"中央文革"碰头会汇报，领取了继续深挖"内人党"的指令。此后，从机关、学校、企业、社会团体到公社、生产队层层深挖，到 5 月有 34.6 万人被打成"内人党"，其中致死 1.6 万人、致残 12 万人。

1969 年 4 月中共九大期间，毛泽东指出"在清理阶级队伍中，内蒙古已经扩大化了"。4 月 19 日，滕向中央做了检查，但不传达、不纠正。5 月 13 日至 19 日周恩来等 4 次接见内蒙负责人，指出"在挖'内人党'工作中犯了严重错误，主要责任在滕，要做沉痛检查"。滕等于 5 月 19 日

---

① 内蒙古社会科学院历史所：《蒙古族通史》，民族出版社 2001 年版。

向中央写了《坚决贯彻执行中央关于内蒙当前工作指示的几点意见》。5月22日毛泽东批示：照办。但由于滕态度不端正、检查不诚恳，内蒙古革委会已无法控制局面，12月19日中央决定对内蒙实行分区全面军管。

1969年7月，内蒙古自治区的东三盟和西三旗分别划归毗邻的五省区管辖，使中国第一个少数民族自治区被肢解，即被一分为六。内蒙古自治区面积从118万多平方千米变为45万多平方千米，聚居的蒙古族人口从150多万变为50多万。

1979年1月23日，内蒙古自治区党委宣布对"新内人党""乌兰夫反党叛国集团""内蒙古二月逆流"三大冤案彻底平反。此后，对哈丰阿等一批被迫害致死的老干部平反昭雪。1979年7月恢复自治区原有区划。[①] 1925年10月成立的内蒙古平民革命党，这一历史事件延伸到了20世纪70年代。

---

① 《关于内人党》，新浪博客，2009年12月20日。

第四章　郭道甫著作研究

目前，已知郭道甫在国内撰写的著作有《库论游记》《为蒙古代祷文》《蒙古问题》《蒙古民族自觉运动》《新蒙古》《蒙古教育之方针及其办法》《蒙古问题讲演录》《蒙疆国防问题意见书》《呼伦贝尔问题》九部著作，在九部著作中《库伦游记》《蒙古民族自觉运动》目前还没有见到。郭道甫在《蒙古问题讲演录》的自序中写道："数年以前曾有《蒙古问题》《蒙古民族自决运动》《新蒙古》等书之刊行"①。在前面提到的三部著作中两部已被《郭道甫文选》收录，即《蒙古问题》《新蒙古》。还有"内蒙古人民革命党第一次代表大会的有关文件。在他的许多著作中，如《蒙古问题》《蒙古问题讲演录》等里面，他大量而准确地引用亚、欧、美各国近现代史事，运用恰当、贴切，对中国通史，尤其蒙古帝国史、元史的引用，如数家珍。足见其历史知识的丰富和学识修养之厚重"。② 当前出版的郭道甫的著作有七部，从出版的时间看，1920 年出版第一部著作《为蒙古代祷文》；1923 年两部著作问世，一部为 1923 的《蒙古问题》，另一部为 1923 年的《新蒙古》；1926 年的《蒙古教育之方针及其办法》刊登在 1926 年 1 月 15 日《新教育评论》第 1 卷第 7 期；1929 年又有两部著作问世，一部为 1929 年冬出版的《蒙古问题讲演录》，另一部为《蒙疆国防问题意见书》；1931 年问世的著作为《呼伦贝尔问题》，这部著作可以称为遗作。至于 1931 年 12 月到国外之后是否还写过著作，目前不得而知（这样说是 1931 年失踪到 1934 年判刑有 3 年的时

---

① 奥登挂编：《郭道甫文选》，内蒙古文化出版社 2009 年版。
② 杨优臣、陈志贵、何文君：《中国现代革命的先驱达斡尔民族的骄子》，内蒙古自治区达斡尔学会编《达斡尔族研究》第八辑，内蒙古大学出版社 2005 年版，第 63 页。

间）。郭道甫就是这年冬天从国内消失了。从郭道甫著书的时间上看，创作高峰期是 1923 年和 1929 年，因其他时间他都忙于革命实践活动。特别是 1924—1925 年，忙于参加中华教育改进社年会和内蒙古人民革命党的组建工作；1926—1928 年在内蒙古西部和东部进行反对封建王公的斗争。1932 年郭道甫的政治生命在国内基本结束，研究他的著作也要从他的政治视野和他的实践历程来考证。

　　研究郭道甫著作必须对民国以来蒙古的历史沿革及其演变做一叙述。他的九部著作中其六部都是围绕着蒙古问题而展开。1912 年为民国元年，此时郭道甫 18 岁，正值成年。他当时看到的国情是各省纷纷独立景象，蒙古问题也突出地摆到了国人的面前，他阐述的蒙古问题离不开 20 世纪初的中国，回顾这段历史有助于理解郭道甫的著作。

　　1911 年，武昌爆发武装起义，产生了多米诺骨牌效应。中国各省纷纷响应，宣布独立，摆脱清政府的统治。外蒙古同中国其他各省一样，在王公贵族的带领下宣布独立。从混乱和废墟上通过暴力革命建立起来的中华民国，不久就进入了混乱的军阀割据时代。外蒙古的独立运动就是从这一时期开始的。当武昌起义后宣布独立的中国各省开始为重新统一、建立"中华民国"而开展各种政治活动的时候，外蒙古脱离了这一进程，开始酝酿"独立建国"。此时，外蒙古已经变成了沙俄的保护国。民国统计：整个蒙古族共有近 240 旗，其中外蒙古占 108 旗。外蒙古独立将拉走近一半的旗，和 150 多万平方公里辽阔土地，形成一个世界上最大的内陆"国家"。由于所处的特殊地理位置，它的分裂形同把中国拦腰斩断。中华民国的政权由孙中山转到袁世凯的手中后，开始了与沙俄的艰苦谈判。沙俄做出让步，承认外蒙古是中国的领土，条件是在外蒙古实行"自治"。也就是说外蒙古在名义上仍属中国，实际上外蒙古的内政与外交还是掌握在沙俄的手中。十月革命中，沙俄政府被苏俄推翻。这时的"自治蒙古"也就失去了主子。苏俄红军不断向西伯利亚挺进，使"自治蒙古"感到威胁日益临近，坐卧不安。于是他们开始与中国进行取消"自治蒙古"、重新回到中国怀抱的谈判。1919 年，主掌中国政局的段祺瑞政府派出得力干将徐树铮，率兵进入外蒙古，接替了当时正与外蒙古进行和平谈判的陈毅将军（当时和平谈判已近成功），立即用铁腕政策迫使外蒙古放弃自治，外蒙古重新回归中国。但是，这种毫不留情的铁腕政策却使中国失去了外蒙古上层王公的人心，为蒙古后来的分离埋下了祸根。

到了 1920 年，皖系军阀段祺瑞下台，外蒙古也进入混乱状态。被苏俄红军赶到外蒙古的沙俄恩琴白匪勾结外蒙古上层王公，向中国驻军发难。中国驻军寡不敌众，被迫撤离库伦（今乌兰巴托），一部分返回内地，一部分转移到买卖城，准备再战。俄国的十月革命，也传染到外蒙古大草原。在苏俄的支持下，牧民出身的苏黑巴托尔和乔巴山组建了蒙古人民党。1921 年，蒙古人民党的军队在苏俄的大量武器装备援助下，开始向买卖城的中国军队进攻。中国军队内外交困，无心恋战，节节战败，被迫撤出买卖城。从此中国军队再没有进入外蒙古。

1921 年 3 月 19 日，蒙古人民党领导的"蒙古临时人民政府"宣布成立。这与在库伦的蒙古上层王公和恩琴俄国"白匪"形成了对立，并展开战斗。由于实力相差悬殊，蒙古人民党邀请苏联红军入蒙参战。1921 年 5 月，苏联红军进入外蒙古，在买卖城外打败了恩琴的军队，挽救了危在旦夕的蒙古人民军。随即于 7 月占领了库伦。7 月 10 日，蒙古上层王公与蒙古人民党共同组建了"蒙古人民革命政府"。在俄国的怂恿下，外蒙古再次宣布"独立"和建立"蒙古国"。消息传到中国内地，一时间舆论大哗，国内各民间团体、民主党派纷纷发表宣言，反对蒙古王公贵族分裂祖国的倒行逆施，谴责苏俄对中国外蒙古的武装占领。北京政府的实权人物曹锟和吴佩孚，以中国政府名义发布措辞严厉的声明，谴责外蒙古企图分裂中华民国的行径，不承认外蒙古的"独立"。东北的张作霖也通电谴责俄国，对外蒙古的"独立"异常愤慨。他不顾被其他军阀吞并危险，独自发兵外蒙，与外蒙和俄军作战，试图以武力解决外蒙纠纷。然而，由于内战原因，张作霖害怕曹锟、吴佩孚借机出兵东北，夺回部分失地（这些失地至今还在中国辖区）后，就不敢再贸然行事。而北京的曹、吴在北边要对付张作霖，南边要对付其他各省军阀，生怕出兵外蒙古会丧失自己在北京政府中的实权，因此只有隔岸观火，除了口头谴责蒙独外，无可奈何。

自那时起，苏联红军就一直留在外蒙古。这期间，那些在苏俄控制下、被剥夺了权力的蒙古上层王公开始醒悟，后悔分裂中国的行为，纷纷逃到中国要求发兵收回蒙古主权，赶走俄国人。但是苏联不断增加驻蒙军队规模，阻挠中国收回外蒙古主权的行动。1921 年外蒙的苏赫巴托在俄国帮助下，成立君主立宪政府，1924 年又废除君主立宪，成立蒙古人民共和国。二三十年代一直到 40 年代，中国除了内乱混战，便是抗日战争。

长期陷于内乱的中国，一次次地丧失了收回蒙古主权的机会，使蒙古独立的生米逐步变成熟饭，俄国的列宁在世时曾经说，要把沙皇掠夺的亚洲土地还给亚洲人民，他承诺，当中国革命取得成功后，蒙古将自然成为中国的一部分。但在列宁死后，斯大林完全背弃了列宁的诺言，他杀掉了曾经对列宁的讲话有过记载的一位国防部副部长，然后拒不承认列宁说过的话。从此在苏联再也听不到要归还蒙古的声音。苏联军队就这样还一直赖在外蒙古。1945 年 2 月关于结束"二战"的雅尔塔会议上，美、英的重要议题就是争取苏联参加对日作战，从而减少自己的损失。为达到这个目的，他们不惜出卖中国利益，答应了苏联的无理要求，接受外蒙古的现状，即承认并要求中国政府承认"蒙古人民共和国"。这笔交易实际上是在罗斯福和斯大林之间进行的。蒋介石得不到罗斯福的支持，面对斯大林的重压，在万般无奈之中，于 1946 年 1 月 5 日，与苏联签订了《中苏友好同盟条约》，在条约中正式承认"蒙古人民共和国"有权公投独立。这种巨大代价，终于换取苏联出兵中国东北，日本迅速宣布无条件投降，使得苏联出兵中国东北的行动变得毫无意义。

毛泽东领导下的中华人民共和国宣告成立。蒋介石在退到台湾后，对斯大林没有遵守《中苏友好同盟条约》的条款感到愤慨，并以苏联违约为由，在联合国状告苏联，这就是所谓的"控苏案"。当时虽然大陆已经易手，但在联合国，中华民国仍然拥有中国的合法代表权，并且是安理会的常任理事国。中华民国宣布《中苏友好同盟条约》失效，从而不承认外蒙古的独立，联合国对此予以承认。这就是至今在台湾的"中华民国"版图上还包括外蒙古的法律依据。

中国共产党主掌中国政局后，由于当时与苏联同属于社会主义阵营，在蒙古问题上，意识形态束缚了中国领导人的手脚。斯大林蛮横强硬的立场，使新中国的领导人在国家统一与社会主义大家庭之间左右为难。而新中国百废待兴，又需要苏联的大量援助。毛泽东第一次出访苏联，本打算与斯大林讨论黑龙江以北、巴尔喀什湖以东的土地和外蒙古问题，却受尽了斯大林的冷落。最终在与苏联签订《中苏友好互助同盟条约》时，也被迫承认了"蒙古人民共和国"。1953 年，斯大林逝世，赫鲁晓夫上台后，毛泽东开始与苏联交涉，试图解决包括蒙古的一些历史遗留问题。通过谈判，苏联归还了旅大军港，归还了东北铁路的管理权。但是当周恩来提出蒙古问题时，遭到了赫鲁晓夫的断然拒绝。中国大陆再次失去了收回蒙古主权的机会。中国的这次行动，很快传到了蒙古人的耳朵里。他们立即行动，在苏联的监督下与中国交换地图，划定边界。随后，中国和蒙古建立了"正式外交关系"。1986 年，邓小平与苏联谈判关系正常化时，提出了中苏关系的"三大障碍"，其中之一就是苏联在蒙古边界的驻军。1992 年苏联红军全部撤出蒙古。①

一　《为蒙古代祷文》

（一）写作背景和时间

《为蒙古代祷文》没有标注写作的时间，这就需要笔者进行考证，因著作署名处为："呼伦贝尔蒙旗学校校长，郭摩西（道甫　呼伦蒙籍）。"这正是 1918—1919 年。从著作的署名可以推断出大约写于 1919 年或 1920 年，是呼伦贝尔蒙旗学校成立的时期，也是郭道甫任呼伦贝尔蒙旗学校校长的时期。《为蒙古代祷文》中写道："民国八年春始得呼伦贝尔副都统署认为官立学校。由俄国富商募得捐款，备置学生制服及学校应用书籍等项，学务甫见进步孰意。是年夏秋之间瘟疫流行颇烈，蒙人死者甚多，仆之家祖舍弟亦遭天殃，乃为家务所累未能前赴办学，学校从此停办，至今未开。现仆欲在墨和尔图（在呼伦贝尔之海拉尔城东南距城一百二十里）地方就蒙古村庄设立公立蒙古模范举校……"② 也有资料显示 1920 年"他在燕京大学为五百万蒙古民族教育医疗卫生事业募捐资金，撰有《为蒙古代祷文》"。③ 请看原文的描述。

（二）原文节选

郭道甫在《为蒙古代祷文》中提及了"个人之供献　仆系呼伦贝尔（在黑龙江之西部外蒙之东，内蒙之北）之蒙古人。民国三年卒业于黑龙江省立第一中学校，民国四年升于北京外交部俄文专修馆肄业。民国六年受洗礼于中华基督教会为基督徒。是年夏桑梓变乱家资荡然，不得半途退

---

① 肖淑娥：《"外蒙古"独立始末》，《百科知识》2011 年第 12 期，第 7 页。

② 郭道甫：《为蒙古代祷文》，奥登挂编《郭道甫文选》，内蒙古文化出版社 2009 年版，第 7 页。

③ 奥登挂：《短暂而光辉的一生——郭道甫生平简略介绍》，内蒙古自治区达斡尔学会编《达斡尔族研究》第五辑，1996 年（内部资料）。

学，即在本地竭力提倡教育，乃以私资办呼伦学校。民国八年春始得呼伦
贝尔副都统署认为官立学校。仆又晓音？口由俄国富商募得捐款，备置学
生制服及学校应用书籍等项，学务甫见进步孰意。是年夏秋之间瘟疫流行
颇烈，蒙人死者甚多，仆之家祖舍弟亦遭天殃，乃为家务所累未能前赴办
学，学校从此停办，至今未开。现仆欲在墨和尔图（在呼伦贝尔之海拉
尔城东南距城一百二十里）地方就蒙古村庄设立公立蒙古模范举校，拟
建筑校舍三十余间，计八间为讲室，教员及学生室各六间，办公室印刷差
役室及厨房浴室各二间。惟事在初创不求宏大华美，但求坚榛清洁不背于
卫生。并以基督教精神贯注学校，为福音传入之先导。现由仆先捐助现洋
一千元，大牛十头，此外尚待募得现洋三千元始能从事经营。此事关于民
族全体之文野，民国根本之安危，望吾辈基督徒十分注意。并请日夜祈祷
上帝庶几多人蒙召福音早布于蒙土。蒙古五百万同胞之希望惟此而已"。①

　　蒙古自古为东亚最强盛之民族，有固定之土地，并有特殊之言
语、文字、宗教、政治、风俗习惯。今虽愚弱衰微，究与世界大局颇
有密切关系。兹特述其大略，倘亦全国信徒所乐闻者欤。
　　蒙古对外之关系（一）蒙古之人口土地物产　蒙古民族人口大
约五百万人，其所居之土地，合中国之内蒙古、外蒙古、青海、黑龙
江之西部，北部新疆省之天山北路及俄属之贝加尔州、义尔库次克省
皆其范围所属，每一英里平均仅得二人。其版图之广大，人烟之稀少
为现今全球所罕见。其物产五金森林最富，而尤以马牛群大者驼为特
产。富人之产羊群，大者以数万计，小者以数头计。最贫者亦必有牛
一头羊数头以为常。由此可见，蒙古牲畜之丰盛。（二）蒙古之对于
中国及世界之关系　蒙古与汉族自古同为东洋强族。取中国近现代史
以观，可知中国历代沿革不啻为汉蒙两族消长之写真。自有清一代，
蒙族始失其英武不羁之精神，事事屈服人下。凡今日蒙人所衣所服之
布帛绸缎皆出于汉族之手。所食所饮之米面茶叶，也皆出于汉族之
手。蒙古之宫室庙寺，汉族之所筑也。蒙古之商场工业，汉族之所营
也。今且取消外蒙自治，汉蒙关系益形密切，惟蒙人智识不开，对

---

　　① 奥登挂：《短暂而光辉的一生——郭道甫生平简略介绍》，内蒙古自治区达斡尔学会编
《达斡尔族研究》第五辑，1996 年（内部资料）。

于共和真理毫不明了。故于举兴新政动辄误会，往往为两族感情款洽之障碍。而其地大物博，人烟稀少，将来影响于世界大局颇重。近数十年来俄国垂涎蒙古，苦心经营，并利用蒙人之无知，大施其笼络侵略主义。外蒙之脱离中国宣告独立，厥为俄国主动。今虽国内大乱自顾不暇，然其在蒙古之势力，则已根深蒂固，绝非数年之内所能挽回。日本则在东蒙一带，已立经营内蒙之基础。此次借出兵西伯利亚之机会，在外蒙古一带亦大施运动，又组织日蒙佛教联合会，派人欢迎蒙古喇嘛赴日本观光，野心勃勃令人心寒。且此次欧战原因，实起于民族侵略主义之发展与夫经济竞争剧烈之结果。今虽国际同盟言归于好，而欧美各国之需要原料，尤为特甚。又以世界各处土地日辟，牲畜产额日减，人人必需之皮毛牛奶肉类等品日见缺乏昂贵，惟蒙古广大无边之牧场，千百成群之牲畜，正在振兴发展之时代，将来必为供给世界人类皮毛牛奶肉类之一大市场毫无疑义。因此英法美意各国亦不能漠视蒙古，一旦各方面利害冲突，难免不起争端，其结果必演成世界第二次大战。有心人岂可不早设法以谋挽救乎？

（三）著作中相关问题

《为蒙古代祷文》中写道："现在中华基督徒既有中华归主之运动，云南布道之组织似当急起，进行组织蒙古布道团，以促中华归主之告成。故特委托北京基督教青年会干事徐宝谦先生为筹备蒙古布道通讯机关。此后全国信徒对于蒙古布道之举有所建议及对于蒙古情形有所询问之事，请直接与徐先生接洽可也。"[①] 徐宝谦附注也做了回应："郭君主张以基督教救蒙古可谓卓见，然基督徒之任于是益重矣。郭摩西字道甫原名浚黄，三年前肄业于北京时同予研经进教信道后，即以拯救蒙古民族为己任。年来回蒙创办学校成效卓著。此次远道来津京，即欲与国中教会中西领袖接洽蒙古布道之事计，已与诚静怡、张伯苓、余日章、司徒雷登、张纯一、巴药满及其他诸领袖征求意见，颇蒙赞许，且已为天津公里会、北京美以美会、中华基督教会、协和医学、燕京大学青年会等机关演述蒙古情形及布

---

① 郭道甫：《为蒙古代祷文》，奥登挂编《郭道甫文选》，内蒙古文化出版社2009年版，第6页。

道蒙古之必要。郭君系蒙古贵族，亦系蒙古信道者之第一人，此次在京津一带奔走呼号，颇类当时马其顿人之呼声，予知天父仁慈，郭君之志必得如愿以偿也。"① 从徐宝谦的附注中我们得知郭道甫与诚静怡、张伯苓、余日章、司徒雷登、张纯一、巴药满及其他诸领袖见面并请教，还在天津公理会、北京美以美会、中华基督教会、协和医学、燕京大学青年会等机关做了蒙古问题的演讲。

郭道甫与著作中提到的相关人物都交往过，介绍如下。

1. 徐宝谦

徐宝谦（1892—1944），上虞人。1913 年入基督教，受洗礼。1915 年毕业于北京税务专门学校，任北京基督教青年会干事。1921 年被选送美国进修神学。回国后在燕京大学任教。1930 年赴欧洲各国做学术演讲并入哥伦比亚大学研究哲学，获哲学博士学位。回国后任燕京大学哲学院院长。1934 年参加江西黎州农村建设实验，任实验区总干事。1937 年在上虞章镇创办临时中学，招收战乱失学青年。1941 年到华西大学任教，兼任全国基督教青年会总干事，被称为"中国基督教历史上的杰出人物"。1944 年因车祸死于去重庆参加亚洲基督教会议途中。

2. 诚静怡

诚静怡（1881—1939），满族，北京人。中国基督教牧师、神学博士。

1900 年毕业于天津养正书院。1903 年去伦敦，从事圣经翻译工作，后入苏格兰神学院攻读回国后，在教会传道，并被按立为牧师。1910 年去英国爱丁堡出席第一届世界宣教大会，1914 年任中华续行委办会（在中国推行爱丁堡世界宣教大会决定事项之机构）干事。1916 年袁世凯称帝，拟尊孔教为国教，他力加反对，发起信教自由运动。1922 年去纽约协和神学院进修。1924 年任中华全国基督教协进会会长，在任期内推行"中华归主"等运动。1927 年中华基督教会全国总会成立，被推为会长。1928 年和 1938 年曾先后出席在耶路撒冷和印度马德拉斯召开的第二届和第三届国际宣教大会。

诚静怡与基督教本色化。1913 年 3 月 11—14 日上海召开的全国基督

① 郭道甫：《为蒙古代祷文》，见奥登挂编《郭道甫文选》，内蒙古文化出版社 2009 年版，第 8 页。

教大会为中西合作提供了平台。与以往三次传教士大会最大的不同是，在115位代表中华人占了二分之一，在诚静怡看来，在这次大会上中国工作者和外国传教士"已经尽可能地站在了平等的地位"。中国教会领袖已经可以毫无保留地提出他们的意见并进行讨论。这次会议也标志着中国信徒开始从过去传教士"助手"身份逐渐向"同事"身份的转变。

大会对中国教会问题的重视可以从最后通过的决议第二部分（中国教会）和第二部分（中国教会领袖）看出来。诚静怡1912年关于"中华基督教会"名称的提案得到大会一致赞同，决定以此作为中国所有基督教会的通称。为发展本色教会，大会提出若干具体建议，如中国信徒应参与国外资金的管理；教会所有职位都应向中国信徒开放，要尽可能地与中国机构而不是差会相连；差会应该尽可能地教授和训练中国领袖，以使他们能担任所有职位。这次大会最重要的结果是根据爱丁堡会议的模式选举组织了"中华续行委办会"。委办会由40位到60位中西教会人员组成，特别规定中国人至少占三分之一。

3. 张伯苓

张伯苓（1876—1951），现代教育家，原名寿春，字伯苓。1876年4月5日（清光绪二年三月十一）出身于天津一个秀才家庭。早年入北洋水师学堂习驾驶，1897年毕业后服务于海军，不久离职回天津执教于家馆。1904年，张伯苓赴日考察教育，回国后将家馆改建为私立中学，定名敬业学堂。1907年，在天津城区南部的开洼地，即民间所称"南开"，建成新校舍，遂改称南开中学堂，从此声名渐著，天津市南开区也由此得名。1917年秋赴美国，入哥伦比亚大学研究教育，次年回国，着手筹办南开大学。1919年秋正式开学。1923年，创办南开女子中学。1928年创办实验小学。1937年以前，南开已形成了从小学、中学到大学的完整体系，他先后担任校长四十余年，培养出不少人才。张伯苓提倡教育救国，办学方针注重理工科教育。他反对学生介入社会政治活动，但也曾保护过进步师生。

南开大学的兴办和发展，对张伯苓来说，并不意味着兴办教育的终结。1923年建立了南开女中。接着在1928年，张伯苓又兴致勃勃地在女生校舍对面建筑小学校舍，设立了小学部。在兴建和完善女中和小学之后，张伯苓分别于1927年和1932年创办了南开经济研究所和应用化学研究所，从而构成了一个完整的南开教育体系。

　　1990 年解除幽禁之初，张学良和夫人暂时留住在台北寓所休养，是年 8 月中在寓所接受了日本 NHK 广播协会记者的专访。在采访当中，日本记者突然向张将军提问："先生在年轻时受谁的影响最大？"张将军不假思索地回答道："是张伯苓先生！"接着张将军回忆了早在 1916 年他还是一位年仅 16 岁翩翩少年的时候，在故乡沈阳聆听了张伯苓先生的一次讲演，张伯苓的讲话十分感人，使他内心受到强烈的震撼。

　　1916 年 10 月底，天津南开中学校长张伯苓应沈阳基督教青年会的邀请，来到沈阳讲学，在沈阳青年会对青年教友做了一次讲演。讲题是"中国之希望"。这时张伯苓年届 40，正当壮年，办学有成，他创办南开中学已满 12 周年，积累了丰富的对青年进行教育的经验。以他口若悬河的天津话和善于鼓动的激情，打开了青年听众的心扉，掌声一次又一次地震撼了讲演大厅的听众。

　　鬼使神差，谁也不知道在台下听众席中有一位显赫人家的子弟，东北三省督军大帅张作霖的 16 岁公子张学良。此时的张学良正是一位享受优越生活无所作为的富家纨绔子弟，前来听讲只是由于慕名张伯苓的办学业绩，同为基督教教友，抱着好奇心来猎奇的。但在他当时的二八年华，正是青年人憧憬未来征程，为国家和社会的前途踌躇苦闷、思想多变的时期。张伯苓讲到国民对国家的责任时讲出了一句语惊四座的话："中国不亡吾辈在！"在张学良的头脑中引起了震撼。张校长讲道："每个人都要自强，只要人人有了自我，中国就亡不了。我们必须有这么想的气概，不管人家怎么说，自己要有这种信念！"这几句话对张学良竟然丝丝入扣，震撼心弦，对他起到了拨雾指迷的作用。张学良听了张伯苓的讲演词，认识到自己不应该继续沉湎于游乐、做父亲和家庭庇护下的公子哥儿，而是男儿当立志，应该能为国家和社会做些有益的事业。张伯苓的声影在张学良的头脑中深深打下了难忘的印记。

　　"化缘和尚"。张伯苓出于复兴中华爱国心在天津创办了南开大学、南开中学、第二南开女中，又在重庆创办了南开中学。他白手起家创办这 4 所学校，其经费是从社会上一点点募捐而来，由此他得了个绰号："化缘和尚"，用"私立民有"的教育实践，树起教育家丰碑，社会各界感念张伯苓办教育的赤诚，纷纷慷慨相助，使得张伯苓募集了数百万资金，他自己分毫不沾，捐款一一登记建账，账目完全公开化。

　　所有的钱都投入学校，使得学校资产增长较快，员工们的工资一涨再涨，最高的月工资已升至 300 元，然而已成为有名望大校长的张伯苓的工资却一直锁定在 100 元。尽管他为多所学校的发展殚精竭虑，也从不多拿工资，如果领南开中学工资，就不再收南开大学工资，始终坚持一份工资的待遇，过着清贫如水的生活。因公出差，也是坐三等车厢。在市内开会时，张伯苓常常是步行前往。一次散会出来，服务员望着小轿车如云的停车场问他车号时，张伯苓答曰："11 号"。服务员一脸诧异，直到张伯苓走远了，服务员才明白过来。住最便宜的旅店，乃至出门必带臭虫药，那是由于他下榻的简陋馆舍臭虫多之故。张学良将军乘车拜访津门名人，转来转去怎么也寻不到张伯苓住所，几经寻找才在一条晒满了羊皮、散发着恶臭的陋巷中找到张伯苓的简陋平房，张学良万万没想到功绩卓著的张伯苓竟住在贫苦市民当中，深表敬佩。张伯苓退休后，与仅有的一份工资也"拜拜"了，晚年完全靠 3 个儿子赡养。去世时房无一间，地无一亩，亦无存款，口袋中仅有 6 元 7 角钱！

4. 张纯一

张纯一（1871 年 11 月—1955 年 4 月）字仲如，法号觉义/证理，湖北省汉阳县兴隆乡人。早年曾中清末秀才，1904 年在武昌圣公会主办的文华学院教授国文，1909 年，在上海广学会编纂《大同报》，从 1920 年起，在燕京大学、南开大学等校任教。对先秦诸子、佛教、基督教均有较深研究。主要著作有：《晏子春秋校注》（民国 24 年，世界书局）、《墨子集解》（民国 25 年，世界书局）、《老子通释》等。

5. 司徒雷登

司徒雷登（John Leighton Stuart，1876—1962），美国基督教长老会传教士、外交官、教育家。1876 年 6 月生于杭州，父母均为美国在华传教士。1904 年开始在中国传教，曾参加建立杭州育英书院（即后来的之江大学）。1906 年，司徒雷登的独生子杰克也在杭州出生。1908 年，应南京金陵神学院聘请，司徒雷登偕妻儿离杭赴任。1919 年起任燕京大学校长、校务长。1946 年任美国驻华大使，1949 年 8 月离开中国。1962 年 9 月 19 日逝于美国华盛顿。

6. 余日章

余日章（David Z. T. Yui，1882—1936 年 1 月），近代史上非常重要的基督教领袖。湖北蒲圻人，生于武昌（属武汉市）。黎元洪的英文秘书，孙中山的热情追随者；天下第一首革命歌曲的作曲者，中国最早"红十字会"组织的创立者；"平民教育之父"晏阳初的启蒙老师，蒋介石与宋美龄的证婚人。幼入基督教。曾就读武昌圣公会附设小学。

1895 年，进武昌文华书院。后入上海圣约翰大学。1905 年毕业后，回鄂任文华书院体育教员。创办《文华学界》月刊，参与营救日知会被捕志士刘静庵。

1908 年秋，赴美，靠美国传教士资助在哈佛大学研究院主修教育科，得硕士学位。

1910 年，毕业获博士学位，就任北美基督教学生大会副总干事。

1911 年回国，任文华大学附中校长，在汉口首创中国第一届夏令营。

并积极参加政治活动，辛亥武昌首义时，创办红十字会，自任总干事，率员赴前线救护；

又任黎元洪的英文秘书，参与外事活动。

时清海军统制萨镇冰率领清水军抵汉，欲炮轰武昌，曾亲持黎元洪书面呈萨镇冰，劝其反正。

1912 年，应教育部长蔡元培邀请，参加第一次全国教育会议，充任北京《英文日报》助理主编。

1913 年，任中华基督教青年会全国协会演讲部主席。

1913 年 5 月，出席世界学生青年会第八次会议。会后漫游欧洲各国。

1915 年，参加中华实业团并兼任秘书。

1917 年，任全国青年全国协会总干事，连任十七年，并兼任中华全国基督教协进会会长。

1917 年，曾参与孙中山《建国方略》的撰著工作。

1919 年，出席纽约青年会干事会议。

1921 年，赴美国华盛顿，参加裁军与远东问题国际会议。又任上海工部局顾问、赎回山东铁路协会书记等职。

1921 年，获上海圣约翰大学文科博士学位。

1923 年，任中华全国基督教协进会会长。

1924 年，去美出席青年会国际会议，对帝国主义的侵略本性没有认识，抱有幻想。

1927 年，赴檀香山参加太平洋国民会议时，曾"劝导"侵略中国的日、英、美发"善心"。1927 年 12 月 1 日，蒋介石和宋美龄正式联姻，在上海结婚。宋家信仰基督教，宋美龄本人参加过基督教女青年会的工作。在向社会公开举行婚礼之前，必先举行一次宗教式的婚礼。余日章受蒋介石和宋美龄延请，在宋美龄住宅西摩路，为他们按基督教宗教程序，举行了宗教式的婚礼。这次婚礼有些特别，参加的人员很少，证婚人却有五人之多。谭延闿、吴稚晖、蔡元培、何香凝等均为当时的军政要人。后来在大华饭店举行的中国世俗婚礼上，余日章与蔡元培一样也是证婚人之一。

1932 年 8 月，美国治病时，曾面见美国国务卿史汀生，"劝导"美国对侵华有所遏制。1933 年闻山海关失守，猝然患脑溢血，延至 1936 年 1 月病逝。①

二 《蒙古问题》

20 世纪 80 年代由内蒙古语委处级干部布日诺，通过他的妹妹（当时在国家图书馆工作），在国家图书馆发现了《蒙古问题》一书，后通过达斡尔学会印制为单行本（内部印制），在达斡尔学会研讨会上交流，此书由此传播开来。②

（一）写作背景和时间

《蒙古问题》写于 1923 年，又名为《黄祸之复活》，由近代著名思想家梁启超和内蒙古人民革命党的中央执行委员会委员长白云梯（白云梯后去了台湾）为本书的出版写了序。

（二）原文节选

第一章 绪论

第三节 本书之主张

夫蒙古既为世界问题，则其观察点不能不提出关乎世界之要项，以为研究与解决之对象。本书即抱此目的，用客观之叙述，不敢杂以感情。其对于蒙古，对于中国，对于世界，皆发挥互相了解互相扶助之大义，亦未敢提倡极端之世界主义与极端之民族主义。若期达到此

---

① 百度百科：余日章。
② 阿日亚口述，2014 年 1 月 15 日晚。

种目的，非从教育文化着手必不能收效，其结果画饼充饥耳，掩耳盗铃耳。故本书之主张，反对用武力与外交解决之失当，即以建设蒙汉大学，恢复两族间之情意，认为解决蒙古问题之根本政策。吾国人士嗤此计划为纸上谈兵与书生迂论乎。请看十年来蒙古之逐鹿，究竟死于谁手，而将来觉醒之蒙古，究呈何等现象，有识之士若不河汉斯言，则本书之作，其对于世界和平之历史，或放一线之曙光亦未可知耳。

第三章　中国与蒙古独立

第二节　徐树铮之经略外蒙

自一九一七年红党起事以来，俄国自顾不暇，对蒙古势必放弃。惟白党鄂特曼（为俄国西伯利亚武官之名称如中国之元帅将军然）谢米诺夫、巴龙恩琴等联络蒙古运动其建设独立国。时徐树铮藉段祺瑞参战督办之余威，被任为西北筹边使。旋外蒙政府震于俄国之内乱，迫于中国之权势，遂有请兵保护之谣言。于是徐树铮带军莅库，不久活佛呈请撤治之呈文送达于北京政府，时一九一九年十一月十七日也（民国八年）。外蒙自治撤销后，历时不久将外蒙之政府全行改组，拟设八厅，一总务厅，二财务厅，三商运厅，四邮传厅，五垦牧厅，六林矿厅，七礼教厅，八兵卫厅，先设立总务兵卫财计三厅，将外蒙所有政治机关均并入之。自徐树铮失败后，陈毅接任，其事权之重，视前更加甚焉。是为中华民国利用第二派武力作用解决蒙古问题之始。

第三节　陈毅之治外蒙

一九二〇年九月十日特任陈毅为库乌科唐镇抚使，管理库伦、恰克图、乌里雅苏台、科布多及唐努乌海各部民政事务，兼管喀尔喀四盟事务，并统辖属境内驻扎各军队，蒙旗警备队及一切军政事务。是为中华民国利用第一派政治作用解决蒙古问题之始。至此蒙古问题可以认为完全解决，而满清季世经营蒙古之政策，二次演于库伦矣。

一九二〇年八月间，在库伦又发生蒙古王公勾结鄂特曼谢米诺夫惑煽活佛二次独立之谣言。于是莽赖王、哈丹巴格图尔王二人被认为倡首，严加软禁卒为囚死。不久将活佛移住使署左近卫队旧司令部内。其被认为肇乱之喇嘛王公等，亦同时捕获看守。于是人心惶惑，外蒙之风云日紧一日。而白党之侵入确成事实，卒于一九二一年二月三日遂有巴龙恩琴攻破库伦救出活佛之运动。未几，恰克图亦为红白二党攻破，旋由红党借剿除白党为名，进兵蒙古攻占库伦，并派兵四出。于是白党之足迹，中华之兵力，完全由外蒙扫除，遂组织外蒙国民政府，蒙古之二次独立果成为实事矣。

第四节 张作霖之经略外蒙

自白党攻破库伦陈使失守以来，国人震惊，征蒙讨贼之声又如鼎沸。于是张作霖督军被任为蒙疆经略使秣马厉兵保打库伦。惜乎，出师未越呼伦贝尔境，而直奉战争从天飞下其兵败出关之日，库伦已为红党囊中之物。于是劳民伤财惨淡经营之蒙古问题，又复归于满清末造民国初时之循环状态。今后当恃何派解决国人不言可知矣。

第五章 蒙古与世界

第二节 蒙古之物产

自马克思经济史观出世以来，说明人类之进化与道德均赖物质而发达。然物质也，经济也，均随物产而消长。故无充量之物产，虽有奇妙之发明与平均之分配，究何补于人类物质而言之，人类之进化与道德实因物产之丰富以发达者也。蒙古之物产以矿产为最富，惟皆宝藏于地尚无影响于世界。农产物因未实垦辟亦无出产可言。其中最关紧要者厥为牲畜。蒙古民族至今仍为游牧，故其衣食住三项均赖牲畜之出产以维持之。其所养牲畜以马牛羊驼为大宗，其牧法均随水草而迁移。每家所有羊群多者以数万计，少者以数百计。马牛群多者以数千计，少者以数十计。驼群多者以数百计，少者以数头计。贫者亦必有牛数头，羊数头以为常。一九一五年由中国方面输出者，牛约三十七万头，羊一百二十万头，羊毛一百万斤。一九一八年统计，外蒙自治区城内，驼三十万头，马一百五十万头，牛一百四十万头，羊九百五十万头。由此可知蒙古牲畜之丰富矣。

夫人口繁庶则荒地日辟，牧场日缩，于是牲畜产额亦必随之减少。譬犹矿物之开采，日多则其全量之日减然。故美洲及澳洲之牲畜渐有衰弱之势。然人类之需要肉乳脂油皮革毛绒等，一日不可或缺。故蒙古之牲畜稍加改良则必成为供给世界之特产。凡稍有眼光之中外实业家无不洞鉴在胸。此蒙古之物产关于世界问题者二也。

第四节 蒙古之文化

蒙古之民族以野蛮见称于世界各国。蒙古之土地以荒苦见弃于有识之士。今忽提出蒙古之文化岂非使嫫母效矉徒贻笑于人乎？然试想像有一国焉，其疆土有五千万方里，其居民有五百万人口；察其政府则除寺庙辉煌别无所见也；考其政治则除顶翎相夸不知其他也；询其城镇则告以山川草野；问其产业则指示马牛羊驼；入其境毫无警察侦探之苦，然而盗贼绝迹

郭道甫"致蒙古青年论立身处世之五种德性"

外蒙青年党诸君鉴：诸君悯于吾族之黑暗，不忍同胞之坐亡，奋臂齐起扫清旧习，建设国民政府，组织青年党派，励精图治，改造蒙古，此诚吾蒙古民族扬眉吐气，名震世界之秋，凡我蒙古青年莫不额手相庆，闻风响应者也。愚实膜拜赞叹五内感佩之不暇，亦何敢吹毛求疵，以小人度君子耶？惟念诸君任重道远，关乎吾民族之兴废存亡，兹将区区私见不得不为诸君一陈之。盖自挽近以来，学说纷兴人心大变，宗教道德之力，既不足以维持风化，而假公济私之徒，反可以扰乱社会。故口唱共产劳工之说，而自肥私囊偷闲游玩者有人焉。手举自由平等之旗，而自行专横无所不为者，亦有人焉。诸君偶一不慎误蹈此弊，则不独不能救我民族，势必堕落苦海失去人生趣味，岂独苦人哉，亦特自苦耳。故吾辈青年苟欲救我民族救我个人者，无论其信何种主义，属何种党派，决不可缺少下列五种德性。

一　真　人类最贵之天性，莫过于良心。人事最大之成功，莫过于良能。然欲保存其良心良能，亦不外乎诚实不欺，行所当行而已，所谓率真不昧者是也。吾辈青年对于此点苟不立定脚根，奋发振作，则随今日尔虞我诈假仁伪善之潮流，以底于沉沦，岂不痛哉。

二　爱　人生快乐之源泉奚自起乎？起自活泼纯粹之爱情而已。宇宙之究竟奚于终乎？终于完成活泼纯粹之爱情而已。于是男女之恋爱也，母子之恩爱也，爱国爱世也，爱救颠连困苦也，爱享和平幸福也，得之则快乐，失之则痛苦。所谓富贵荣华者，不过为人生之一种剩余，而非人生之真正目的。故人生之生活。亦可称为爱之生活。

三　敬　人与人处，必有礼节。社会之成社会，必赖秩序。且欲保持个人之人格，则必先保持他人之人格。所谓敬者乃所以尊重人与人之关系，而维持社会间之安宁也。今人不察，辄以自由平等为口实，而放弃礼节秩序，以牺牲温良恭让之人生生活，亦可谓矫枉过正矣。

四 勤 宇宙者进化之宇宙也，人类者劳动之人类也，衣食住也，不劳动则不充足。思想艺术也，不专精则不进化。故宇宙与人类均以优胜劣败自强不息为原则。而吾人真实之生活，亦必得于劳动之中。今共产党人使劳农专政，视工做为交换衣食住之条件，良有以也。

五 俭 今日之世界，争取夺利互相残害之世界也。然究其原因，诚以近人沉于物质文明，陷入奢华生活，而致富悬绝，分配不均，终日醉生梦死于争杀攘夺中耳。今欲矫正此弊，必当提倡节俭主义，无论对于个人与社会，均以合度适量为标准。凡人事贪多无厌，虚饰粉华之陋习，誓必洗涤净尽，以恢复人类有限之精神。则太富太贫之阶级，自能消灭于无形。堕志落魄之苦海，亦能化而为勒土。于是乎虽不讲共产，而世人之所有财产，亦自用之不尽，取之不竭矣。西文经济一字兼含节俭之意，岂徒然哉？

以上五种德性虽不能包括人生所有美德，然吾辈青年苟能心会力行，则不独能救我自身救我民族，即世界人类亦需此种青年之出而改造之也。诸君乎，视此五德为难能而不易修乎，请看现世之吾蒙古民族，即有此五德者也。再请读吾蒙古历史，凡吾成吉思汗、温都尔活佛（即哲布尊丹巴之第一前身）等，亦有此五德者也。吾辈青年既有此宝贵之遗产，又何乐不发挥光大之乎？甚愿诸君，时加深思，先养成此种人格，则吾蒙古民族必不难恢复昔日之光荣。此亦责备贤者，百尺竿头更进一步之意耳。望诸君辱赐垂察实不胜感慰之至。此启。

（三）著作中相关人物

1. 徐树铮

徐树铮（1880—1925），字又铮，号铁珊，汉族，江苏省萧县醴泉村（今属安徽省）人，北洋军阀皖系名将，陆军中将加上将衔、远威将军。因1919年派兵收复外蒙古而声名远扬。1925年12月11日徐树铮考察结束回到上海，12月29日晚乘专车离开北京南下，途经京津间廊坊车站，被冯玉祥部张之江劫持，于12月30日凌晨被杀，时年45岁。著作有《建国铨真》《视昔轩文稿》《兜香阁诗集》《碧梦庵词》等。

2. 陈毅

陈毅（1873—？），字士可，湖北省汉阳府黄陂县人，中华民国政治人物。他是北洋政府官员，曾在外蒙古任职。清朝的附生，毕业于湖北两湖书院，此后历任学部参事、图书馆纂修、法律馆纂修、宪政编查馆统计科员。中华民国成立后，他历任北京政府总统府秘书、蒙藏事务局参事、蒙藏院参事。1914 年 9 月至 1915 年 6 月，陈毅作为北京政府全权专使顾问，参与了签订《中俄蒙协约》的恰克图谈判。1915 年（民国 4 年）6 月，他任乌里雅苏台佐理员。1917 年（民国 6 年）12 月，他任库伦办事大员。1919 年 12 月，库伦办事大员被裁撤，陈毅奉调回到北京，改任将军府豫威将军。1920 年（民国 9 年）8 月，他任西北筹边使兼西北边防司令兼督办外蒙善后事宜。9 月，他转任库乌科唐镇抚使。1921 年 2 月，蒙古军和恩琴的俄国白军联合攻击库伦。陈毅率军防守败北，库伦陷落。同年 3 月，陈毅的职务被罢免。以后陈毅的生平不详。

3. 谢米诺夫

谢米诺夫（1890—1946），俄国外贝加尔省人，哥萨克首领，原白卫军中将。俄国十月革命后，组织反革命武装，反对苏维埃新政权。1917 年 11 月 14 日苏维埃政府宣布对德停战的当天，日本驻满洲军参谋部便与在满洲里对苏维埃宣战的哥萨克谢米诺夫大尉取得联系。日本参谋本部荒木贞夫中佐当时作为欧洲战线参战武馆正驻在俄国，也和谢米诺夫反革命军勾结起来。1918 年 1 月 12 日，日军两艘军舰一保护侨民为借口非法驶入海参崴，继而又派陆战队登陆，解散当地苏维埃政府。1918 年 4 月 6 日，到中东铁路沿线海拉尔、昂昂溪拼凑"义勇军"4 个营，开赴满洲里。在日本支持下，成立了"外贝加尔地方临时政府"。8 月初来哈尔滨，与"捷克叛军"商议进兵问题。8 月底率兵攻打赤塔后，将"外贝加尔地区临时政府"迁此。关于日本出兵问题，8 月 5 日，日本发表出兵海参崴宣言。13 日，日军 5000 人向满洲里进发。24 日，北京段祺瑞政府也发表出兵海参崴宣言，以第九师魏宗涵一部开往。同日，日本擅自派兵警戒中东路，与当地中国军队发生冲突，中国军队被迫撤离。日本还要求中国东省护路司令听从日军司令大谷的指挥，未得到北京政府的同意，日军勾结白匪谢米诺夫及蒙匪扰乱中东路沿线地区，反而责难中国军队无力护路。

1919 年 3 月，在赤塔召开大蒙古大会，宣布成立一个由包括中国内蒙古和呼伦贝尔在内的"大蒙古国"。尊外蒙古库伦活佛为国家元首，妄图分裂中国。在日本支持下，企图占领中东铁路。1920 年 1

月，擅自在赤塔建立俄国东部边区政府。1921 年 5 月在满洲里组织"政府"。后逃到日本避难。1923 年 6 月 28 日，乔装来哈尔滨，召集秘密会议，串联白党，企图恢复其在远东的势力。7 月 7 日，秘密离开哈尔滨去上海。九一八事变后，又返回哈尔滨，受日本特务机关雇用。1945 年日本投降后被苏军逮捕，1946 年 8 月 30 日，被苏联政府判处绞刑。

三　《新蒙古》

20 世纪 80 年代，《新蒙古》一书，由内蒙古图书馆工作的斯日①寻找到此著作。斯日口述："本书可能是"文化大革命"期间南京图书馆清理图书发现有"蒙古"二字就转到了内蒙古图书馆。"因此在这里要特别感谢南京图书馆赠予。

（一）写作背景及时间

《蒙古问题》与《新蒙古》同写于 1923 年，《蒙古问题》梁启超的序写于 4 月，本书的写作时间和完成时间应在 4 月之前，而《新蒙古》是自序，写于 11 月 20 日，在北京完成。《新蒙古》写的是外蒙古。这就是外交部部长王正廷②派郭道甫考察外蒙的成果。郭道甫在《新蒙古》的自序中写道："记者遂于一九二三年六月间，藉北京蒙藏学校派员前往外蒙招生之便，亲到库伦。蒙外蒙各界招待甚厚，迟至九月间，始克回京。兹将亲见亲闻情形据实写出。一面披露外蒙国民政府改造蒙古之成绩，一面打破外人从中间之黑幕而促进中蒙接洽之机会。此亦关心蒙古者所快睹矣。"此段自序说明了《新蒙古》是他外蒙的亲历亲闻，而且是"据实写出"。《新蒙古》的"新"字，笔者认为是为了区别于《蒙古问题》这部著作，因是写于同年，又都有"蒙古"二字，《蒙古问题》是一部既谈蒙古问题也谈外蒙问题，而《新蒙古》就是专门写外蒙的专著，也就是王正廷派他考察外蒙的成果。

---

① 郭道甫外孙女（郭道甫大女儿的二女儿），现已退休。
② 1922 年 12 月 6 日被任命为北京政府外交总长。

（二）　原文节选

一、外蒙独立运动之始末

外蒙之区域，南界内蒙，西南界新疆，北界西伯利亚，东北界黑龙江。其位置原与中国本部有鞭长莫及之势。其民族均属于喀尔喀一系，而共戴哲布尊丹巴胡图克图为其归向之中心，故能自成为一体，较他处蒙古彼有团结力。

自前清末年，备受疆吏之苛待，人心离散，已达极点。乃于一九一一年冬，乘中国革命之机会，喀尔喀各汗王公喇嘛等秘密会集，共推哲布尊丹巴胡图克图为其君主，驱逐满清官吏，实行宣告独立，建设为蒙古帝国。

一九一五年，中俄蒙在恰克图开三方会议之结果，外蒙古被中俄两国承认为完全自治区域，乃戴哲布尊丹巴为博克多汗，自设自治政府以统治之。一九一九年，北京政府特任徐树铮为西北筹边使，旋将外蒙古之自治权，一概取消之。一九二〇年，俄国白党之败将巴龙恩琴率部下，侵犯库伦。乃于一九二一年春攻破之后，驱逐中国军队，仍利用哲布尊丹巴胡图克图，恢复其君主名义，而自操纵其主权，俨然为外蒙古之皇帝矣。

晚近数十年，民族主义风靡全球以来，蒙古民族亦受其影响，蒙古统一之呼声已遍于蒙地各处。于是一九一九年，俄国白党谢米诺夫利用其心理，乃召集布里雅特内外蒙古等处之蒙人代表，准其在达乌里（在满洲里之西，相距一百五十余里，为俄国边防重镇）。组织蒙古民族之中央政府。暂设内部陆军财政及外交四部，而统之以内阁总理，以便号召。后因不受其指挥，又自行摧残之。

同时外蒙自治政府亦被取消，于是蒙人政治上之主权，在地球上剥夺殆尽。遂引起一部分蒙人，组织蒙古国民党之机缘。凡外蒙古之青年志士与布里雅特蒙古之志士等互相联为一体，在恰克图组成蒙古国民党本部。召集蒙古军队，于一九二一年春攻据恰克图城，建设蒙古国民临时政府，与巴龙恩琴所恢复之库伦专制政府，相对而立。旋即知照苏俄双方合力会剿，乃于一九二一年夏进取库伦，将白党巴龙恩琴之党羽除灭之。

自此蒙古国民党员，组织正式蒙古国民政府，乃承认哲布尊丹巴胡图为其君主，惟限制其权力，几等于无，不过徒留其虚名以收拾各级蒙人归附之心而已。其下设内务陆军财政司法外交五部，组成为国务院，而设国务总理以统率之。各部设总长一人，主事员一人，秘书员一人，书记员若干人。其为特别机关直接为国务院之分子者，一曰蒙古国民党中央执行委员会，一曰蒙古革命青年党中央执行委员会，一曰学术馆，一曰审查司，一曰国民合作公司中央执行委员会。此外教育司则兼设于内务部，税务司则附属于财政部，警察司则亦属于内务部。惟尚有统治全境之军务，而操纵其大权者，厥为蒙古全军参谋部是也。其下设内防处以防内乱之发生。

（三）著作中相关问题

1. 著作中的相关地名

恰克图，俄语意为"有茶的地方"。俄罗斯布里亚特自治共和国南部城市。在俄蒙边境，西距纳乌什基车站 35 公里。人口 1.53 万。原属中国。1727 年建为要塞，次年 6 月，中俄在此签订了《恰克图条约》，并划定两国以恰克图为界。旧城归俄，即恰克图。19 世纪后半叶以前曾为俄国同中国贸易的中心。有公路通乌兰乌德及蒙古乌兰巴托。有纺纱及针织厂等。

2. 哲布尊丹巴呼图克图

哲布尊丹巴呼图克图（藏语：Rje Btsun Dam Pa；蒙古语：Javzandamba Hutagt；英语：Jebtsundamba Khutughtu），简称为哲布尊丹巴（一作折卜尊丹巴），蒙古语亦称温都尔格根（高位光明者）、帕克托格根（圣光明者）或博格达格根，是外蒙古藏传佛教最大的活佛世系，属格鲁派，于 17 世纪初形成，与内蒙古的章嘉呼图克图并称为蒙古两大活佛。是与达赖喇嘛、班禅额尔德尼、章嘉呼图克图齐名的藏传佛教的四大活佛之一。

札木萨（1635—1723）
二世：哲布尊丹巴·罗布丹彬多密（1724—1757）
三世：哲布尊丹巴·伊什丹巴尼玛（1758—1773）
四世：哲布尊丹巴·罗布藏图巴坦旺舒克（1775—1813）
五世：哲布尊丹巴·罗布藏楚都木济克默特（1815—1842）
六世：哲布尊丹巴·罗布藏巴勒垫丹拜佳木粲（1842—1848）
七世：哲布尊丹巴·凯珠布丹桑（1850—1869）
八世：哲布尊丹巴·阿旺垂济尼玛丹彬旺舒克（1870—1924）
九世：哲布尊丹巴·蒋巴南卓（1936—2012）

四 《蒙古问题讲演录》

（一）写作背景和时间

关于《蒙古问题讲演录》的背景，伊敏①在 1992 年 10 月的论文中做了解释，"是 1929 年 8 月郭道甫先生应邀在沈阳召开的'太平洋国交讨论会'第三次预备会上的讲演稿。是郭先生数十年来研究蒙古问题的结晶。"② 1929 年冬，出版了《蒙古问题讲演录》③。

（二）原文节选

四、蒙古民族之运命

吾人对于蒙古问题，由上述之各种事实，及观察法，可得一种有系统之观念。兹吾人所欲研究之要点，即蒙古民族之运命，究竟何如，想必吾人最乐闻之有趣问题也。爰将余之管见，略一述及，以为本讲演之结论。

甲 现代蒙古民族不能建设独立国家。查近世真正独立之国家，必有文化高尚，科学发达之国民，与能够供给本国之军队劳工，并有对外之自由港口，始足以言完全平等之国际地位。今蒙古民族方面，物质文化之落后，人民户口之稀少，与夫荒漠土地之被人封锁，皆无自行发展之希望。况有国际上之纠纷，决不使蒙古民族，再有元朝时代之奋飞事业。故今日蒙古民族方面，不独内蒙及布里雅特等处，毫无此等局势，即现在自称为独立平民共和国之外蒙古，亦不能长久保存。将来不为苏俄之附庸，则必复为中国之领土。故余敢断曰，现代蒙古民族，不能建设独立之国家。

乙 蒙古民族与他民族联合之问题。夫现代蒙古民族，既不能建设独立国家，则与他民族联合也必矣。然而吾人观察所得，凡一文化落后之弱小民族，与他文化高尚之民族联合之时，不独终归同化，其结果必致灭亡。惟与程度与能力相差稍近者，其所给平等之待遇，亦

---

① 郭道甫四女儿。
② 伊敏：《评蒙古问题讲演录》，1992 年油印论文。
③ 郝维民：《刍议郭道甫与蒙古民族问题——纪念郭道甫诞辰 110 周年》，内蒙古自治区达斡尔学会编《达斡尔族研究》第八辑，内蒙古大学出版社 2005 年版。

较为优越，此种举例，在在皆是。今举俄罗斯日本与汉族之国势程度以观察之，则汉族一方面，最属薄弱，此对于蒙古民族较为有益者一也。且汉族方面，对于蒙古民族，虽为优越，然与世界列强比较之，仍为帝国主义之下被侵略之东方弱小民族之一，此与蒙古民族同病相怜者二也。至若汉族自古称为仁义道德之邦，对于四邻，本无吞灭之野心，此蒙古民族应当亲善者三也。其他对于历史上地理上经济上文化上各方面。蒙汉两族之关系，尤为密切之至，此蒙汉两族相互联合，相互扶助之必要，更比俄日为亲切也明矣。

　　丙　汉族与蒙古民族。且夫汉族之有益于蒙古民族也，余已言之矣。而汉族方面之自负为蒙古民族之保护者，亦必大有人在。然余以为汉族之有待于蒙古民族之扶助者，实较甚于蒙古民族之有待于汉族也。何则，盖汉族为四五千年来之最老民族，当其血统衰弱，萎靡不振之时，必有西北民族代起而征服之。然而所征服之西北民族，文化既低，人数又少，不久必为汉族所同化，而重新建设光荣之朝廷，此秦汉以后之北朝，唐末之回纥，宋末之元朝，所以表里为用者也。譬如汉族为久经耕种之田地，必需肥料，始有继续收获之希望。如西北民族之蒙古者，正所谓汉族之肥料，此汉族为补益其血统上之衰老起见，必需保存蒙古者一也。中国方面，对于世界，果欲达到真正自由之地位，获欲打倒任何帝国主义之侵略，则对于东西两大邻国，必有一番最激烈之争斗。而此两大邻国者，皆以陆军驰名于全球者也，故对于此种争斗，必需精选之骑兵，始有必胜之把握。此汉族为组织其最良好之骑兵起见，必需保护蒙古者二也。现在中国人口，已占全世界人口四分之一，其将来增加，必为意想中事。即目前之中国本部，已有人满之患，而对于世界方面，又无移居之殖民地，此其需要蒙古之土地，为何如耶。然而蒙古民族者，仍为蒙古土地之主人翁，故欲得其土地，必先联合其主人翁，此汉族为预备将来之拓殖起见，必需保存蒙古者之三也。

（三）著作中相关问题

布里亚特人（英语：Buryats，俄语：Буряты），蒙古人的一支，属蒙古人种西伯利亚类型，又称"布里亚特蒙古人"，也叫布拉特人。布里亚特人总人口约 43.6 万，现主要分布在俄罗斯、蒙古国和中国的一些地方。

其中，俄罗斯有 42 万多人，蒙古国有 4 万多人，中国有近 8000 人。俄罗斯境内的布里亚特人主要分布在俄罗斯联邦的布里亚特自治共和国，部分分布在赤塔、伊尔库茨克等地，是西伯利亚地区较大的少数民族之一。布里亚特人地方的蒙古族，使用布里亚特语，分东西两大方言，属阿尔泰语系蒙古语族。从 18 世纪起使用老蒙文，于 1931 年创制以拉丁字母为基础的新拼音文字，1938 年改用斯拉夫字母。

布里亚特人原信萨满教，东贝加尔湖地区的居民则多信喇嘛教，名义上信仰东正教，实际上仍保留萨满教残余。

20 世纪 20 年代以来，多由游牧转为定居，文化和生活深受俄罗斯人影响。

俄国十月革命以后，布里亚特人陆续迁入中国境内，并最终定居在内蒙古自治区呼伦贝尔市鄂温克族自治旗境内的锡尼河两岸。

五　《蒙疆国防问题意见书》

（一）写作背景及时间

本著作的写作背景为中东路事件。1929 年 7 月至 12 月爆发的中东路事变可谓是中苏之间最大规模的武装冲突，双方动用的一线兵力保守估计也超过二十万，战事持续达近五个月之久，最终以东北军的失败而告终。郭道甫在本书的第一段写道："自收回东省铁路运动发生以来，轰动全球，群为注目，而苏俄方面则最后通牒，调回使领，发生遣将，集中国境。虽曰作势示威，恐吓我国，然其强硬态度，俨然可见。兹为研究苏俄真情，及其对我方针起见，特将苏俄之阴谋暨蒙疆之隐患，并将如何应付之方法分述如下。"① 郭道甫从五个方面论述了此问题：一是苏俄之对我政策及其现状；二是东路问题与蒙疆之关系；三是苏俄操纵外蒙及其阴谋；四是预防内蒙之办法；五是收抚外蒙之两种办法。

本书写于 1929 年，刊登在《蒙旗特刊号》上。

（二）原文节选

二、东路问题与蒙疆之关系。苏俄政府之对我政策，虽以利用我

---

① 奥登挂编：《郭道甫文选》，内蒙古文化出版社 2009 年版。

国革命运动，而发展其赤化世界之政策为目的，然非脚踏实地决无相当之效果。故沿用掩耳盗铃之故智，藉扫除俄国白党为口实进兵外蒙，以占领对我军事上之门户。继而以表示亲善为捷径，恢复国交，获达对我宣传赤化之目的。一面操纵东省铁路，以树立对我经济上之基础，然后始能大肆活动，以遂其牺牲我国反抗世界列强之初心。凡此种种，人所共知，苏俄绝对不能避讳者也。而我国当局，对于苏俄此种阴谋采取极端反对之态度。今之收回东路以杜后患，亦实为国人共同之心理。但蒙疆国防问题，苟无彻底解决之方法，反被苏俄利用，而受其煽动，则不独收回东路问题不能成功，而我国北方风云从此复起，对于我国之统一又增无限之波折，实有可虑之处。何则？盖外蒙自第二次独立以来，完全受苏俄之操纵，名为独立国家，实际则苏俄之附庸耳。故外蒙政府毫无独立政策之可言，凡所设施完全随苏俄之政策而转移。若蒙人对于苏俄政策稍有反对，则必受其残酷之取缔。数年以来，外蒙当局之屡次被杀，及去岁外蒙国民党委员长丹巴等之倒台及其被害，即明证也。故苏俄政府对我外交态度，不诉诸武力则已苟以兵戎相见，则必唆使外蒙实行进兵内蒙，使我呼伦贝尔、哲盟热河、察哈尔、绥远等处首先人于混乱状态，然后坐观形势而筹划南下之战略。此与出兵东路，反引起列强干涉者，挈长较短，实有神出鬼没之妙。彼惯用从中破坏手段之苏俄又何乐而不为哉？此种策略，白俄用之于民国二三年间大收效果，而赤俄用之于民国十五六年间，亦大得效果，几将我国并而吞之。由此观之，蒙疆国防对于收回东路问题实有莫大之关系也。明矣！①

四、预防内蒙之办法。现在外蒙政局，既归苏联操纵，而外蒙之所以能扰乱我国者，缘其易于煽动内蒙故也。预防蒙疆问题，必先以预防内蒙为要务。惟查内蒙现状非常复杂，就目前情形观察之，内蒙各盟旗政权虽属于王公贵族，而其实际则新进青年亦有起之趋势。加以近年以来，蒙汉杂居、产业变化，以致蒙古民众亦呈不安之现象。故内蒙问题，本待彻底改造，以辜边防。然中央方面至今未定治蒙政策。今内蒙各特区虽已改设行省，而王公制度仍未取消。蒙古同胞本当准予民权，而奴隶恶习仍旧保存。且因厉行屯垦放荒政策之结果，

---

① 奥登挂编：《郭道甫文选》，内蒙古文化出版社 2009 年版。

而蒙古民众大有颠沛流离，怨声载道之情形。故不论其王公平民，对于政府俱不满，而其摇摇欲动之心已属可忧。当此之时，外蒙果出兵煽动，则其群起而响应也比矣。且垂涎内蒙者，不仅苏俄也，即野心勃勃之日本亦早有并吞内蒙之计划，而其进行之方法，亦不外乎煽动内蒙，群起反动，然后可以乘机而取之。近十年来，日本之利用内蒙土匪、联络内蒙王公喇嘛以至吸收内蒙青年等举，皆其明证也。此次日俄当局，果有相当之谅解，则唆使内蒙扰乱之危机，不仅起于苏俄方面，再进而出于日本方面亦可知耳。①

（三）著作中相关问题

1. 中东路事件概述

1929 年 5 月 27 日，张学良得蒋介石密电。电文大意是：冯玉祥组织"护党救国军"叛乱，与苏联驻哈尔滨领事有关，让张派人搜查苏驻哈领事馆。张学良立即密电哈尔滨特区长官张景惠（不知读者对此人有否印象，此人土匪出身，后投靠倭贼，任伪满国务大臣达十年之久，其人长于书法而无气节，曾有书法言"日本之兴即满洲之兴"，印于伪满邮票，印象甚深，此为我中华民族之耻，莫忘之！），张景惠即派军警搜查了苏联驻哈使馆，搜走两箱秘密资料，并称苏共定于本日正午 12 时至下午 3 时在哈尔滨苏联领事馆地窖内召开"第三国际共产宣传大会"，以"俄人宣传赤化，显违奉俄协定"为由，在搜查中将前来领事馆的中东路沿线各站、三十六棚地区各工厂职工联合会、苏联商船局，远东煤油局、远东国家贸易局等负责人 39 人逮捕，甚至抓走苏联驻哈总领事，同时封闭了苏联职工会，并强迫中东路苏方正、副局长停职。晚 10 时，张景惠电令"沿线军警严加防范"。29 日，张景惠下令封闭哈尔滨、齐齐哈尔、海拉尔等地苏联领事馆。31 日，苏联政府向南京政府提出抗议。此即为"中东路五二七事件"，成为中东路事变的开端。苏联对此事反应迅速，做好了战与和的两手准备，6 月 5 日，海参崴当局要求释放其在哈尔滨领事馆被捕人员，表示愿意以缩小中东铁路局长权限作为交换条件。13 日苏联增兵海兰泡，吉林省当局亦调兵赴瑷珲增防。17 日苏联增兵满洲里附近，万福麟派第三旅增防呼伦贝尔。6 月 22—25 日，张学良在沈阳召开对苏

---

① 奥登挂编：《郭道甫文选》，内蒙古文化出版社 2009 年版。

会议，决定改编陆军屯兵吉蒙边界，接收中东路方法等问题，7 月 7 日，张学良抵达北平与蒋介石会晤，商谈有关中东路的对策，会谈内容如何，外人不得而知，但蒋肯定对收回中东路表示支持 7 月 10 日，东三省当局在中东铁路沿线各地配置军队，没收铁路电报、电话，查封苏联商船公司、贸易公司、火油公司等，将中东铁路管理局叶木沙诺夫、副局长艾斯孟特等苏联高级官员全部免职，令范其光代理局长，解散苏联职工联合会、共产青年团、妇女部、童子军等团体，逮捕苏联人 200 余名，制造了震惊中外的"中东路事件"。

2. 中东路事件代表性研究成果

王永成学者在《中东路事件再认识》中归纳了学术界的两种观点："中东路事件是民国史研究中一个颇具争议的问题。归纳论者的观点，一种认为：'是张学良挑起的反苏反共的前奏曲'；另一种则认为：'张学良要收回中东路主权，是一次爱国主义行动。'两种观点虽然相左，但研究问题的出发点，却同是建立在张学良与中东路事件的责任关系基础上，或褒或贬，但两种观点却都忽略了蒋介石在其中的作用。中东路事件研究基点的错位，不但使研究对象的历史关系与事实不符，也影响到对该事件性质的正确认识和对张学良公正的评价。"① 王永从三个方面阐述他对中东路事件的分析。

第一，作者认为：蒋介石是中东路事件的主谋

"1928 年 12 月 29 日，以张学良为首的东北地方势力"宣布遵守三民主义，服从国民政府，改易旗帜"。易帜后，东北的政治、军事、财政、外交等诸方面，与国民党政府趋于统一，政治上遵守三民主义，"在财政、军事上受中央统辖，……外交上悉依中央政府之指令而行。"（1929 年 2 月 6 日张学良与日本记者团的谈话）但蒋介石仍觉得张学良虽然宣布易帜，东北还是一个难以插手的独立王国，如能"设法使他陷于对俄的困境，使之必须依赖南京，这样中央政府就能控制他了"（顾维钧回忆录）。另外，蒋介石统一东北后，对苏联在东北的势力非常重视，认为任其发展，有"赤化"东北的可能，"深望能达（和苏联）绝交目的，而复对国内共产党有彻底办法耳"（蒋总统秘录）。因此，于 1929 年初，先后派张群、吴铁城、李石曾等国民政府要员到东北笼络和煽动张学良反苏，

① 王永成：《中东路事件再认识》，豆丁网，2014 年 1 月 24 日。

并答应在军事、财政和外交上给予支持。1929 年 5 月 27 日，哈尔滨特区警务处长米春霖获悉，共产国际在苏驻哈领事馆开会，经东省特区长官张景惠批准，率军警突袭搜查了苏领事馆，逮捕了中东路重要职员 39 人，并缴获了大批文件。蒋介石乘机插手，于 7 月 6 日电令张学良赴京，报告党政诸问题。而此次蒋张会面的核心问题，是"共策外交问题之具体的解决"，即密商中东铁路问题。张学良坦诚表示："东北之态度，以中央之意志，……扶助中央统一政策，以便建设三民主义的国家。"蒋授意张学良"须先取中东路，然后谈判一切问题"。张学良因此对此事"亦多未深悉"。（7 月 6 日在天津与记者谈话）盲目服从蒋介石的命令，于 7 月 10 日下令武装接管中东路，使中苏两国矛盾激化。事后，张学良十分气愤地说："南京只叫我们打，什么也不管，打既然不行，就得和吧，可是南京又不叫我们管和的事，这简直是整我们呀。"可见，中东路事件的主谋，正是蒋介石。

第二，作者认为：奉系军阀与国民党政府同出一辙的反苏反共政策是中东路事件发生的政治根源

如果说蒋介石在中东路问题上对张学良的恣慝和利诱，是激化中苏矛盾、促发中东路事件的动因。那么奉系军阀认同于国民党政府的反苏"反共政策，则是中东路事件发生的政治根源。俄国十月革命建立起第一个社会主义国家，也带来了国际共产主义运动的蓬勃发展，造成了资本主义制度的政治危机。资本主义各国视共产主义运动为洪水猛兽，联合起来掀起了反苏反共的浪潮，中国政府和地方军阀也加入了国际反苏反共的行列。为了限制和扼杀中国的共产主义运动，1924 年 5 月 31 日《中俄解决悬案大纲》第 6 条规定"两缔约国政府互相担任，在各该国境内，不准有为图谋以暴力反对对方政府而成立之各种机关或团体之存在及举动。并允诺彼此不为与对方国公共秩序、社会组织相反对之宣传"。同年 9 月 21 日，奉俄协定第 5 条也有类似的规定。中东路作为共产党主政国家苏联的驻外企业，其管理活动，必然体现共产主义的思想原则，共产党在其内部组织活动，中国政府本无权干涉。况且中国的共产主义运动本源于苏联，两国共产党有着血脉相连的关系，这种关系也必然体现在各种组织活动中。此种客观必然，却为国民党政府及地方军阀所不容。他们在镇压中国共产主义运动的同时，与苏联驻中国机构也屡有冲突。1927 年 4 月 6 日，张作霖主政北京时，就曾以俄国使馆利用外交特权散布共产主义思想为

由，对其进行了突袭搜查，收缴了大量的共产党文件和书刊，并且逮捕杀害了中国共产党北方领导人李大钊。张学良继承父业后，虽然对共产党人的态度上比乃父要温和得多，但反苏反共的基本政策并没有改变。"反共清党"是东北易帜实现奉蒋合作的政治基础之一（易帜艳电）。当然，在东北易帜时，张学良对中国共产党还缺乏明确的认识，有的只是对苏联的仇视。因此，在反苏反共问题上，不可将张学良与蒋介石、阎锡山之流相提并论。但张学良宣布服从国民政府统一领导，同时也就必须接纳蒋介石反苏反共的基本国策。正是由于张学良在中东路问题上，贯彻执行了蒋介石的反苏反共政策，致使中苏矛盾不断激化，最终爆发了"中东路事件"。

第三，评价关于中东路事件的性质

中东路事件的性质，是研究该事件文章中争议最大也是不能回避的问题。避开了对该事件性质的研究，则无从探讨与此密切相关的"十月革命"后苏联对华政策、苏联共产党与中国共产党的关系、国权与外交及对张学良当时政治立场的认识。长期以来，对中东路事件性质的研究，以苏联历史学者提出的"张学良反苏反共说"为主，这种观点被我国史学界所接纳。近几年来，随着理论界的思想解放和对民族英杰张学良研究的深入，一些学者对中东路事件的性质进行了重新研究，他们从十月革命后苏联政府在中东路问题上的对华政策入手，指出苏联政府并没有放弃沙皇政府对中东路控制权的既定政策，中东路仍然是殖民性质的企业。因而得出张学良发动中东路事件，是要收回中东路主权，是一次爱国主义行动的结论。"张学良反苏反共"说是片面的。就中东路事件的责任而言，中东路事件或是或非，其最终责任都不在张学良，因为事件的主谋是蒋介石，张学良不过是事件的组织执行者，将该事件的最终责任归于张学良，犹如将九一八事变对日不抵抗的责任归于张学良一样，对张既不公平，也与历史事实不符。"收回主权"说也是片面的。除了上述"责任关系"外，其立论基础也是错误的。其一，关于中东路的性质。中东路是沙俄政府为侵略中国，东出太平洋争霸世界的需要而修建的，无疑是沙俄对中国殖民政策的产物。但是，俄国"十月革命"以后，列宁领导的苏维埃政府1924年通过《中俄解决悬案大纲协定及声明书》《中俄暂行管理中东路协定》及《奉俄协定》，提出了解决中东铁路问题的原则："中东铁路纯系商业性质；由中苏两国共管；以后允许中国赎回。"根据协定，同年10月中国收回了中东路沿线的司法、民政、军务、警务、市政、税务、地亩（除铁路自用地皮外）等行政主权，实现了中东路的中苏共管。中苏共管后的中东路，同沙俄独占时期相比较，其性质有了根本性的变化，同日本霸占的南满铁路及其他殖民企业相比，有着本质的不同。当然，在中东路问题上，苏联政府并没有履行双方提出的"无偿归还中国"的诺言，使得中东路仍保留着一条殖民性质的尾巴。其二，关于中东路事件发生的直接原因和目的。"收回主权"说者，从中东路实现中苏共管以后，在权力和利益分配不均的状况入手，推论出中东路事件发生的原因和目的都是收回中东铁路的主权。从国家主权方面讲，拖着一条殖民性质尾巴的中东铁路的存在，对于中国无疑是不公平的，中国政府在适当的时机，选择合适的方式，收回中东路主权是完全应该的。但是将"中东路事件"说成是收回主权的爱国主义行动，则缺乏事实根据。以该事件可能有的结果，即武装冲突以中国胜利，实现武力收回中东路主权为立论的潜在条件，则不是科学的态度。

六　《呼伦贝尔问题》

（一）写作背景及时间

郭道甫著作《呼伦贝尔问题》写于 1931 年，这是他离开祖国之前出版的最后一部著作，在本著作的小引中写道："自我国与苏俄绝交以来，我们的黑水黄沙，就成了飞机炸弹的实验场。我们爱国健儿的热血和侠骨，染红了冰天雪地的札兰诺尔和满洲里。我们东北经济上，物质上，所损失的更难以计算。但是我们全国人民，提倡爱国的热烈举动，和拥护公理的勇敢精神，已为世界所共睹。这也不能不算我们中华民国外交史上的一大光荣吧！现在和议开始，言归于好。我们为战神所惊扰的老百姓们，也有了恢复太平的希望。然而兴安岭外的烽燧，和海拉尔城的风鹤，时有可疑的传闻。所以这几天以来，中外各报上常有关于呼伦贝尔的记载。鄙人是呼伦贝尔的人，也是关心呼伦贝尔的一个人，所以也来谈一谈呼伦贝尔的问题。"这段话的缘由写得十分清楚。《呼伦贝尔问题》1931 年在上海大东书局出版。本书分为甲、乙、丙、丁四部分和附录。甲　过去的呼伦贝尔；乙　最近的呼伦贝尔；丙　现在的呼伦贝尔；丁　将来的呼伦贝尔。

（二）原文节选

甲　过去的呼伦贝尔

一、呼伦贝尔的大好山河

呼伦贝尔的位置，是在黑龙江省的西部。著名的兴安岭山脉，就是天然的界限。他的形势，是好像一个躺着的老虎，呼伦湖是他的眼睛，贝尔湖是他的舌头；额尔古纳河是他的脊梁；奇乾金厂是他的尾巴；兴安岭就是他一伸收的四条腿。并且喀尔喀河，自索岳尔济山发源，向西流着，汇入贝尔湖。再出而为鄂尔逊河，乃入呼伦湖。西边又受克鲁伦河，从这里北出而为额尔古讷河。著名的海拉尔，也是河流的名称，实为横断呼伦贝尔全区，而为额尔古讷河上游的大川。凡南半部的河流，都朝宗于海拉尔河；北部的河流，则都分入于额尔古讷河。这些山脉河流，组成了呼伦贝尔的大好河山。土地肥沃，可耕可牧。物产丰富，予取予求。南北长约一千五百余里，东西宽约七八百余里。森林矿藏，尤为无穷。还有最南隅的阿尔山温泉，实为最奇特的天然医院。……这好像由老虎嘴里吐出来的圣灵水珠似的，说起来真是可奇可爱。①

五　呼伦贝尔的过去人物

在清朝时代，索伦骑兵，很为著名；而呼伦贝尔的索伦骑兵，尤为最精，征服台湾和西藏尼泊尔廓尔喀的海兰察将军，就是呼伦贝尔的索伦部落人。朝廷封他为超勇公，呼伦贝尔的人民，都知道他的故事。曾经做过乌里雅苏将军的都嘎尔，是呼伦贝尔的新巴尔虎人，也是满清的一个名将。曾经作过九门提督的郭恒龄，他是呼伦贝尔的达呼尔人，他是打败太平天国时候的一个名将，哲里木盟的僧格凌沁王爷，曾依他为万里长城。至于昌芝田先生，蒙古名为阿拉布坦，他是呼伦贝尔的达呼尔人，也是创造达呼尔蒙古文学的第一个人。他不但精通满汉蒙各种文字，并且效法陶渊明苏东坡等清高人物，挂冠隐居，终身以翰墨自娱。他的诗词歌赋等作品很多，并有游记数种，大半都以满文和达呼尔文做的。他那作品的自然和清逸，即在满清文学史上，也能占很高的位置，不过没有人赏识罢了。可是呼伦贝尔的蒙

---

① 郭道甫：《呼伦贝尔问题》，上海大东书局1931年版。

古人民，和布特哈的蒙古人民，虽妇人孺子，都能应口习诵他的诗歌，并且都能称他为文学宗师，这些人们之外，还有不少的名将名臣，也顾不得细说了。①

丁　将来的呼伦贝尔

三、呼伦贝尔政局与中东铁路问题

中东铁路的西段，横贯呼伦贝尔中部，由满洲里到兴安岭约八百余里，而铁路附近一带，纯为巴尔虎民族的牧场，还没有汉族同胞的田园村庄。除却海拉尔满洲里免渡河三处稍有城市气象外，并没有重镇要塞。不过俄国人民的居住在铁路沿线者，比中蒙人民多些。所以这一段的护路，确系一件重大的问题。呼伦贝尔第一次独立时代。因为那时候护路的责任，完全归俄国主持，他们是赞助呼伦贝尔独立的，所以没有成为问题。等到一九二〇年收回中国护路的时候，呼伦贝尔的完全自治，也跟着被取消了，这是护路问题关于呼伦贝尔政局的铁证。②

五、汉蒙两族合作的关键

我们看一看中外的历史，凡一国里面含有好几种民族的，他们互相的关系，不外乎三种形式。第一种是由征服的民族来统治被征服的民族，各地方都设文武官吏以镇守之。这种办法，是最为专制。并且国家武力最强的时候，才有效力。现在所说的帝国主义，就是属于这种的办法。第二种就是利用异族的人才，以消灭民族观念。譬如秦苻坚③的用王猛，元初的用耶律楚材，清初的用洪承畴，都是属于这种办法。第三种就是就是尊重异族的地位，教他们保存自己固有的言语文字宗教风俗，并且准予政治上的自治条件。满清时代的待遇蒙古，就属于这种办法。现在除却第一种形式不合乎民族自决的潮流外，第二种第三种形式，都有很好的结果。就拿满清时代而论，虽然提倡各族各居的主义，但是最后的结果，满族完全同化于汉族了，回族也有了半同化的趋势。就是蒙藏两族，虽然没有同化，但是也没有打算脱离中国。惟独在满清末年，假借举办新政，以图富强的名义，竟把满

---

①　郭道甫：《呼伦贝尔问题》，上海大东书局1931年版。
②　同上。
③　苻坚（338—385），十六国时期前秦皇帝。

蒙的自治政权来侵犯，这才引起蒙藏人民的恶感。那么外蒙和西藏的
独立，也跟着发生了。自从中华民国成立以来，唱着五族共和，不分
畛域的高调，但是实际上不独不能收到五族同化的效果，反而民族间
的观念，越发的深刻起来。外蒙和西藏的问题，还没有解决，连巴尔
虎和回族也闹起来了，这是什么原故呢？我想这是因为我们各民族间
的隔膜还没有沟通，而且各民族间互助的必要，也没有彻底的谅解
吧？""最好根本的解决办法，还是用教育上的振兴，以谋文化上的
沟通，而教汉汉蒙两族间的隔膜，完全打破，并且谅解了互相扶助的
必要，这才可以谈到彻底解决的办法。这样说起来，东北当局的设立
东北蒙旗师范学校，特以促进蒙古文化为宗旨，并由各旗选取蒙古青
年者，岂仅认为小补吗？由我个人看来，实在是巩固中华民国的最要
政策啊！我深希望这样的教育事业，天天的发达起来。那么蒙藏地方
的纠纷，也就自然而然的消灭了吧。①

（三）　著作中相关问题②

1. 著作中的河流与山川

郭道甫在著作"甲过去的呼伦贝尔，一、呼伦贝尔的大好山河"中
提及了许多河流和山川，对此做一注解：

（1）呼伦湖

呼伦湖是内蒙古第一大湖、中国第五大内湖，与贝尔湖为姊妹湖。位
于呼伦贝尔市。有克鲁伦河和乌尔逊河注入。湖面海拔 539 公尺，面积
2315 平方公里，最大水深 8 公尺。旧时呼伦湖北与海拉尔河相通，湖水
外洩入黑龙江。现已断流成为内陆湖。1958—1962 年因与湖相通的穆得
那亚河被堵塞，湖水上涨 2.5 公尺。近年湖面蒸发量与湖泊补给水量取得
新的平衡，水位又趋稳定。冬季封冻呼伦湖的自净能力与其所处的特殊地
理位置有关，首先湖的面积大，与多条草原河流沟通；其次由于地处高纬
地区，气温低，对湖体浮游生物有一定的抑制作用；值得一提的是湖体构
造特殊，露出 30 余个泉点，有大量地下水的补给。因此，呼伦湖在维持
生物多样性和丰富的生物资源方面发挥着巨大作用，在区域环境保护中具

---

① 郭道甫：《呼伦贝尔问题》，上海大东书局 1931 年版。
② 同上。

有特殊的地位。

呼伦湖在史前已经有人类居住。历史上曾数易其名：《山海经》称大泽，唐朝时称俱伦泊，辽、金时称栲栳泺，元朝时称阔连海子，明朝时称阔滦海子，清朝时称库楞湖，当地牧人称达赉诺尔（蒙古语，意为"像海一样的湖泊"）。而呼伦湖是近代才有的名称，"呼伦"是由蒙古语"哈溜"音转而来，意为"水獭"；"贝尔"蒙古语意为"雄水獭"。古代这两个湖盛产水獭，生活在湖边的蒙古人便以动、植物名称命山、河、湖、泉名称的古老习惯为两湖命名。清初，游牧在湖边的蒙古人开始称呼伦湖为"达赉诺尔"。"达赉"蒙古语意为"海"，"诺尔"意为"湖"，"达赉诺尔"意为"海一样的湖"。呼伦湖湖水的范围变化非常大，在《山海经》《唐书》这些古书中都有记载。呼伦湖以前叫大泽，在汉语文献里面叫很大的湖泊，有时候可能达几千平方公里，但有的时候又很小，比如说在清末的时候，有一段时间它干涸了，就剩下几个小水泡和大量的湿地。从清末到民国时期及 20 世纪 60—80 年代，这个湖又都有一个扩大的过程。

（2）贝尔湖

贝尔湖与呼伦湖为姊妹湖或夫妻湖。贝尔湖又称嘎顺诺尔，位于呼伦贝尔草原的西南部边缘，是哈拉哈河和乌尔逊河的吞吐湖，是中蒙两国共有的湖泊。为淡水湖，湖面海拔 583 公尺，面积 609 平方公里（235 平方里）。盛产鱼类。平均水深 8 米左右，湖面海拔约 583.90 米。贝尔湖，呈椭圆形状，长 40 公里，宽 20 公里，面积 608.78 平方公里。它大部分在蒙古国境内，仅西北部的 40.26 平方公里为我国所有。乌尔逊河从北面把它和呼伦湖连接在一起。湖水为淡水，一般深度在 9 米左右，湖心最深处可达 50 米以上。湖水清澈，为沙砾湖床，是天然渔场。湖内盛产多种鱼类，湖周围为优良牧场。

贝尔湖主要是集纳东南流来的哈拉哈河水而成的湖泊，乌尔逊河水从北面将其同呼伦湖连接在一起，呼伦湖和贝尔湖在草原上有很多美丽动人的传说，有人说她们是夫妻湖；有人说她们是姊妹湖。不管她们是什么，她们永远是呼伦贝尔草原的象征。

贝尔湖的知名度虽不算高，但在历史上却有着浓重的几笔。一位是元代最后一位帝王元顺帝带着残部逃到呼伦贝尔——蒙古族最初的发祥地，朱元璋却不依不饶，派兵一直追到贝尔湖边。元朝终于灭亡，从此退出了中国历史舞台。

另一件发生在第二次世界大战期间，苏军和日军在蒙古湖内的诺门汉展开了激战，其中一次大规模的空战就发生在贝尔湖上空，大量的战机在天上展开了搏斗。

如今的贝尔湖上空，见不到飞机，倒是有许多鸟类在空中飞翔，最多的是灰鹤。湖中的鱼很多，站在湖边的高堤上望去，湖面坦荡，有许多网鱼箱，直径一两米的圆形网箔专用来诱鱼深入，还有一些方形网箱是"转运站"。几长串网箔和网箱组成了一个捕鱼点。不少的鹤也喜欢来凑热闹，姿态优美地站立在网箱上，守株待"鱼"。

（3）额尔古纳河

额尔古纳河是黑龙江的正源，史称"望建河"，是通古斯语（鄂温克语）honkirnaur 的音译，意思的鄂温克江。在《旧唐书》中称为望建河，在《蒙古秘史》中称为额尔古涅河，在《元史》中称为也里古纳河，在《明史》中称为阿鲁那么连，自清代开始称为额尔古纳河。位于内蒙古自治区东北部呼伦贝尔地区，为中俄界河。也有人用现代蒙古语解释额尔古纳为"以手递物"之意，其实这是错误的。

额尔古纳河是黑龙江的正源，上游是发源于大兴安岭西侧吉勒老奇山西坡的海拉尔河，同蒙古境内流来的鄂嫩河在根河口汇聚，向下称为黑龙江。而克鲁伦河流入呼伦湖，呼伦湖以达兰鄂罗木河同额尔古纳河相连，盛水期湖水北流注入额尔古纳河，枯水期额尔古纳河倒灌回流呼伦湖。额尔古纳河本为蒙古帝国时期中国的内陆河，公元 16 世纪末，俄罗斯南侵，康熙皇帝为了同卫拉特的噶尔丹争夺蒙古地区的控制权，匆匆忙忙于1689 年同俄罗斯签订《中俄尼布楚条约》，割地求和，将额尔古纳河以西划归俄罗斯，直至今日，成为中国与俄罗斯的界河。

额尔古纳河全长 970 公里，总流域面积 15 万平方公里，相当于 4 个台湾那么大。额尔古纳河右岸山岭森林，又是一代天骄成吉思汗的故乡。大约公元 6 世纪中叶，铁木真的祖先乞彦氏和白鹿氏从额尔古纳起程，南迁鄂嫩河、克鲁伦河、土拉河三河之源的布儿罕哈勒敦地区驻牧，铁木真1206 年在鄂嫩河畔建立"伊和忙豁勒乌鲁斯"（大蒙古国）后，率领蒙古骑兵南征北战，逐步建立了真正世界的、横跨欧亚大陆的蒙古帝国。

成吉思汗建立蒙古国之前，额尔古纳河地区一直是他母亲的氏族弘吉剌部的游牧地，13 世纪中分封给了铁木真成吉思汗的大弟弟哈萨尔。新中国成立后建立了额尔古纳旗，后来又分为额尔古纳左右旗，在右旗的基础上成立了额尔古纳市。

（4）克鲁伦河（亚洲河流）

蒙古族的母亲河——克鲁伦河亚洲中部河流。发源于蒙古人民共和国的肯特山东麓。在中游乌兰恩格尔西端进入中国境内。流经呼伦贝尔盟新巴尔虎右旗，东流注入呼伦湖。全长 1264 公里，在我国境内 206 公里。流域面积 7153 平方公里，两岸为半荒漠的低山围绕，地表径流不发育，河谷宽约 35 公里，河宽 60—70 米。两岸沼泽湿地多，较高的阶地上生长着优良牧草，牧业发达。洪水期水深 193 厘米，枯水期 70 厘米。11 月到次年 4 月结冰。多水年份，经呼伦池可与黑龙江上游额尔古纳河相通。上游用于灌溉，流送木材。沿岸牧草丰富，自古为重要农牧业地带。与我国黑龙江相接。

克鲁伦河（Kherlen River）发源于蒙古国肯特山中部，注入呼伦湖，是额尔古纳河—黑龙江水系。历史上，克鲁伦河曾称弓卢水、胪朐河、怯绿涟河，清朝至今，称为克鲁伦河。"克鲁伦"在蒙古语中译为"光润"之意，取其转意"发扬光大"而命此河名。克鲁伦河发源于蒙古共和国肯特山东麓，自西而东到佐修奴勒庙附近进入中国境内，向东流经阿敦础鲁苏木、阿拉坦额莫勒镇注入呼伦湖。全长 1264 公里，在中国境内长约 206.44 公里。克鲁伦河两岸被半荒漠的小山和丘陵所围绕，河谷宽 3000—5000 米，河面一般宽 40—90 米，河道比较弯曲，河滩、湿地和沼泽较多，因其流域内多为半荒漠地形，地表径流不发育，故支流较少。水深 2 米左右，以夏秋流量最大，两岸有沼泽湿地分布，水草条件好，为优良的天然牧场。

克鲁伦河流域有着悠久的历史与文化。这里最早见诸史籍的民族为东胡。公元前 209 年，这里为匈奴左贤王辖地。汉代，鲜卑人从大兴安岭的深山密林中走出，这里又成为鲜卑族的龙兴之地。南北朝，这里分布有室韦诸部。隋唐，达姤室韦部、黄头室韦部、乌素固部、黑车子室韦部、蒙兀室韦部等室韦各部由唐朝设置的室韦都统府进行管辖。9—10 世纪，这里成为塔塔尔部的驻地。辽朝，这里是契丹人的辖地。金朝，这里又归东北路招讨司所辖。

1206 年，铁木真统一草原诸部，建立了蒙古汗国，称成吉思汗。将呼伦贝尔草原封给其长弟哈撒尔、幼弟斡赤斤家族为世袭领地。

14—17 世纪，在呼伦贝尔草原驻牧着蒙古四子、乌拉特、茂明安部落。清朝建立后，于 1732 年从布特哈八旗调鄂温克、达斡尔、鄂伦春、巴尔虎兵丁约 3700 人，迁驻呼伦贝尔草原，编为索伦左、右两翼八旗。此外，另有额鲁特蒙古一部，自成一翼，编为一旗。1734 年，清廷从喀尔喀蒙古车臣汗部选出 2400 人，按索伦兵制编为两翼八旗；新巴尔虎左翼四旗驻牧于哈拉哈河、乌尔逊河、呼伦湖东岸及海拉尔河下游两岸，右翼四旗驻牧于贝尔湖北岸、乌尔逊河、呼伦湖西岸及克鲁伦河下游两岸。

克鲁伦河流域是中国古代游牧民族优良的牧场，许多游牧民族在这一流域放牧。古时的蒙古塔塔儿部在这里游牧过，蒙古乞颜部也在这里放牧，乞颜部的首领也速该在克鲁伦河畔被塔塔儿人毒死，也速该的儿子铁木真在这里艰难地成长，开始了"一代天骄"的漫漫长路。

据《成吉思汗》（日·小林高四郎著）书中记载：在克鲁伦河的中岛上，有一座"达翰尔朵"（汉意为行宫）是成吉思汗的大皇后孛儿帖住的地方。关于这座"达翰尔朵"有着这样一个故事。

公元 12 世纪，弘吉拉部落生活在克鲁伦河下游至呼伦湖一带。这里水草丰茂，是得天独厚的天然牧场。据说，弘吉拉部是一个十分奇特的部落，部落没有勇士，但有数不尽的美人和智者。在战乱纷飞的草原上，弘吉拉部不断将美若天仙的女子嫁给有实力部落的首领，密切的联姻关系，使得弘吉拉氏族保持着一种不可思议的超然态度。就在铁木真 9 岁的时候，在其父也速该的带领下到弘吉拉部与德薛禅的女儿孛儿帖定下了婚约。

公元 1179 年，17 岁的铁木真备上了一峰佩戴银鼻圈儿和系有整套缨穗的白驼做领头，9 匹配上玉辔和嵌有宝石鞍子的宝马，还有闲马（途中备换乘的马）二九，牛羊三九，这些礼品称为九九彩礼。顺怯绿涟河而下，经 3 天 3 夜来到了弘吉拉部德薛禅家与孛儿帖完婚。德薛禅当即就在克鲁伦特地为新婚燕尔的铁木真夫妇修建了一座达翰尔朵。

在其后的岁月中，铁木真有过挫折、有过惨败，但更多的还是胜利。每当铁木真要有一次大的行动，他都要带上孛儿帖顺怯绿涟河而下，到草肥水美的克鲁伦，在达翰尔朵住上一段时间，在孛儿帖的精心服侍下，静下心来思谋良策。这里不但是他们的行宫，而且成了筹谋划策的风水宝地。

公元 1201 年，曾与铁木真三次结为安达的札木合的札答兰部，为争夺草原霸主地位，不惜与铁木真闹翻，联合了 12 个部落，组成了有 5 万人马的联军，顺额尔古纳河南下，穿过呼伦湖朝铁木真杀奔而来。

关于铁木真与札木合在呼伦湖东南的这场战斗，史料中曾这样记载："十二部联军中乃蛮部多有擅长'札答术'（巫术）之人，可呼风唤雨。"两军交战确实是在风雨中展开的。就在孛儿帖挚诚祈祷时，两军鏖战正急。铁木真凭着他卓越的军事才能，巧妙地利用了地利人和诸因素，在不利的条件下以少胜多，一举击败札木合的联军。在铁木真其后"以战止杀"的征战中，孛儿帖成了他时刻不离的贤内助。

800 多年过去了，由于怯绿涟河河水的不断冲刷，当年建造在克鲁伦的达翰尔朵，已被河水所包围，成了一座岛屿，岛上的达翰尔朵至今仍依稀可辨。清代将怯绿涟河改为克鲁伦河，除了其他原因，和这座达翰尔朵关。

（5）海拉尔河

海拉尔河，史称海渤儿水。"海拉尔"，蒙古语 hailar，hailas，意为榆木、榆林，古时海拉尔地区又称为榆木川，因此，以地名命河名，这也是北方民族地理命名习惯，位于中国内蒙古自治区呼伦贝尔市境内。海拉尔区是呼伦贝尔市政府所在地。地处内蒙古自治区东北部，呼伦贝尔市中部偏西南，大兴安岭西麓的低山丘陵与呼伦贝尔高平原东部。海拉尔区"三山环抱，二水中流"，形成北疆独特的城市风格。东山、西山、北山形成一个簸箕形状。海拉尔区境内有两条河流，总长 1000 多公里。

（6）兴安岭山脉

大兴安岭主峰索岳尔济山，大兴安岭（Greater Khingan Mountains）位于黑龙江省、内蒙古自治区北部，是内蒙古高原与松辽平原的分水岭。北起黑龙江畔，南至西拉木伦河上游谷地，东北—西南走向，全长 1200 多公里，宽 200—300 公里，海拔 1100—1400 米，主峰索岳尔济山。大兴安岭原始森林茂密，是我国重要的林业基地之一。主要树木有兴安落叶松、樟子松、红皮云杉、白桦、蒙古栎、山杨等。

2. 著作中的相关人物

郭道甫在《呼伦贝尔问题》"甲　过去的呼伦贝尔，五、呼伦贝尔的过去人物"中提及了 4 位呼伦贝尔历史上的著名人物，这里主要介绍两位：

（1）海兰察将军

海兰察（1740—1793），额格都·杜拉尔氏，呼伦贝尔索伦左翼镶黄旗鄂温克人。鄂温克人有这么一句话，"清朝的武是鄂温克人，文是达斡尔人"。海兰察就是清盛世时期鄂温克族的著名将领，杜拉尔哈拉。"海兰察"的意思是"海拉尔的森林"。

乾隆二十年（1755）从军，征战南北。海兰察勇武过人，身先士卒，晋升头等待卫、一等超勇公、侍卫大臣、都统参赞大臣等要职。为维护中国领土之完整，海兰察征战大小金川、西藏、台湾等地，战功赫赫，彪炳史册，乾隆五十八年（1793）病逝于京都，以神威之师入昭忠祀，图形紫光阁四次。海兰察乾隆二十年（1755）随军入准噶尔，平阿睦尔撒纳的叛乱。因功升任头等侍卫大臣。三十二年，作为清军先锋入缅甸作战。三十三年再度出师，屡建战功。三十六年入大小金川（今四川大、小金川流域），平小金川。又从福康安平大金川。四十六年，甘肃、青海回族、撒拉族发动起义，海兰察随军前往镇压。乾隆末年，台湾爆发林爽文起义，清廷派福康安进兵台湾，海兰察在福康安帐下任参赞大臣。五十三年，俘林爽文，解往北京。另一起义领袖庄大田亦被福康安、海兰察俘杀。五十五年，廓尔喀（今尼泊尔）侵扰西藏，入日喀则。次年，海兰察随福康安入藏，败廓尔喀兵，迫使廓尔喀请和。海兰察深得福康安赏识，福康安屡任大帅，均以海兰察为参赞大臣。封爵至一等超勇公。五十六年（1791），廓尔喀（今尼泊尔）在英国殖民势力的支持下，勾结西藏大封建主势力，武装侵略后藏。同年，乾隆皇帝授福康安为将军，海兰察、奎林为参赞大臣，率军征讨廓尔喀。次年，廓尔喀降。

五十八年（1793）二月，清乾隆帝又谕："向来，无乘轿之例，海兰察在军前效力多年，腿有宿疾，著格外施恩，赏令乘轿。"三月，海兰察由藏回京数月后在家病故，乾隆皇帝打破病故不入昭宗祠之例，"念伊军营效力多年，身曾受伤，加恩著入祀昭忠祠，以示朕轸恤军营效力大臣之意"。五月，赐海兰察"武壮"。

（2）昌芝田（1809—?），也作阿拉布丹，阿拉布丹拉布登，号常兴，字芝田，1809 年出生于索伦左翼旗南屯一位文官家庭。著名诗人。他自幼聪颖好学，十五岁时，曾随父亲进京朝见道光皇帝，备受朝廷的关怀。他一生创作不少散文、游记和诗歌，但有不少已经散佚，现在收集到的仅有 27 首。他的诗歌体裁多样，内容丰富。其中有社会方面的教诲诗，如《戒酒诗》《耕读诗》《诲人诗》等；有生活方面的抒情诗《守边卡》《双八乐趣》等；有爱情诗《蝴蝶花的烟荷包》《五色花》等。其中最为有名的代表作当数记游诗《巡查额尔古纳、黑龙江边境录》。该诗创作于19世纪50年代，全诗300多行。1851年阿拉布丹以索伦左旗佐领的身份，奉朝廷之命巡查额尔古纳河和黑龙江边境。《巡查额尔古纳、黑龙江边境录》就是在这次实地考察中创作的。该诗采用达斡尔族民间叙事体歌曲"舞春"的形式描绘歌颂了大自然的秀美风光外，还赞颂了历史上中国人民抵抗沙俄侵略的斗争精神，同时勾勒出今日官兵团结一致、同仇敌忾，誓守疆土的壮志豪情。

　　本章是全书的难点章节，难就难在对作者知识结构综合性的检验，综合性就在于需要有清史、民国史、革命史、清代人物、民国人物、古代历史地理等多方面的功底。郭道甫著作，既注重现实分析，也注重历史追溯，涉及相当多的地名、人名，它是历史变迁的证明，因年代的久远，需做介绍追回记忆。本书目前只能做一个大概的展开，为今后继续深入研究做个铺垫。

第五章　郭道甫与近代历史人物

郭道甫作为民国时期内蒙古历史人物与我国近现代许多著名的思想家、革命家有过密切交往。戊戌变法著名历史人物梁启超为郭道甫《蒙古问题》作叙；1922 年经蒙藏学校校长金永昌的推荐郭道甫担任民国时期我国外交部部长王正廷的秘书；1923 年 6 月考察外蒙古，后去莫斯科，9 月与苏联第一任驻华大使加拉罕一起从苏联回到国内；1924 年应陶行知的邀请，郭道甫参加第三届中华教育改进会年会，会后到广州拜见辛亥革命及我国民族民主革命的先驱者孙中山先生；1925 年 8 月参加第四届中华教育改进社年会，1926 年陶行知先生撰文介绍郭道甫；1925 年经白云梯的推荐担任冯玉祥的秘书；1929 年任东北蒙旗师范学校校长兼张学良秘书。尽管资料极其有限，却可以从散见的资料中，捕捉到郭道甫与近代领袖人物、大师、名家交往的历史痕迹。

一　梁启超与郭道甫著作

在郭道甫著作研究中，提及了梁启超为郭道甫《蒙古问题》写叙之事，写梁启超和郭道甫的这段历史机缘时，脑海中不时会浮现出这样一个问题，像郭道甫一个地处祖国北部边陲，地域如此偏远的呼伦贝尔人，怎么会和中国近代赫赫有名的戊戌变法领袖人物梁启超，有过这样一段珍贵的交往？笔者想多数读者可能也会提出这样的疑问。梁启超 19 世纪所做的大事就是与康有为发动了戊戌变法，他的生卒年代（1873.2.3—1929.1.19），如此推算 1898 年戊戌变法时，梁启超 25 岁，郭道甫才 4 岁，梁启超比郭道甫大 21 岁，梁启超是广东新会人，郭道甫是内蒙古呼伦贝尔人，不论从年龄还是地域，好像他们之间都没有什么必然的联系

（100 多年前的信息和交通是可想而知），缘分的奇妙就在于它的契合点，有缘千里来相会，他们俩是如何相识的？我们先将时间跳跃到 1923 年，25 年后的北平，梁启超 50 岁，（《梁启超年谱长编》写 1923 年梁启超 51 岁，可能按中国传统说法为虚岁）郭道甫已 29 岁，笔者想他们的联系一定与教育有关。"1920 年，为了恢复海拉尔学校和扩建莫和尔图学校，郭道甫进北京、天津……他在燕京大学为五百万蒙古民族教育医疗卫生事业募捐资金"，① "民国十一年（1922 年），郭道甫与呼伦贝尔当局发生分歧，赴北平经当时蒙藏学校校长金永昌推荐任蒙藏学校教员、学监等。"② 从文献资料看郭道甫 1920—1923 年经常往返于呼伦贝尔与北京之间，为呼伦贝尔地区的教育奔走呼号，接触了教育界的名流，如燕京大学校长司徒雷登等。1922 年是梁启超的演讲之年，应邀到北京、天津、南京、济南等各高校和社团进行巡回演讲，梁启超 "先生以七月初旬游济南，并演讲于中华教育改进社"，③ 郭道甫与梁启超会有接触的机会吗？起码要同时在北京，1923 年（民国十二年癸亥）梁启超 "四月，养病于北京西郊之翠微山"，④ "1923 年初，郭道甫携同阿勒精太、什定、富尔格同等三名青年到北平"，⑤ 这期间郭道甫接触社会各界，"并在燕京大学、青年会等应邀讲蒙古问题"，⑥ 1923 年初至 1923 年 6 月郭道甫在北京，6—9 月去库伦考察。梁启超为郭道甫所著的《蒙古问题》（又名黄祸之复活）叙的落款时间是民国十二年四月，这与他们同在北京的时间是吻合的。梁启超在叙中写道 "郭君道甫蒙古之振奇士也。当蒙古人酣睡初觉意太横寓之际，既乘流以扬掖之，复思患而豫防之……"⑦ 以此推测郭道甫与中国近代著名思想家梁启超有过一段不寻常的交往。1912 年为民国元年，民国十二年四月就是 1923 年 4 月，有资料记载：这时梁启超的身体状况

---

① 奥登挂：《短暂而光辉的一生——郭道甫生平简略介绍》，内蒙古自治区达斡尔学会编《达斡尔族研究》第五辑，1996 年（内部资料）。

② 纳古单夫：《郭道甫略传》，内蒙古自治区蒙古语文历史研究室编《蒙古史文稿》第一辑，1976 年（内部资料）。

③ 丁文江、赵丰田编：《梁启超年谱长编》，上海人民出版社 1983 年版。

④ 同上。

⑤ 阿·恩克巴图、额尔很巴雅尔：《我们所知道的郭道甫》，扎森图雅编《风雪录》，内蒙古大学出版社 2010 年版。

⑥ 同上。

⑦ 梁启超：《黄祸之复活》"叙"，奥登挂编《郭道甫文选》，内蒙古文化出版社 2009 年版，第 11 页。

已很不好了，"1923 年春由于妻子癌症复发病逝，梁极为伤悼，此后尿中开始带血。因不愿增家人之累，秘不告人。到 1926 年 1 月，怀疑自己得的是癌症，才同意到德国医院检查。经名医克礼诊察后，发现是尿血症，但始终找不出病原所在。此时的梁启超还未意识到病情的严重，对病情还比较乐观。他在 2 月 9 日给长女令娴的信中说：'其实我这病一点苦痛也没有，精神气体一切如常，只要小便时闭着眼睛不看，便什么事都没有，我觉得殊无理会之必要'"。① 在如此病重的情况下，还为郭道甫的《蒙古问题》作叙，写下了流传后世的佳作，今天看来，太珍贵了，字字千金，也不难推断出梁启超与郭道甫之间有过这一特殊的交往。1923 年梁启超早已是闻名全国的大人物，而郭道甫只是蒙藏学校的教员、学监，民国政府中俄交涉公署咨议处俄文翻译（王正廷任署长），郭道甫一定是为请梁启超给《蒙古问题》作叙，拜见了住在北京西郊翠微山的梁启超，请他为著作《蒙古问题》作叙。

附梁启超《蒙古问题》叙的全文：

"巴黎和会将开，余尝与同志拟议，欲草一蒙古西藏自治案，与山东满洲问题诸案同时提出，盖思彻底的适用民族自决主义，而以我国为天下倡也。既至欧洲睹彼都人士之精神，殊不在是。且对于东方问题，盖扰扰未暇多及，则废然不复欲有，云虽然吾信兹议非久，终须实现也。吾族虽未尝不以地狭人稠为病，而通计全境则调剂之余裕正多，不必利蒙藏之土地以自封殖。蒙藏既各有其民族之特殊与其历史，譬诸家有二幼弟，既已及年，为长兄者宜左右之，使自树立，永保敦睦，而家以荣。而非然者，束缚之驰骤之致相怨，一方势必为室外人所间，而受其敝而已。藏事今方在酝酿中，端兆未露，蒙事则情见势绌，既如彼矣。呜呼，近世所谓帝国主义者，本与吾族固有之大同泛爱之精神相反。而十年来所以待蒙古者，偏欲袭彼已死之灰而燃之，进退失据，固其所也。往者不可谏矣，亡羊补牢犹未为迟。自今以往，吾汉人宜彻底的觉悟，努力扶助蒙古人，使养成完全自治之能力，将来以联邦的形式，共荣于五色国旗之下。蒙古人亦宜彻底的觉悟，诗有之，凡今之人，莫如兄弟，其毋以过去小忿悻悻然，利用异族，而结果乃至被利用也。呜呼。两族中曾有此觉悟者几人耶，吾不敢言。未觉而觉之，则先觉者之责也。郭君道甫蒙古之振奇士也。当蒙古

① 百度百科：梁启超。

人酣睡初觉意态横寓之际，既乘流以扬掖之，复思患而豫防之，炯炯然目营四海，为族人树百年大计。其著书曰《黄祸之复活》，痛祸之将复而思弭之，使勿复也。书中所述蒙人之国民运动的实状，多为吾国人士所未尝闻睹，而其所策两族互助之下手办法，若甚微末，甚迂远，实乃洞察两族特性与其共同利害关系之所存，而善于批窾道郤者也，呜呼，邦人诸友倘亦闻郭君之言而憬然兴也。民国十二年四月。新会梁启超叙。"①

1926 年是梁启超身体健康出现危机的一年，文献记载：1926 年初梁启超发现自己尿中有血，到北京协和医院检查，便诊断出一个肾病变．协和医院的大夫还检查了好几天，最后判定是右肾生瘤，于是在 3 月 16 日动手术将右肾全部割去。但割去右肾后，尿血仍未能完全停止，协和医生只能做消极性防治，不能做积极治疗。后发现由于实习医生之误，误将健康右肾切除。经名中医唐天如医治，渐康复。1928 年由于恩师康有为去世，爱徒范静生去世，王国维投湖等大悲之事，梁启超遭受严重打击，11 月 12 日他已不能伏案工作了。由于他知名度高，当时主要报纸《申报》对他的病情给予了高度关注。1929 年 1 月 18 日《申报》快讯《北平》第 7 版云：梁启超今日病状弥笃，医生诊断为莫奈里菌繁殖所致，殆无生望云，（十七日）梁启超病势垂危。1929 年 1 月 19 日，梁启超病逝于北京协和医院，第二日《申报》第 4 版刊载《梁启超昨在平病故》一文：北平梁启超今午后二时病故于协和医院，年五十六，遗骸运广惠寺。梁启超病逝后，京沪之间悼念他的人很多：今天看来 56 岁太年轻了，特别为这样一位思想大师的早逝而惋惜。郭道甫是幸运的，在他有限的人生之中与中国近代思想大师以著作写叙的方式有过这么一段永载史册的心灵沟通，实属三生有幸。1923 年 4 月梁启超为《蒙古问题》作叙到 1929 年 1 月，还不满 6 年的时间，梁启超就离开了曾经为之奋斗的国家，长眠于地下，而郭道甫在梁启超逝世两年后的 1931 年 12 月 11 日失踪满洲里也离开了祖国，踏上了一条不归之路，都是痛心的结局。可梁启超为郭道甫《蒙古问题》的"叙"成了一个永恒的回忆，珍贵的历史瞬间，这是不容置疑的。

---

① 奥登挂编：《郭道甫文选》，内蒙古文化出版社 2009 年版，第 11—12 页。

二　孙中山接受郭道甫拜见

孙中山（1866—1925），本名孙文，幼名帝象，谱名德明，字载之，号日新，又号逸仙。广东香山人，中国近代民主主义革命先驱，中华民国和中国国民党创始人，三民主义的倡导者。早年受基督教会教育，认识西方世界较深，通晓粤语、官话、英语、日语。首举彻底反封建的旗帜——"起共和而终帝制"。1905 年成立中国同盟会，1911 年辛亥革命后被推举为中华民国临时大总统。1920 年 10 月，孙中山督促陈炯明率粤军攻克广州。11 月，孙中山回到广州，重新建立护法军政府。1921 年 5 月，孙中山在广州就任非常大总统，成立正式政府。1922 年 6 月，陈炯明发动叛乱，孙中山被迫离开广州再赴上海。此后，孙中山接受了中国共产党和苏俄的帮助，提出"联俄、联共、扶助农工"的三大政策。1923 年初驱逐陈炯明后，孙中山在广州重建大元帅府，并派出"孙逸仙博士代表团"访问苏联，邀请苏联政治和军事顾问到广州帮助中国革命。1924 年 1 月在广州召开了中国国民党第一次全国代表大会，通过党纲、党章，重新解释了三民主义，同时创办黄埔军官学校，训练革命武装干部。1925 年 3 月 12 日孙中山逝世。1929 年 6 月 1 日，其陵墓永久迁葬于南京钟山中山陵。1940 年，国民政府通令全国，尊称其为"中华民国国父"。他是一位在国际上受到敬重的革命家，中华民国尊其为国父、中国国民党尊其为总理，中国共产党尊称为"近代民主革命的伟大先行者"。

孙中山接受郭道甫的拜见是在 1924 年，历史性的会见在《郭道甫略传》的文章中是这样记载的，"民国十三年（1924 年），在南京中华教育改进社召开全国大会，郭道甫代表蒙古地区出席会议，会上并就蒙古教育问题作了专门演讲（以此演讲稿为基础，后作《蒙古与教育》一书）。会后他在南方做教育考察，游历长江流域及珠江流域各地，最后到广东见了孙中山先生。孙中山对于蒙古民族解放运动极表同情，对郭道甫等人为蒙古民族解放运动而奋斗精神，表示极大支持。郭道甫以后的努力深受孙中山新三民主义的影响。"① 在查阅的参考文献中对郭道甫南下广州拜见孙

---

① 纳古单夫：《郭道甫略传》，内蒙古自治区蒙古语文历史研究室编《蒙古史文稿》第一辑，1976 年（内部资料）。

中山的过程写得都比较简单，而 2010 年由新世界出版社出版，孟松林、石映照撰写的《达斡尔密码》一书有稍详细的描述：

> 中华教育改进社在南京召开年会，郭道甫代表蒙古地区出席会议，并就蒙古教育问题发表演讲。
>
> 马不停蹄的郭道甫直接从南京到了广州，一见到了孙中山先生，眼中立时涌满泪水的郭道甫郑重地献上哈达。
>
> "怎么？蒙古人也有献哈达的习惯吗？"
>
> "是啊，"郭道甫回答说，"1274 年也就是成吉思汗死后，继位的窝阔台第三子阔端参加贵由汗登基礼，返回途中顺便会见了吐蕃王子萨迦班智达，相谈甚欢。不久，喇嘛教僧侣开始出现在了蒙古宫廷，随后就迎来了著名的智达的侄子八思巴，他不但为蒙古创立了八思巴文，还影响了元朝宫廷大都皈依了喇嘛教，八思巴因此被册封为帝师和国师，正是这位圣者，带来了在草原上敬献哈达的风俗。"
>
> "原来是这么回事。"孙中山愉快地说："我倒是听康有为把您称为草原上的圣人啊！"
>
> "我不是什么圣人，我刚来广州，就下起了小雨。在我们草原，几千年来的谚语都说带来风的是坏人，带来雨的是好人。所以，我算是好人。"
>
> "好人！好人！"孙中山愉快地重复着，就同郭道甫交谈起蒙古民族的解放问题。一席谈话，郭道甫深受三民主义的影响与鼓舞，兴高采烈地又回到了草原。①

郭道甫去见孙中山是有历史资料可查的，但描绘其见面的情景如此具体还是第一本书，可能有比较大的文学色彩。

孙中山能够接受郭道甫的拜见是件十分不容易的事情，从张磊著《孙中山评传》的附录看孙中山主要活动年表，1924 年 1—12 月的活动安排得满满的。因回忆文献对郭道甫拜见孙中山写得很笼统，因此只能做一推测，郭道甫是 1924 年 7 月参加中华教育改进社的年会，会后先在南方做教育考察，后去广东拜见孙中山，按当时的交通条件起码是 8 月以后的

---

① 孟松林、石映照：《达斡尔密码》，新世界出版社 2010 年版，第 13 页。

事情了。孙中山接见郭道甫与他的民族观的转变有很大的关系。1923 年后，孙中山的以同化为基础的一元一体的"中华民族"观，被以平等为基础的多元一体的"中华民族"观所取代。1924 年 1 月 23 日通过的《中国国民党第一次全国代表大会宣言》郑重宣布，关于民族主义：主张"中国民族自求解放"，以"免除帝国主义之侵略"；"中国境内各民族一律平等"。① 孙中山接见郭道甫就是民族平等思想的体现。1925 年 3 月孙中山逝世，郭道甫参加了这一活动，有照片为证，见奥登挂编：《郭道甫文选》中的第七幅照片。② 图片注释为"1925 年在张家口迎接前来参加孙中山先生追悼会的蒙古国蒙古人民革命党代表团合影。"也就是在孙中山先生新三民主义的激励下 1925 年 10 月在张家口召开了内蒙古人民革命党代表大会。

三 郭道甫任张学良秘书

郭道甫与张学良的这段接触是在 1928 年冬 1929 年初创建东北蒙旗师范学校，张学良任董事长；郭道甫任校长。

郭道甫在其著作《呼伦贝尔问题》中谈及了 1928 年的事变和自己如何议和张学良，创办东北蒙旗师范学校之事。郭道甫写道："后来因各方面的疏通，东三省保安总司令张汉卿先生，就认为呼伦贝尔青年党的举动是政治问题，并不是土匪行为。乃派员前往将军庙接洽，并垂询他们的政见。但是有一部分人的主张，非常激烈，结果就发生了寿宁寺（甘珠庙）的冲突。后来又一部分人们，看出争持日久，则必酿成外交上的纠纷。不但地方上的秩序，不堪收拾，就是权利的损失，也必至没法儿补偿。所以表示让步，仅以都统衙门内添设参议厅，容纳青年党人物，并以增加当年行政经费、教育经费及增编蒙旗守备队等项，为结局的条件。后来这些条件，都没有实践，青年党干部人物，都退回库伦。惟有该党代表郭道甫，投诚东北，以收残局。乃由东北边防军司令长官张汉卿任为秘书，并委办东北蒙旗师范学校事宜。"③ 郭道甫以办学为己任。

---

① 张宪文主编：《中华民国史纲》，河南人民出版社 1985 年版。
② 奥登挂编：《郭道甫文选》，内蒙古文化出版社 2009 年版。
③ 郭道甫：《呼伦贝尔问题》，上海大东书局 1931 年版。

（一） 创办东北蒙旗师范学校

今齐齐哈尔市民族中学是东北蒙旗师范学校的前身。① 齐齐哈尔蒙旗师范与东北蒙旗师范同一年成立，这是巧合吗？不是的。这两个学校最早的发起人是郭道甫，该校和 1928 年 9 月成立于奉天的东北蒙旗师范学校合并后，沿革、发展成为今天的齐齐哈尔市民族中学。作为民族中学的重要奠基人东北行政公署长官张学良将军不仅积极倡导兴办少数民族学校，还兼任东北蒙旗师范学校董事长。1928 年冬，郭道甫在奉天组建蒙古文化促进会，并以该会名义在沈阳艾家胡同创建东北蒙旗师范学校，自任校长，张学良任董事长。办学经费由奉天每年拨出一万四千两银圆，布特哈、齐齐哈尔、呼伦贝尔各分担一千六百至三千两银圆。

郭道甫任东北长官公署咨议和张学良的秘书以后，在郭道甫的建议下少帅指示黑龙江省督军署在齐齐哈尔市成立蒙旗师范学校初级部。郭道甫提出 "欲以造就为蒙古民族奋斗之人才" 的口号。大力培养蒙古民族青年一代，使蒙古人民不再受其他民族的欺压和剥削，达到振兴和拯救蒙古民族的目的。学制：附设的小学部四年，初师三年，中师五年。

教材和课程设置：各个时期和其他同类学校相同，蒙文自编教材自印。

学生来源：主要招收扎赉特旗，郭尔罗斯后旗，莫力达瓦旗，阿荣旗，布特哈 "奉天议和" 之后，郭道甫任东北长官公署咨议。同年冬，郭道甫在奉天组建蒙古文化促进会，并以该会名义创建东北蒙旗师范学校，自任校长。从此，"解去戎衣，恢复书生"，致力于为蒙古民族培养人才的教育事业上，"欲以造就为蒙古民族奋斗之人才"。"《东北蒙旗师范学校校刊》创刊号于 1930 年 11 月 30 日出版，规格约 22.5cm × 1.5cm。目前该创刊号仍保存完好。创刊号有关于蒙古教育观、学校教育方针的文章；有师生的感想、心得、建议等；有张学良将军和郭道甫的讲演记录，以及同学们的讲演会上的讲演稿。此外，还刊登师生关于蒙古问题的探讨和研究，颇受师生的欢迎。"② 郭道甫所创办的东北蒙旗师范学校，是蒙古民族近代科学文化人才成长的一个重要摇篮，亦造就了为争取蒙古民族

---

① 绵绵细雨：《齐齐哈尔市民族中学》，互动百科，2009 年 3 月 22 日

② 陈晶：《东北蒙旗师范学校张学良亲任董事长》，《辽宁日报》2014 年 7 月 26 日。

解放而奋斗的大批有识之士，它在内蒙古的教育史上占有重要地位。"张学良当蒙旗师范董事长，谁都知道张学良是一位爱国将军，一位民族英雄，可不少人并不知道他还是一位杰出的热心教育事业的教育家。东北王张作霖大帅虽是胡子出身，但这人特别看重教育，大帅在时"识字分子"贼拉打么。张学良在许多问题上与老师相左，可就这一点随他爹。1924年12月1日，张学良在北京大学欢迎会上演说："中国唯一希望在青年，青年之根本在教育。"这可不是玄话，他可动真格的，可不是像有的人一提教育就整景儿，就来虚的。张学良主政东北后，内外交困，危机四伏，特别缺钱，特别的困难。为了节省开支，张学良大幅度裁军，将东北军军师缩编为旅。可是有一样，不但不减还有增加，那就是教育。以辽宁为例，1928年教育经费为528万多，到1929年猛增至1635万多。东北大学1926年经费51.7万，1929年增至133万多。张学良还用遗产先后捐180万元给东北大学作扩充之用，另捐500万元作"汉卿教育基金"，年利息70多万，主要用于中小教员薪金。张学良捐款建立了海城同泽中学。同泽中学教员月薪是80元至120元，主任、校长是180元至240元，是当时公务人员工薪的三四倍。张学良还任东北大学校长，主持南开大学建校。东北教育底子差，特别是少数民族教育更差，而少数民族教育最缺少的是教员。生活在东北的蒙古、达斡尔等民族有识之士一直呼吁教育，渴望有一所师范学校。当年，呼伦贝尔出了个蒙古、达斡尔领袖，这人叫郭道甫，是达斡尔人。这人的事迹可多着了，别的咱先不表，单说郭道甫办师范。1928年郭道甫到了沈阳，给张学良当秘书。郭道甫向张副司令表达了蒙古、达斡尔人民急需教育的心声。张学良立即表示赞同。在郭道甫等人的努力下，东北蒙旗师范学校在沈阳艾家胡同建成了。郭道甫任校长，张学良亲任董事长。开学当天，张学良董事长出席了开学典礼。东北蒙旗师范学校，当时为内蒙古最高学府，是蒙古民族近代科学文化人才成长的一个重要摇篮，蒙古教育史上占有重要地位。东北蒙旗师范学校的办学经费，沈阳每年拨出一万四千两银圆，布特哈、齐齐哈尔、呼伦贝尔各分担一千六百至三千两银圆。由于张学良亲自任董事长，办学经费得到了保障。东北蒙旗师范学校学制为3年，每期招收学生500名。课程设置，除蒙文、国文（汉语）外，还设有数、理、化、伦理、生理等课。教员多为国内名牌大学或有关专科毕业，学生来源几遍及内蒙古东部各盟部旗。在郭道甫主持下，该校不仅开设讲授全套新式课程和蒙语文，郭道甫还指定学生阅读唯物史观、社会发展史、列宁关于民族和殖民地问题的论述及介绍苏联革命的革命书籍，使该校一时成为蒙古族接受进步思想文化的摇篮。"① 一个学校的好坏，关键是师资力量的好坏。学校聘请和建立了雄厚的师资队伍，他们是：邵俊文、汪树屏、王宗洛、莫就愚、李又聘、刑定云、郭道甫、黄成光、克兴额、王召南、纪俭农、刘壮楣、梁启雄、吴云阶、关寅东、李敬增。介绍一下其中的教师梁启雄。

梁启雄（1900—1965），男，字述任，广东新会人，生于澳门，古典文学家，梁启超胞弟。自幼在父亲梁宝瑛所设私塾中念书，1915年到京就读于崇德中学，1916年入天津南开中学，1921年入南开大学文科学习，直至毕业。1925年梁启超在清华学校任教时，他从兄做助教，得见教诲，学先秦诸子，以此为基础，利用业余刻苦自学。历任东北大学讲师，营造学社编纂，北平交通大学文学系讲师，国立北平图书馆馆员，辅仁大学、燕京大学中文系、历史系、北京大学中文系哲学系副教授。1955年调至中国科学院社会科学部，任哲学所研究员。主要著作有《荀子柬释》（1936年商务出版）、《二十四史传目引得》（1936年中华书局出版）、《荀子简释》（1955年古籍出版社）、《韩非子浅解》（1960年中华书局出版）等。

郭道甫在致力于教育事业的同时，对政治问题仍予以关注。1929年，他出席太平洋国交讨论会第三次预备会议，演讲蒙古问题，阐述了经自己10余年观察和实践而总结出来解决这一问题的观点，为后人留下了《蒙古问题讲演录》一书。"中东路事件"发生后，海拉尔成立以福明泰为首的呼伦贝尔青年党"苏维埃政府"。郭道甫发表演说和出专著《呼伦贝尔问题》，详尽介绍了呼伦贝尔的历史和现状，主张在不脱离中国的前提下，"准许他们自治民治"。同年，郭道甫辞去蒙旗师范学校校长职务，成为张学良的秘书。1931年春郭道甫"在北京多次交见修养中的张学良将军，研究了工作和生活问题。这时该将军之态度很好，对郭很关心。他们二人研究的结果是，郭道甫要长期驻京，在休养中多出作品，也要自己培养写作二名助手。张要负责大力支持郭道甫家属之生活及其工作问题。夏末郭道甫心中没有顾虑回到沈阳，正准备去京的时候，突然发生了九一

---

① 张港：《张学良当蒙旗师范董事长》，校庆办公室，2008年4月15日。

八事件。"[1] 1931 年九一八事变发生后，郭道甫带领呼伦贝尔学生回到海拉尔。途中，他在给张学良的电报中声明：誓死不做日本人的奴隶，要和日本帝国主义抗战到底。同年 12 月，郭道甫在去苏联驻满洲里领事馆以后失踪。

东北蒙旗师范学校的后期发展作一简要回顾。1936 年 10 月，东北蒙旗师范学校并入齐齐哈尔蒙旗师范，成为齐齐哈尔民族中学的前身之一。齐齐哈尔市民族中学位于丹顶鹤的故乡，美丽的嫩江东岸，齐齐哈尔市建华区中华西路 64 号。齐齐哈尔市民族中学是黑龙江省唯一的多民族的少数民族中学，是省首批办好的重点中学，2005 年被评为省级示范性高中，2007 年被评为全国民族中学示范校。她的前身是 1928 年 8 月成立于黑龙江省的齐齐哈尔蒙旗师范学校。

齐齐哈尔蒙旗师范学校建校时间为 1928 年 11 月，1929 年 3 月 1 日正式上课。是私利公助学校。黑龙江省财政厅每月拨 2000 元经费，四旗一办每月拿 2000 元，1936 年后全部经费由伪蒙政部拨给。

学制：附设的小学部四年，初师三年，中师五年。

教材和课程设置：各个时期和其他同类学校相同，蒙文自编教材自印。

学生来源：主要招收扎赉特旗，郭尔罗斯后旗，莫力达瓦旗，阿荣旗，布特哈旗，齐市郊区，讷河县，嫩江县，杜尔伯特旗，依克明安旗的蒙族、达族、鄂温克族学生。年龄一般 12—25 岁，个别有 30 来岁的学生。1936 年后招收全东北的蒙族学生。

班级和学生人数：建校初期 3 个班 80 人，其中有小学预备班；最多时学生 6 个班 250 人。1933 年第一期初师毕业生 20 名，1935 年第二期初师毕业生 20 名；1937 年第一期中师毕业生 17 名，1938 年 12 月第二期中师毕业生 34 名，上日本国参观旅行一个月。

教职员：1928—1931 年 10 名教职员，还有外校教师兼课的，到 1933 年增加到 30 名左右，学历大部分大专文化程度。

建校有贡献的人物：

巴达玛拉布旦：扎赉特旗第十四代王爷，校务委员会委员长，蒙古族。曾任伪兴安总省省长，"八一五"光复时被苏联红军逮捕，死在集

---

① 阿·恩克巴图：《郭道甫生平二三事》，1984 年油印稿。

中营。

德古来：八旗筹办处主任，校务委员会副委员长，达斡尔族。曾任伪蒙疆自治政府财政部部长，新中国成立前跑到台湾后定居美国。

德旺道尔吉：杜尔伯特贝勒，校务委员，第一任校长，但不常来校办公，蒙古族。

多公爷：郭尔罗斯后旗公爷，校务委员，蒙族。

巴贝斯：依克明安旗贝斯，校务委员，蒙族。

吴维帮：讷河蒙旗办事处主任，校务委员，达斡尔族。

图门满都呼：扎赉特旗王爷协理，校务委员，蒙族。

金耀州：梅里斯达斡尔族，校务委员，第一任训育主任。

沃子述：齐市人，达斡尔族，北师大毕业生，校务委员，第一任教务主任。

包景芳、孟照德都是郭尔罗斯后旗人，校务委员，教蒙文课。

校长更迭表：

1928—1930 年：德旺道尔基；1931—1932 年：图门满都呼；

1932—1934 年：哈斯巴特尔；1934—1941 年：阿成嘎。

1936 年两校合并后，兴安师范变为国办学校，陆续派来七八个日本教员，增加了日语授课时间，大搞奴化教育。池尻掌握财政大权，吉村是舍监，他比训育主任权力大，任意打骂学生。经常借故折磨学生，11 月中旬要学生只穿背心裤衩，从学校跑到西大桥跑回来。由于日本人的欺压，学生从 1936 年的 220 名突减到 1937 年的 150 名。后来由于学生反抗和强烈要求下，迫于群众压力，1938 年日伪当局把池尻、吉村调离学校。

当时的校址：现在民族中学正楼位置上，有三所白砖房，每个约有 150 平方米。中间一所为教师办公室和教师独身宿舍，东西两边为教室。其北面有一栋青砖房 300 平方米，是学生宿舍，其东面有食堂和厨房 250 平方米，其南面是水房和洗脸室，浴室约有 40 平方米。

学校经过齐齐哈尔蒙旗私立师范，兴安师范学校，扎兰屯师道学校的变迁，虽然受到各种条件的限制，克服种种困难，在先辈们的努力下，学校发展成为东蒙地区的民族教育中心，培养了大量的各种人才。日本留学生有五六十名，国内各大学毕业年 100 多人，解放初，在内蒙古自治区厅局级以上的干部中有 90 来名。

嫩江省立蒙古师范学校 解放战争艰苦年代里，嫩江省人民政府在于毅夫主席主持下，同意蒙政厅建议，新中国成立前的 1946 年 8 月 16 日重建蒙古师范学校，任命沃文德为第一任校长。学校当时分为简师和师范两个班，学生不足百人。简师班修业期为 3 个月，师范班 3 年。

校址在二马路，现齐市二中校址。1946 年冬天迁到藏书楼，1947 年 4 月迁到联合中学，到暑期迁到十三中旧校址，即北大街西北角岗上。1950 年初迁到朝鲜中学校址，1952 年 8 月迁到现校址，新建三层工字形教学大楼。

1947 年 1 月龙江县土改时把沃校长揪走了，这样 1 月中旬西满分局派在东北军大学习和工作的毕力格任命为教务主任，代理校长主持工作，现名沙驼，内蒙古自治区人大原副主任，鄂温克族。当时学校 9 名教员，多数汉族，齐市原各国高的教师，有北师大、南开、吉林师导大学等名牌大学毕业生。其中有一名蒙古族教师鲍景芳，教蒙文课，他是伪郭后旗的原旗长，负责学校总务工作，有两名达族职员协助做总务工作。那时教师每月薪水只有 190 斤小米，折合成钞票发。学校有四垧多地农田，现在的浏园宾馆南侧热力公司位置。省政府副主席杨英杰和省教育厅副厅长兼联和中学校长吴燕生都很关心这个学校，吴是蒙古族。当时厅长是关梦觉，党外民主人士。

1947 年 7 月由王爷庙派来伪满政法大学毕业生都嘎尔扎布任校长，后来蒙和任校长，这期间孟定远、邬兰同志先后任教导主任。同年 10 月派来风鸣嘎协助工作，学校开展了三查运动，清除了阶级异己分子，组织学生参加了轰轰烈烈的土改运动，锻炼了师生，受到深刻的阶级教育。

1948 年春派东北军大的金海如为校长，学校各项工作走向正规。1949 年 4 月嫩江省与黑龙江省合并，5 月学校更名为黑龙江省立蒙古师范学校，这时已发展到四个班 140 余名学生。9 月 30 余名第一期毕业生离校走上了工作岗位。到了 1950 年风鸣嘎任校长，业喜扎布任教导主任，乌嫩任总务主任。学校增设了蒙文专修班，教职员工 16 名。1950 年 12 月 34 名第二期毕业生走向工作岗位，解放初期为党和国家培养了急缺的小学师资和各类民族干部，为新中国成立初期恢复和发展国民经济起到重要作用。

（二）成立蒙古文化促进会

1929 年，克兴额与达翰尔人墨尔色（郭道甫）以"东蒙书局"为中心成立"蒙古文化促进会"，任秘书主持日常会务，并兼任东北蒙旗师范学校教员。编写、出版了大量蒙汉文的进步书籍。克兴额（1889—1950），汉名包存智，字明远。科左前旗西扎哈气村（今辽宁康平）人。1906年，克兴额在奉天蒙文高等学堂、奉天筹边中学陪丹巴道尔吉读书。通蒙、汉、满、藏文。民国初期，1911年，他以半工半读形式在奉天蒙文教科书编译局任编辑员，参与蒙文教科书的编辑工作。1915年，克兴额回科左前旗，倾其家产在西扎哈气创办"科左前旗蒙汉两等小学堂"，该学堂在科尔沁名声大振。1922年，克兴额被选为中华民国众议院议员。1923年，军阀曹锟以每张票5500块银圆的价格贿选总统，克兴额断然拒绝，拂袖而去。1926年，克兴额伙同他人在奉天办起了"东蒙书局"，出版小学蒙文教科书、文史类蒙文图书，广泛搜集蒙、满、藏文旧籍和蒙古民间文学作品。1932年，日寇以兴安西省民政厅长的职务引诱克兴额为它办事，克兴额严词拒绝。后伪满蒙政部请他参加蒙古文教科书编审委员会，他上任后常因一字之去存，与日伪相持，经年不决。后因右目失明终止了编审委员会的工作。1940年，克兴额至王爷庙（今内蒙古乌兰浩特市）主持创办了蒙文编译馆，针对日伪奴化教育的教科书，他又出版"辅助教材"宣扬民族精神，这引起日本特务的注意，克兴额行动受限，一气之下双目失明。1947年，内蒙古自治区政府成立。乌兰夫主席邀请他在自治区教育部任参事（在家休养）。1950年，克兴额因病在乌兰浩特去世，葬于归流河曲之阳，故人立有"科尔沁克兴额先生之墓"的墓碑。

中东路事件，1929年7月，张学良欲取消苏联在东北的特权，查封哈尔滨苏联商业机构，开始着手收回中东铁路。8月14日，斯大林命令苏联军队沿中东路一线向东北进攻，张学良领导的东北军败给苏军。张学良被迫在伯力签订议定书，恢复苏联在中东铁路的特权。

1930年3月，为争夺中央统治权，汪精卫联合阎锡山、冯玉祥、李宗仁等地方实力派发起挑战蒋介石南京中央政府及国民党中央会议的内战，5月蒋介石宣布"平叛"，史称中原大战。此时，手握重兵的东北边防军司令张学良成为交战双方竞相争取的对象。反蒋派于4月1日任命张为陆海空军副总司令，9月反蒋派成立北平国民政府后任命张为国府委员（共7人）、承诺政府一半的部长职务为奉系人员担任，最后战事不利时又许诺将察、绥两省和平津地区让与东北军。蒋则也任命张为陆海空军副总司令（6月21日），许诺平津地区的军政、财权均归张掌握，黄河以北地区全由张节制，还任命张部于学忠为平津卫戍司令，王树常为河北省主席，王家桢为外交部次长，又以数千万元巨款收买。应蒋请求，英、法驻华公使也出面对张施加压力。

张学良在双方矛盾之初，于1930年3月1日发表《劝告蒋阎息争通电》，表示"邦家多难，非息争不足以图存"，声称自己中立并调停劝和。为表示中立，拥有东北兵工厂的张学良向交战双方都出售武器。但实际上张学良却逐渐较为倾向蒋介石，张与蒋的代表张群、吴铁城、方本仁等很亲近，对阎、冯等人的代表则较为冷淡。不过由于奉系内部对是否介入中原大战以及帮助哪方有诸多分歧，张学良并未下定决心入关助蒋。

随着中原战火日益扩大，交战双方都极力拉拢张学良，一时间，张的官邸要人如织。1930年7月2日张学良以养病为由，避居葫芦岛一个多月。7月下旬，冯玉祥决定在陇海线发动总的攻势，以配合晋军夺取战略要地徐州。但由于阎军配合不好，冯军给养不足，未能如愿，南方桂军又中途受阻，回师湘桂边界。蒋介石趁机调动援军增强陇海线防务，反蒋力量处于劣势。当时张学良分析，如果蒋介石部队夺回济南，那么蒋在中原大战中将获胜的局势就基本明朗了。至此，张学良感到摊牌的时机已到。

1930年7月18日张学良密电张群："弟拟暂不返省，刻已派车迎岳军（张群字岳军）兄来岛畅谈，耀（方本仁号耀庭）、铁（指吴铁城）两兄如能同来，尤所祈盼。"吴铁城、张群来岛后，张学良向他们表示："蒋军如果夺回济南，就可以考虑出兵"，但仍不肯表示具体出兵时间。8月初，张学良从葫芦岛到北戴河，进一步观察时局变化，把握着出兵时机。8月中旬，蒋军攻取济南，反蒋联军出现无法挽回的败局。

张学良感到出兵时机已到，1930年8月30日，张学良致电张作相、万福麟："良于卅日返省，现有事待商，希即来沈为盼。"1930年8月30日，张学良返回沈阳。1930年9月10日，张学良在北陵主持召开东北最高会议。在会上张学良详细阐述了他决定出兵华北武装调停内战的原因。他指出：第一，东北地处边陲，日本窥伺已久，欲抵御日寇，必须国内统一，南京政府是全国统一的政府，支持了这个政府方能保证国内的统一；第二，扩大会议内部派系多，分歧大，阎冯反复无常，不能成大事；第三，蒋介石亦系一阴谋野心家，对东北无特殊关系，如想搞垮东北会不择手段，为防止蒋介石继续分化东北军，只有从速实现全国统一，早停内战；第四，蒋军已攻下济南，"应实践对蒋的诺言"。

张学良的精辟分析是经过数月冷静思考后得出的，其有理有据，使一向反对出兵的张作相也无话可说，与会者一致同意张学良的主张。应该说，张学良做出拥蒋入关的决定，既是维护自身所在的奉系集团的利益，又有维护国家统一的爱国心的考虑。

1930年9月18日，张学良发出拥护中央、呼吁和平的"巧电"，不失时机地出兵华北，10多天时间，东北军即完成了对平津地区的占领。10月15日，阎锡山、冯玉祥、汪精卫联电张学良，表示接受和平解决。随后，阎、冯联袂下野，晋军、西北军分别为张、蒋收编。

中原大战后，张学良成了一个大赢家。张在中原大战胜负已分时入关，未受到任何损失，他却不仅在战争中靠卖军火和索要军费发了一笔财（张部一入关蒋即发开拨费500万元），还于战后获得了晋、冀、察、绥四省和平、津、青岛三市的地盘，整编后的晋军和西北军一部也归张指挥。政治上张学良还获得了中华民国陆海空军副总司令的职位，成为蒋介石之下、万人之上的显赫人物，其部下也有多人进入南京中央政府。中原大战后的张学良，实力和声望达到了其人生的顶点。

但是，因为处理中原大战的善后事宜，张学良对东北事务的精力被分散；而且中原大战后入关的大批东北军没有回防，1931年张学良为了讨伐石友三又再度征调部分东北军精锐入关，导致了东三省兵力的进一步空虚。这些都给图谋东北已久的日本帝国主义以可乘之机。正好是张学良入关的一年之后的同一天（1931年9月18日），日本少壮军人发动了九一八事变。

在世界经济危机的环境下，在南满拥有铁路特权的日本和长期处于内战状态的中国发生冲突的可能性升高了。1931年7月6日，张学良电告东北政务委员会说："此时如与日本开战，我方必败。败则日方将对我要求割地偿款，东北将万劫不复，亟宜力避冲突，以公理为周旋。"9月6日张学良又致电臧式毅、荣臻："对于日人，无论其如何寻衅，我方务须万方容忍，不可与之反抗，致酿事端，即希迅速密令各属，确实注意为要。"是年9月18日，日本关东军发动震惊中外的九一八事变，驻守北大营的1万多名东北军将士因遵循张的严令没有抵抗。

九一八事变发生后，1931年9月19日，张学良在北京协和医院对天津大公报记者谈话时说："吾早下令我部士兵，对日兵挑衅，不得抵抗。故北大营我军，早令收缴军械，存于库房。"

9月22日、23日，蒋介石和国民政府也分别发表讲话和告国民书，要求"暂取逆来顺受态度，以待国际公理之判断"，"希望我全国军队，对日军避免冲突"，事实上默认了张学良的不抵抗政策。张要求其率领的东北军力避冲突，并退守锦州。

在"不抵抗政策"指导下，张学良和蒋介石都寄希望于国联，但到1931年10月24日，国联作出决议，要求日方撤军，而日本不但不加理会，反而于11月进攻嫩江黑龙江守军，日本野心已暴露无遗，张学良自谓："国联自身本无实力，仅能调解纠纷，不能强判执行，中日事件最好能自谋解决办法。"（《张学良文集》）但在嫩江桥战役中，当日军和伪军张海鹏部向嫩江桥进攻时，张学良令守军于兆麟部和平撤退，以免靡乱地方，仍旧依赖国联（司马桑敦《张学良评传》）。

江桥抗战，马占山可谓孤军奋战，未获驻防锦州一带东北军的实力援助，张学良驻锦州队伍毫"无战斗准备"（《晨报》1931年12月6日）。江桥战斗结束后，张学良受到社会舆论猛烈抨击。上海救国联合会说"黑省马军，孤军抗日，效忠疆场，张学良未能拨援"（《申报》1931年11月23日）。市民联合会致电国民政府，指责"张学良坐视日寇侵略东北，辱国丧地，放弃职守"（同上）。全国学生抗日救国联合会亦电请政府"严惩张学良，克日出兵"（《申报》1931年11月24日）。

南京政府在认识到日军必将占领东三省的野心和国联的软弱后，逐渐改变政策，1931年11月14日国民党第四次全国代表大会第一次大会通过决议"严令各省文武官吏若遇外侮入侵，应做正当防卫，严守疆土，与城存亡，不得放弃职守"。

而11月锦州事变中，张学良仍未下抗日决心，而是钟情于"锦州中立化"方案，11月29日，张学良致蒋介石密电，称"惟个人对此亦颇赞成"，并在与日方代表谈判之同时，开始安排东北军撤出锦州。顾维钧于12月3日电文中极力劝阻道："兄（指张学良）拟将锦州驻军自动撤退，请暂从缓"；后1931年12月5日顾维钧又与宋子文联名致电张学良："现在如日人进兵锦州，兄为国家计，为兄个人计，自当力排困难，期能防御。"蒋介石亦于12月8日致电张学良："锦州军队此时勿撤退。"但12月21日，张学良致电第二军司令部："当最近日本进攻锦州之时，我军驻关外部队理应防范，但若现政府方针未定时，自然不用锦州部队进行防守，因而撤至关内"，"部队驻地为迁安、永平、滦河、昌黎"（《中华民国资料丛稿：大事记第 17 辑》）。当日军进攻锦州时，国民政府多次电令张学良抵抗，12 月 25 日，令其"积极筹划自卫，以固疆圉"；张学良部队开始从锦州撤退后，12 月 30 日国民政府还急电其"无论如何，必积极抵抗"，但日军兵不血刃占领锦州。日军占领锦州及绥中一带后，实现了对东三省的完全占领。

过去长期认为九一八事变为蒋介石一贯的"不抵抗政策"所致。但近些年的研究表明，实际上"不抵抗政策"是张学良和蒋介石在面对日本威胁问题上的共识。张学良之"不抵抗"，是由于东北军没有能力单独抵抗日本的军事攻击，日本最希望能够挑起战端，所以不断升级挑衅行为，而张一旦与日本开战，他也不可能得到任何来自中央政府的支援，结果只会是丢掉东北的领土和损耗自己的军事实力，所以他严格命令军民百姓"打不还手，骂不还口"，不给日本人挑起战端的借口；而蒋介石之"不抵抗"，则是为了贯彻他的"攘外必先安内"的政策路线。

在九一八事发当时，乃是张学良下令撤退，而蒋介石日记表明其迟至 1931 年 9 月 19 日晚才从上海方面得知"事变"消息。张自己也在晚年口述的回忆录中说，"是我们东北军自己选择不抵抗的。我当时判断日本人不会占领全中国，我没认清他们的侵略意图，所以尽量避免刺激日本人，不给他们扩大战事的借口。"

张学良，1919 年，就读于东三省陆军讲武堂。一年后毕业，在张作霖手下任职，并迅速得到提升。1928 年 6 月 4 日，自皇屯事件其父张作霖被日本人炸死后，继任为东北保安军总司令。

在台湾，张学良被软禁在台湾省台北市北投区居所，过着软禁下的隐者生活。张学良原配夫人是于凤至，因病去美国就医，张学良在长期的幽禁生涯中得"赵四小姐"赵一荻的陪伴。他于幽禁中信奉基督教，但按基督教教规只能一夫一妻，1964 年于凤至主动提出离婚，张学良和赵四小姐结婚。1975 年，蒋介石逝世。1988 年，蒋经国逝世。1990 年起张学良逐渐得以恢复人身自由。1993 年 4 月受聘为东北大学名誉校长，5 月受聘为哈尔滨工业大学名誉理事长。1995 年离台，侨居美国夏威夷。2001 年 10 月 14 日下午 2 时 50 分，在美国夏威夷首府檀香山史特劳比（Straub Clinic & Hospital）医院病逝，享年 101 岁，成为世界上最长寿的将军。①

---

① 百度百科：张学良。

（三）得意门生——哈丰阿

在东北蒙旗师范学校有一位学生被称为郭道甫的得意门生，他就是哈丰阿，汉族名字滕续文。"1930 年春由滕续文主编了蒙汉文校刊两期，郭道甫校长写了发刊词，有些老师和同学也写了许多稿件，排版工作也很认真。在当时印刷制版都很困难的条件下，经过大家的努力，能够出版两种文字的校刊，确实是很不容易的。"① 哈丰阿是郭道甫众多学生中的佼佼者，曾任内蒙古自治区副主席。

哈丰阿（1908. 3. 16—1970. 12. 29），汉名滕续文（腾树曾），蒙古族，科左中旗瓜毛都村人，父仁钦宁布（汉名滕海山），曾任科左中旗保安队三路统领等职。哈丰阿幼年学习蒙汉文。1929 年入奉天东北蒙旗师范学校读书。该校是曾建立"内蒙古人民革命党"的达斡尔蒙古人郭道甫"欲以造就为蒙古民族奋斗之人才"创办的。哈丰阿在该校读书期间，深受郭道甫思想的启发，曾赋诗："瀚海何浩大，横分内外蒙。思挥五丁斧，开凿使之通。"1930 年夏，在辽宁省青年会主持召开的"蒙古与教育"为题的演讲赛上，哈丰阿荣获第一名。哈被人们誉为"小郭道甫"。

九一八事变后甘珠尔扎布建"蒙古独立军（后改为内蒙古自治军）"。哈率蒙旗师范的 30 多名学生参加了这支军队，哈在第三军中任秘书长。在此期间，哈先后接触了具有联共党员和内人党党员双重身份的朋斯克、特木尔巴根。经此二人研究决定，1932 年 4 月发展哈为内蒙古人民革命党党员。就在这一年，哈写下了著名的题为"蓝旗"的诗，激励人们为民族的解放奋斗。

1933 年，朋斯克去第三国际总部回来，传达了共产国际远东局的长期潜伏下来，扩大统一战线，坚持与日本帝国主义进行斗争的指示。据此，内人党员分别打入伪满政府及军队中。伪满期间，哈历任伪兴安西分省地方科长、兴安局秘书官、伪满洲国驻日本大使馆训练科长、伪国务院总务厅参事官、兴安总省公署参事官等职。哈在伪满任职期间，不顾生命安危，秘密发展内人党，在各界人士中，宣传革命道理。多次指出：蒙古民族要革命，首先是民族革命，求得民族的解放，然后进行民主革命。并

---

① 仁钦莫德格：《沈阳东北蒙旗师范学校》，内蒙古自治区达斡尔学会编《达斡尔族研究》第五辑，1996 年（内部资料），第 170 页。

分析指出：日德帝国主义行将灭亡，世界被压迫民族在苏联和国际共产主义运动的影响下，即将摆脱民族压迫获得解放，内蒙古人民在苏联和蒙古人民共和国的支持下，内外蒙将会合并统一。

1939 年，日本挑起诺门汗战争。日本关东军想"用蒙古人去打蒙古人"，调伪兴安军打前阵。哈冒着杀头的危险，在兴安军的年轻军官中做工作，号召士兵决不可做日本人的炮灰，不要蒙古人去打蒙古人，要掌握住自己的武装，见机行事。致使兴安军在战场上倒戈或逃离战场。日本人无奈又于 1944 年从兴安军中抽出部分军队，组成"铁血部队"去唐山打八路军。哈指示进步的青年军官要与八路军取得联系，相互佯战，巧妙地与日本人周旋。哈在进步官兵中的活动，使日本人的阴谋遭受了可耻的失败，同时影响了一批青年军官走向革命。为日后建立"蒙古民族争取解放所需要的、靠得住的军队"创造了条件。

1944 年 10 月的一天晚上，阿思根在王爷庙主持召开了 20 多名青年军官参加的秘密会议。在会上哈讲："要想求得民族生存，就必须有自己的军队，没有军队将一事无成。而这支军队必须为本民族服务……"哈丰阿的这些话对进步官兵举行"8·11"起义起到了重要作用。

在东蒙古，以哈丰阿为首的蒙古族革命力量逐渐发展壮大。可谓"万事俱备，只欠东风"。1945 年 8 月 8 日、9 日苏蒙对日宣战。哈丰阿为首的东蒙有志之士领导举行了"8·11"起义。公开内人党活动，建立了内人党东蒙古本部，哈被推送为秘书长。8 月 18 日发表《内蒙古人民解放宣言》。宣言申明：内人党自 1925 年成立以来，一直为内蒙古的民族解放而斗争，在日寇法西斯统治的 14 年中坚持秘密斗争，做了大量有价值的有意义的革命工作。宣言主张：内蒙古与蒙古人民共和国合并，走"非资本主义的发展道路"，坚持民族平等、民族团结，正确解决蒙汉民族问题。并向各盟及旗县派工作组，建立党组织，进行"内外蒙合并"的宣传和签名活动。10 月，哈与特木尔巴根、博彦满都等一行 12 人去蒙古人民共和国商讨内外蒙古合并事宜。乔巴山等蒙方领导拒绝了合并要求。提出雅尔塔体系的新的势力格局已经形成，希望内蒙古和中共合作，寻求自决自治。哈丰阿一行从蒙古回来后，1946 年 1 月 16 日，组织召开了东蒙古人民代表大会，成立东蒙古人民自治政府。博彦满都当选为政府主席，哈当选为秘书长。哈等人顾忌内人党成分的复杂性，1 月底，宣布解散内人党。又于 2 月底召开会议重组内人党组织。哈提出："内蒙古没有无产阶级，不能成立共产党，还是成立人民革命党为宜，为了区别原内人党，可称为新内人党。"在承德举行的"4·3"会议上，又宣布解散新内人党。会议期间，哈丰阿申请加入了中共。并在会上哈当选为内蒙古自治运动联合会东蒙分部主任。1947 年 3 月，哈提出重建内人党，受中共领导，做中共外围组织的观点。他的观点被乌兰夫等党员同志否决后，放弃了这一观点。1947 年 5 月 1 日，内蒙古自治区成立后，哈丰阿历任自治区人民政府副主席、中共内蒙古自治区委员会委员、代理宣传部长兼教育部部长、文教委员会主任、文教办公室主任、语言工作委员会主任等职。1965 年 1 月当选为政协第四届全国委员会常务委员。1970 年 12 月 29日，哈丰阿，受林彪、"四人帮"迫害含冤去世。

四 郭道甫任冯玉祥秘书

1925 年经白云梯的推荐郭道甫任冯玉祥的秘书。父亲阿日亚（郭道甫之子）曾回忆："小时听母亲（郭道甫夫人郭翠介，阿日亚的母亲，我的奶奶）常常提起，1925 年郭道甫在张家口的一年中，携全家住在张家口与冯玉祥家人有过接触，见过冯玉祥夫人李德全。郭道甫三女儿奥登挂就是这期间生于张家口的，1925 年 10 月内蒙古人民革命党成立大会全体代表合影中有两个被抱着的小女孩儿，第一排右二抱着的为郭道甫二女儿郭雪红，第二排左二抱着的为郭道甫大女儿郭雪凤。"① 可以证实郭道甫夫人郭翠介的说法与历史资料相吻合。爱吾庐位于张家口市桥东区德胜街45 号，是冯玉祥在张家口的故居，是市重点文物保护单位。冯玉祥于1925 年 1 月 13 日到达张家口，全家下榻于京绥铁路管理局警务处院内，这里"逼近车站，院内多烟"，使冯玉祥"颇感头疼"，2 月 3 日全家移居美国饭店，2 月 24 日又移居到老美通饭店。土尔沟陈姓之人的一座大宅院有意出售，冯玉祥亲自去察看，甚感满意，随即拍板买下，购房款由冯玉祥个人掏付。随后对大宅院略加装修，4 月下旬，冯玉祥全家就搬了进去。宅院分前后两院，有数十间房屋。主建筑是一座西式带地下室的两接顶小楼，冯玉祥将军把这里安排成读书和学习的地方，他亲自题写匾额"冯记图书馆"悬挂屋前。他自称其为"小图书馆"（以与新村中的大图

---

① 奥登挂编：《郭道甫文选》，内蒙古文化出版社 2009 年版，第六幅照片。

书馆相区别），旁人别称为"冯氏图书馆"。冯玉祥有时也在这里接待身份特殊的客人，或举行人数甚少极为重要的会谈。在"西北边防督办公署"大院里，有冯玉祥的办公室和休息室，冯玉祥主要在那里办公。那里还有较铺张的贵宾招待室，专门接待来访或公干的达官显贵。冯玉祥和李德全住在"小图书馆"后院。住在后院的还有冯玉祥和前妻刘氏的5个孩子：冯洪国、冯洪志、冯弗能、冯弗伐、冯弗矜；冯玉祥的家兄家嫂；李德全的3个弟弟：李连山、李连海、李连志；以及常来常往的亲眷们。后院院落很大，原有几棵果树，李德全和孩子们辟地松土，种下了一畦畦的蔬菜……前院的平房中，住着冯玉祥的贴身传令员、话务员、厨师、司机、手枪连长（冯的卫队住在周围的货栈和租赁的民房中）、杂役人员。前院另有几间洁净的客房，是冯玉祥留宿那些关系非同寻常的来客用的，享此"殊荣"者并不多。1925年在这里留宿过的有韩安、雷啸岑、李烈钧、王铁珊……冯玉祥在1926年1月下野后，"小图书馆"及院落就都卖给他人了。① 因主人的变故，昔日热闹的院落黯然失色。民国14年郭道甫在"张家口大约逗留一年，这期间，由白云梯推荐郭道甫成为冯玉祥的秘书官"②，这是郭道甫第二次被推荐为秘书了。因此，与冯玉祥也有了一段特殊的交往。冯玉祥比郭道甫大12岁，1925年冯玉祥43岁，郭道甫31岁。我们先对冯玉祥的生平（至1931年）做一简要的介绍。

冯玉祥（1882.11.6—1948.9.1），原名冯基善，字焕章，原籍安徽巢县（今安徽省巢湖市夏阁镇竹柯村）人，寄籍河北保定。中华民国时期著名大军阀、军事家、爱国将领和民主人士。国民革命军陆军一级上将，蒋介石为政治目的而拜的诸多结拜兄弟之一。冯玉祥早年有一定的追随时代前进的倾向，但其政治动机又包含一定的维护个人利益的成分，在宦海沉浮中惯用某些政治权术，一生颇为复杂，虽努力追求进步，但起点低，始终落后于同时代的先进人物。在国民军的政治军事行动中，明显地表现出其统帅作风及特色。

冯玉祥自幼在直隶保定长大，少时家贫，1896年（清光绪二十二年）

---

① 《一屋抵作万件衣　冯玉祥不舍张家口"爱吾序"》，张家口在线，http://www.zjkouline.com/News/201209/New439210.html.

② 野津彰：《内蒙古赤化运动的变迁》，内蒙古大学中共内蒙古地区党史研究所编《内蒙古近代史译丛》第一辑，内蒙古人民出版社1986年版。

入保定五营当兵，1902 年改投武卫右军，历任哨长、队官、管带等职。1911 年（宣统三年）武昌起义爆发后，参与发动滦州起义，失败后被革职法办，本应判以极刑，军阀王怀庆见其相貌堂堂，怜其年轻，故保其一命，递解保定。11 岁因家境贫寒失学，只得住在父亲的营盘里自修功课，其父希望替他补上兵额，领得一些"恩饷"以补助家庭用度。当时他父亲所在的清朝保练军是著名的"父子兵"，一般人是很难补得上的。他父亲的同营好友虽然知道他们的家庭境况，但由于彼此都是在贫困中挣扎的伙伴，除了在精神上给予安慰外，没有什么办法能帮助他们。后来营中有了一个缺额，管带苗某就说："这回该叫冯大爷的儿子补上去。"主管人员问："叫什么名字？"苗管带一时想不起来，又怕耽误这一机会，就随手写了"冯玉祥"三字。从此，这个名字就正式使用起来。

1914 年 7 月，冯玉祥任陆军第 7 师第 14 旅旅长，率部在河南、陕西一带参加镇压白朗起义军。9 月任陆军第 16 混成旅旅长。1915 年奉令率部入川与护国军作战，暗中与蔡锷联络，于次年 3 月议和停战。1917 年 4 月被免去第 16 混成旅旅长职。7 月率旧部参加讨伐张勋辫子军有功，复任第 16 混成旅旅长。1918 年 2 月奉命率部南下攻打护法军，在湖北武穴通电主和，被免职留任。6 月率部攻占湖南常德后，被撤销免职处分，11 月任湘西镇守使。1921 年 8 月任陆军第 11 师师长，从属直系军阀，率其部队入陕西，在陕西督军阎相文自杀之后，接任陕西督军，并以此地为地盘扩充，受到苏联大力支持壮大，其军队因此被称为"西北军"。1922 年夏第一次直奉战争中，率部出陕援直，击败河南督军赵倜部，5 月调任河南督军。因受直系军阀首领吴佩孚排挤，10 月被派为陆军检阅使，率所部驻防北京南苑，抓紧练兵。1923 年曹锟、吴佩孚控制北洋政府后，冯玉祥在孙中山推动下，与陕军暂编第 1 师师长胡景翼及第 15 混成旅旅长孙岳结成同盟，决心寻机推倒曹、吴军阀统治。1923 年任河南省政府主席；1924 年第二次直奉战争中任直军第 3 军总司令，趁直、奉两军在石门寨、山海关等地激战，接受张学良 50 万银圆的贿赂，率军返回北京，发动北京政变，囚禁总统曹锟，推翻北洋政府，脱离北洋军系，改编所部为"国民军"，电请孙文北上。导致山海关一路的吴佩孚失败，任总司令兼第 1 军军长。但迫于形势，又同反直系的军阀张作霖、段祺瑞妥协，组成以段为临时执政的北洋政府。1925 年春迫于奉、皖两系军阀的压力，冯玉祥赴察哈尔张家口（今属河北）就任西北边防督办，所部改称西北边防军（简称西北军）。8 月任甘肃军务督办仍兼西北边防督办。在此期间，接受共产党人和苏联专家帮助，建立各种军事学校。1925 年 12 月命令部下张之江劫持并杀害曾收复外蒙古的著名将领徐树铮。1926 年 1 月在奉、直军联合进攻下被迫通电下野，旋赴苏联考察。8 月中旬回国，迅即被广州国民政府任命为国民政府委员、军事委员会委员。在苏联和中国共产党帮助下，9 月 17 日在绥远五原（今属内蒙古）誓师，就任国民军联军总司令，正式宣布全体将士集体加入中国国民党，参加国民革命。根据广州国民政府要求，在李大钊等中国共产党人建议下，制定"固甘援陕，联晋图豫"的战略方针。随即率部参加北伐战争，出师甘、陕，11 月解西安之围。1927 年 4 月冯玉祥所部被武汉国民政府改编为国民革命军第二集团军，任总司令，旋率部东出潼关，鏖战中原，与北伐军唐生智部会师郑州。1927 年 4 月宁汉分裂之后，先在郑州与汪精卫会面，后在徐州与蒋中正会面，最后选择与南京蒋中正合作，清除内部的中国共产党人。1928 年率部参加第二期北伐。10 月任行政院副院长兼军政部长。因军队编遣等问题与蒋发生利害冲突，在 1929 年和 1930 年爆发的蒋冯战争和蒋冯阎战争中失败下野，所部被蒋收编。1931 年九一八事变后，积极主张抗日，反对蒋介石的不抵抗政策。

从目前的资料看，郭道甫的这个秘书就是一个虚职，没有实质性的工作。

五　郭道甫任王正廷秘书

郭道甫担任王正廷秘书是经金永昌的介绍，郭道甫"民国十一年八月访问金永昌，依靠金的帮助谋职。通过金的介绍认识了政府内的中俄交涉公署署长王正庭，在王的手下（咨议处）当俄文翻译"。[①]　"民国十二年（1923 年）7 月，王正廷为了解外蒙古独立情况，出资六百元，限期四个月，派郭道甫赴外蒙古考察。"[②]　王正廷比郭道甫大 12 岁，1922 年郭道甫做中国外交部长的秘书时 28 岁，王正廷为 40 岁，一个不到 30 岁的

---

① 野津彰：《内蒙古赤化运动的变迁》，内蒙古大学中共内蒙古地区党史研究所编《内蒙古近代史译丛》第 1 辑，内蒙古人民出版社 1986 年版。

② 纳古单夫：《郭道甫略传》，内蒙古自治区蒙古语文历史研究室编《蒙古史文稿》第一辑，1976 年（内部资料）。

呼伦贝尔青年与当时中国的外交部部长有过一年多的工作关系，也是不凡的经历。让我们先了解一下王正廷。

王正廷（1882—1961），原名正庭，字儒堂，号子白，浙江奉化人。民国时期外交高级官员。出身于一个具有基督教背景的家庭，在同龄学子中较早接受西式教育。10 岁即入上海中英中学就学。1896 年考入天津北洋西学堂（现在的天津大学）。1901 年进海关任职。1905 年赴日本筹设中华基督教青年协会分会，其时，中国处于甲午战败之后，"割地丧权，日蹙百里，几于无时不在压迫之中"。《辛丑条约》的签署更是强烈刺激了年轻的王正廷。他决意从原来攻读的铁路专业转向"研习外事"。1907 年赴美国留学，1910 年毕业于耶鲁大学法律系后，留耶鲁大学研究院深造。与后来供职于民国外交界的名人王宠惠、王景春合称"耶鲁三王"。1910 年夏，正在硕士研究生班攻读国际法的王正廷，因健康原因被迫休学，旋即归国。王正廷"中国奥运之父。作为中国第一任国际奥林匹克委员会委员，他以筚路蓝缕开启了中国体育走向世界的曲折历程。王正廷是四掌外交部的国民党元老"。[1] 1922 年 12 月 6 日，王正廷被任命为北京政府外交总长（1 个月又 6 天），11 日又被任命为兼代国务总理（仅 25 天）。是年 3 月 26 日，黎元洪派王正廷筹办中俄交涉事宜。其时，苏俄政府在发表两次对华宣言的基础上，特派代理外交人民委员加拉罕使华，谈判中苏建交。但双方在先承认还是先谈判的顺序问题上，长期不能统一。北京政府主张先谈判解决中苏间悬案，然后承认苏俄政府。但这并不妨碍加拉罕与王正廷间非正式的接触与谈判。王正廷针对苏方的要求，提出参照中日交涉山东问题的前例，先拟定一个解决中俄悬案大纲协定，然后互相承认，再举行双边会议解决具体问题，取得苏方同意，从而扫除了中苏谈判的障碍。争执的主要问题是外蒙古问题、中东铁路问题以及松花江黑龙江航行问题、赔偿十月革命和俄国内战中华侨蒙受损失问题等，双方互提方案，交涉折冲。3 月 14 日，双方在《解决中俄悬案大纲协定草案》《暂行管理中东铁路协定草案》以及附件上非正式签字，为中俄建交谈判奠定了基础。

然而，王正廷与时任外交总长的顾维钧长期不睦，加上该草案未曾事先提交内阁会议讨论，因此遭到整个内阁的反对，认为王正廷签署该草案

---

① 完颜绍元：《王正廷的外交生涯》，团结出版社 2008 年版，封面。

越权，王正廷为此退出中苏谈判，转由外交部直接与加拉罕谈判，中俄争执再起。由于此时孙中山领导的广州军政府已确立"联俄"方针，这给北京政府以很大压力，谈判速度加快。5 月 31 日，顾维钧与加拉罕正式签约，这是鸦片战争以来中国与大国签署的又一平等条约，中苏两国由此建立了大使级外交关系，使中国的对外关系开始了新的一页。① 郭道甫正是 1923 年初来到北平，文献记载"1922 年，由于在办学方针上与当局发生分歧，加之蒙古平民革命的成功，郭道甫深感'旧势力的黑暗'，亦感到教育毕竟不能达到改革政治的目的，迫于压力，辞去校长职务。次年初，赴北平，经时任蒙藏学校校长金永昌推荐，任学校教员、学监和北京政府中俄交涉公署署长王正廷的秘书、咨议处俄文翻译"。这时黎元洪派王正廷筹办中俄交涉事宜，而郭道甫担任了王正廷的秘书和咨议处的俄文翻译，可以推断一定参与了中俄交涉的重大历史事件，因为来北平的时间和担任王正廷秘书和俄文翻译的时间相吻合。

九一八事变发生后，蒋介石所推行"不抵抗政策"，使东三省大好河山尽落日本人之手，激起了全国民众的反日浪潮，作为外交部部长的王正廷首当其冲。1931 年 9 月 28 日，冒雨赴国民党中央党部请愿的千余名中央大学学生，因不获蒋介石接见，转而冲进外交部。一边高喊"打倒卖国贼！"一边痛殴王正廷，王氏成为"不抵抗政策"的替罪羊。10 月 3 日，国民政府明令宣布：外交部部长王正廷呈请辞职，准免本职。他做梦也没有想到，自己在外交舞台上奋斗了 20 年最后竟会以如此方式下台！此后王正廷虽然出任过一些外交方面的重要职务，但已不再在国民政府的外交事务中起核心作用了。淡出外交界的王正廷主要从事各项社会活动、公益事业以及金融和保险事业。1961 年 5 月 21 日因病在香港逝世。

而"1931 年'九一八'事变后，在此中华各民族危机时刻，郭道甫向张学良通电声明：'即便自己战死也不做日本人的亡国奴，要同日本帝国主义抗战到底。'当奉天被日本侵略军占领，他把学生安排回家后，自己同呼伦贝尔学生返回海拉尔"。② 王正廷是做了"不抵抗政策"的替罪羊，郭道甫是因九一八事件而不能继续从事教育事业，从沈阳回到海拉

---

① 百度百科：王正廷。
② 纳古单夫：《郭道甫略传》，内蒙古自治区蒙古语文历史研究室编《蒙古史文稿》第一辑，1976 年（内部资料）。

尔，没有几个月就失踪于满洲里。郭道甫因王正廷的任用而有机会到外蒙考察，进而与共产国际取得联系，也因与加拉罕的接触被称为"赤化"而解职。

六 郭道甫与白云梯之间

郭道甫与白云梯是政治合作者，白云梯是第一次国共合作时期内蒙古地区的代表人物，参加过国民党第一次代表大会，郭道甫与白云梯起码在1922年时就认识了，白云梯为郭道甫的《蒙古问题》作了叙，1923—1926年两人是政治合作关系，1927年从合作到分道扬镳。郭道甫与白云梯同岁，同出生于1894年，两人最大的合作，就是共同组建内蒙古人民革命党，这在内蒙古的历史上可圈可点，后因"主义"的分歧，加之复杂的国际环境，产生了决裂，走了一条完全不同的人生道路，一个跟随蒋介石到了台湾，一个失踪后到了苏联，因此，两人最终的人生结局也就完全不同。因白云梯在民国的政治地位，他对郭道甫政治地位的提升是有过帮助的，那让我们先来了解一下白云梯的简历。

白云梯（1894—1980），字巨川，蒙古族。内蒙古卓索图盟喀喇沁中旗（今赤峰市宁城县）人。蒙藏学校法制经济科毕业。曾任国民党内蒙古党务特派员、国民政府委员、蒙藏委员会委员。1911年入北京国文专修馆，1912年入北京蒙藏学校法治经济科就读。1918年8月，到广东参加孙中山召开的非常国会，跟随孙中山从事国民革命活动。1924年1月，参加中国国民党第一次代表大会，当选为中心候补执行委员。11月，随同孙中山北上，奉命在内蒙古开展国民党党务活动，同时积极筹组内蒙古人民革命党。1925年10月，出席内蒙古人民革命党第一次代表大会，当选为中心委员会委员长。1926年底，接任内蒙古人民革命军总司令。1927年8月，出席内蒙古人民革命党乌兰巴托非凡会议，被撤销委员长及中心常务委员职务。同年9月回到宁夏，发表"内蒙古国民党反共宣言"。11月，到达南京后，历任国民党中心候补执行委员、执行委员、国民政府委员、中心政治会议委员、蒙藏委员会委员、常务委员，蒙古地方自治政务委员会委员等职。1931年任国民党中心组织委员会委员。1933年任中心政治会议委员，兼任蒙古地方自治政务委员会委员。1947年7月，任蒙藏委员会副委员长，1948年12月任委员长。1949年去台湾，历任国民党第八、九、十、十一届中心评议委员、"总统府国策顾问"。1980 年 8 月，在台北病故，终年 86 岁。著有《蒙古民族自决运动》等。

1923 年两人 29 岁时，因志同道合走到了一起。1923 年郭道甫出版的《蒙古问题》白云梯为之作叙，叙中写道"郭君道甫，乃吾蒙古青年之先觉者，拟欲拯救我五百万蒙古平民于倒悬之患，也已有十余载矣。不幸国内多事，蒙地专制尤甚，故编此书以希海内贤达之援助，而资启发我蒙古青年之智识，期以文化救济我蒙族者也。读其书，则思过半矣"。①　落款为漠南白云梯叙。从叙中白云梯对郭道甫"乃吾蒙古青年之先觉者"的这段赞扬，显然是革命理想的知音，也能看出白云梯对郭道甫的赏识。两年后两人联袂共同合作组建内蒙古人民革命党，1925 年 10 月内蒙古人民革命党在张家口成立时，白云梯当选为中央执行委员会委员长，郭道甫为秘书长，当时应该是革命事业的密切合作者。郭道甫何时结识白云梯的呢，资料记载，"1922 年春，他自北平蒙藏学校同白云梯、郭道甫及路级三等人去外蒙古学习，1924 年结业"。②　这个他指的是乐景涛（席慕容的姥爷）。上述资料证明郭道甫与白云梯起码 1922 年就相识了。

1927 年因"主义"的分歧，分道扬镳。这就是乌兰巴托特别会议 1927 年大革命失败后，在共产国际代表阿木嘎耶夫的主持之下，1927 年 8 月 10 日开始在蒙古人民共和国首都乌兰巴托召开了内蒙古人民革命党乌兰巴托特别会议，执行委员会委员白云梯、郭道甫、金永昌、李丹山、福明泰、乐景涛等，以及来自内蒙古伊克昭盟、乌兰察布盟、哲里木盟、卓索图盟、察哈尔、呼伦贝尔等地的代表共 40 多人出席大会。当时在莫斯科中山大学留学的内蒙古学生乌力吉敖喜尔、白永伦等人，以及蒙古人民革命党的丹巴道尔吉也出席了大会。

会议总结了内蒙古人民革命党的工作，在此过程中，以白云梯为首的"喀喇沁派"同以郭道甫为首的"达斡尔派"在党的领导权问题上发生争执。据乌力吉敖喜尔回忆，丹巴道尔吉在会上出面调停了双方的矛盾。会议随即批评了白云梯、郭道甫在工作中所犯的错误及他们之间进行宗派斗争的恶果，统一全党思想，重申党的纲领，确定该党的方针和任务。会议大幅度改选了中央领导机构，撤销了白云梯的中央委员会委员长职务，撤

---

①　奥登挂编：《郭道甫文选》，内蒙古文化出版社 2009 年版，第 13 页。
②　百度百科：乐景涛。

销了郭道甫的秘书长职务，将白云梯和郭道甫均降为中央委员；撤销了追随白云梯的金永昌、李丹山的中央常委、执委职务，并开除出中央委员会；选锡尼喇嘛的战友孟和乌力吉担任中央委员会委员长，白永伦为秘书长，孟和乌力吉、白永伦、福明泰、布尼雅巴色尔、白海风为常务委员，组成了新的中央常务委员会。新的中央领导机构设在乌兰巴托。

会上，丹巴道尔吉曾经认为应当将白云梯、郭道甫保留在中央执行委员会，但共产国际代表阿木嘎耶夫称，内蒙古人民革命党的事情由内蒙古自主解决，阻止丹巴道尔吉出面干预。会后，在丹巴道尔吉的保护下，白云梯、金永昌、李丹山等人安全返回宁夏。

1927 年 9 月，白云梯等人返回宁夏后，由于对共产国际的干涉十分不满，乃发表了《内蒙古国民党反共宣言》，宣布反苏反共，通缉共产党员，杀害中国共产党党员李裕智，后赴南京投靠蒋介石。

从内蒙古人民革命党对时局的认识及其政治主张，以及它与共产国际、中国共产党和苏联、蒙古两国两党之间的关系，可以断言它是在思想理论上以马克思列宁主义为指导，在政治上坚持反帝反封建革命纲领，在组织上是以蒙古族人民为基础，以革命派和共产党人为核心，团结联合各革命党派和各族人民，代表蒙古族人民利益的民族民主革命政党，而且是共产国际的同情支部。

内蒙古人民革命党成立之后，在共产国际指导和中国共产党的大力配合下，在内蒙古地区发动了一场规模空前、声势浩大的蒙古民族解放运动。由于奉系军阀在内蒙古东部地区的侵扰，党的活动中心逐渐转移到西部地区。1926 年 8 月，党的中央领导机构迁到包头后，其活动在伊盟和乌盟发展迅速。10 月在包头召开乌伊两盟代表会议，做出发展党务的各项决定，极大地推动了党的工作。仅伊盟建立区党部 34 个，党员有 3000 余名，连同其他盟旗达到 6000 余人。从 1925 年底开始，首先在内蒙古东部克什克腾旗组建了一支 600 余人的蒙古族革命武装——内蒙古特别国民军第一纵队，并配合冯玉祥的国民军与奉系军阀作战，屡建战功；1926年底，在包头正式组建了近 2000 人的内蒙古人民革命军，旺丹尼玛任总司令，李裕智任副总指挥；同时成立了内蒙古军官学校，中共党员、黄埔军校二期生王瑞符任校长。值得特书的是，在锡尼喇嘛领导下，伊盟乌审旗建立了旗党部，下属 17 个党支部 700 余党员，组建了人民革命军第 12 团，推翻了王公札萨克政权，建立了人民革命政权——公会，实行了一系列革命政策，这是鄂尔多斯高原上的一块红色根据地。该党中央领导机关于 1926 年底迁到宁夏银川后，还开辟了阿拉善旗的工作。内蒙古人民革命党领导的蒙古民族解放运动蓬勃地发展起来，成为内蒙古革命的重要组成部分。据 1928 年 6 月上海《民国日报》公布的数字，在农牧民中的党员有 8000 余人，在军队中的党员有 5000 人左右，合计 1.2 万人之多。[①]白云梯为郭道甫《蒙古问题》叙的全文："民国肇衅十有四载，而中华民族多已脱离专制而享平等幸福矣。惟我五百余万蒙古平民，迄未跻于平等之列，仍被压迫于阶级专制之下。私权咸被其剥夺，常无安居生活之路，公权尽被其贩卖，永无参政之机会，名虽国民，实如黑奴，王公暴虐，烈于桀纣，蒙民惨苦，酷于朝鲜。顾吾蒙民痛受压迫若斯之甚，而无反动者，其故安在耶？缘吾蒙古平民无团体，无觉悟，无自决之精神而然也。苟有团体能觉悟奔民族自决之精神，独立之生气，急起奋斗，赴汤蹈火，甘之如饴，杀身成仁，惟恐或后，则我蒙族争自由，争平等，争人格，脱离专制余毒，岂非易如反掌也哉？否则，当此竞争生存优胜劣败之秋，我蒙族岂独永为奴隶被压迫而已耶？不久种族亦陷于灭亡之域耳。呜呼！我蒙古平民岂不从速醒悟，结团体共同奋斗，为我蒙族争自由，争平等，争人格，以谋脱离专制惨毒也欤？郭君道甫，乃吾蒙古青年之先觉者，拟欲拯救我五百万蒙古平民于倒悬之患，也已有十余载矣。不幸国内多事，蒙地专制尤甚，故编此书希海内贤达之援助而资启发我蒙古青年之智识，期以文化救济我蒙族者也。读其书，则思过半矣。漠南白云梯叙。"[②] 从以上"叙"中可知他们的政治主张是一致的。

七　郭道甫与伯乐金永昌

金永昌在郭道甫人生的关键时期起到了伯乐的作用。金永昌比郭道甫大 11 岁，1909 年 24 岁留学日本，这时郭道甫才 13 岁。回国后金永昌任过北京临时参议院蒙古选出议员、黎元洪大总统府的顾问，历任蒙藏学校的校长。郭道甫是怎么认识金永昌的？野津彰在《内蒙古赤化运动的变

---

①　武晓霞编辑：《内蒙古人民革命党始末》，http：//www.baotounews.com.cn/2008/09、18/180246.shtml，2008 年 9 月 18 日。
②　白云梯：《蒙古问题》"叙"，奥登挂编《郭道甫文选》，内蒙古文化出版社 2009 年版。

迁》一文中谈了这个问题，郭道甫"蒙古名莫尔色，呼伦贝尔扎罗木德
人（达斡尔族），齐齐哈尔中学毕业，考进北京俄文法政专门学校，两年
后中途退学，这期间（民国五年）同当时回国的金永昌相识。其后，任
海拉尔蒙旗学校校长、北京蒙藏专门学校教员等，但不久离职。民国十一
年八月访问金永昌，依靠金的帮助谋职。通过金的介绍认识了政府内的中
俄交涉公署署长王正廷，在王的手下（咨议处）当俄文翻译"。① 如不担
任王正廷的翻译就不会认识加拉罕，也就不会与苏联有关联。下面介绍伯
乐金永昌。

　　金永昌（1885—?），蒙古族，蒙古语名汉译初为阿勒唐瓦齐尔，后
译阿拉坦鄂齐尔，汉名金永昌，别号勉卿，内蒙古卓索图盟喀喇沁右旗
人。中华民国、"满洲国"政治人物。金永昌早年在喀喇沁右旗军官学堂
上学。1909 年（宣统元年），他到日本留学东京帝国大学农学部学习畜产
学。归国后，他曾任北京临时参议院蒙古选出议员、蒙藏学院教授。他在
护法运动中支持孙中山，任广东非常国会议员，后重回北洋政府，任黎元
洪大总统府顾问。此后，他历任蒙藏专门学校校长、西北督办公署顾问。
此后他参与白云梯组织内蒙古国民党的计划。1925 年（民国十四年），他
任内蒙古国民党中央执行委员。此后，他任南京国民政府农矿部设计委
员。1932 年经关东军邀请，同年"满洲国"建国后，金永昌任驻蒙办事
处处长。此后他转到内蒙古任职，历任蒙古地方自治政务委员会委员、蒙
古军政府内务处长、蒙古军政府驻满代表。1937 年（民国二十六年）11
月蒙古联盟自治政府成立后，他任总务兼交通委员。翌年 8 月政府改组，
他调任产业部长。1939 年（民国二十八年）9 月蒙疆联合自治政府成立，
他任交通部长。1941 年（民国三十年）6 月，政府机构改组，交通部改
为交通总局，金永昌任交通总局局长，1943 年（民国三十二年）8 月辞
任。此后金永昌的生平事迹不详。郭道甫与金永昌应该是 1925 年内蒙古
人民革命党成立前后有过一段比较近距离的接触，以后也就分道扬镳了，
从金永昌的经历看，他后来到南京政府去做官了，当了农矿部设计委员，
郭道甫是不认可南京政府的，走了两条不同的政治道路。

---

① 野津彰：《内蒙古赤化运动的变迁》，内蒙古大学中共内蒙古地区党史研究所编《内蒙
古近代史译丛》第一辑，内蒙古人民出版社 1986 年版。

八 郭道甫与启蒙老师翟文选

对一个土生土长的呼伦贝尔人来说，郭道甫从小用母语说话，不认识汉字，呼伦贝尔盟鄂温克旗莫和尔图嘎查（村）巴彦嵯岗的语言与汉语有着巨大的差异，而与蒙语相近，郭道甫幼年先学习满语和蒙语，后能用标准和通顺的汉文著书立说，这要归功于启蒙老师翟文选先生。郭道甫八九岁开始学习满文和蒙文，而后幸运地去呼伦道尹翟文选所设的劝学所学习汉文，汉语工具的掌握，意义非同小可，郭道甫如不会讲汉语，仅懂满语和蒙语就不会在全国的教育界进行演讲，也不会产生如此大的社会影响，更不能引起教育界的重视而把少数民族的教育问题纳入全国的教育体系。郭道甫的国语水平如何，可以在第四章著作研究中作一体会。笔者认为翟文选不但对郭道甫汉语水平的提高有影响，对他的做人也产生了影响。翟文选是何许人也。

翟文选（1878—1950），字义人，双城堡西南地窨子人，满族人，或谓祖籍山东。有东北名宿之称，性刚正方直，虽贫不诏，好学嗜读。翟父以皮匠为业，家道拮据。文选为长子，节衣缩食，自筹学费，年二十三中举，举族欢腾。初为黑龙江将军府全省文案处提调官。光绪三十二年，擢升安达厅通判，安达初设治，凡治民政策皆出其手。宣统元年，升任呼伦厅同知。时边事纷繁，沙俄觊觎呼伦贝尔，屡造事端，入侵活动日益猖獗，文选尽心维持，不稍懈怠。辛亥革命爆发，沙俄策动蒙兵哗变，呼伦城陷，文选被逐。于是，为黑龙江省驻京代表。既而，改任黑龙江省警务处长兼省会警察厅长，主管警政。是时，捕获一名俄国间谍，俄驻华武官强行索还，文选凛然不为所动。俄人无奈，逼迫北洋政府外交部许可放人，俄军示威于黑龙江省城。文选毫无畏惧，审讯获得确凿证据后就地正法。然后，与都督宋小濂等联袂挂印辞官，以示人格国格之不容侵犯。翌年，当选第二届国会参议院议员。

民国九年，为东三省盐运使。其时东北盐业萧条，文选筹划有方，业绩卓然，东三省财政倚重之。十二年，双城重修孔子庙，文选心系家乡文化事业，捐廉巨万，工程借以完竣。又赠大批图书给县图书馆，双城学子皆得其益。

张作霖殒命，少帅张学良承袭。少帅主政东北之初，求治求贤之心若渴，效法老帅重用王永江之先例，破格任用文选为奉天省省长，兼东三省交通委员会会副委员长。东北易帜，文选与张学良、张作相、万福麟、翟文选等联名通电全国，宣布东三省"遵守三民主义，服从国民政府，改旗易帜"。嗣后，南京政府任命文选为奉天省政府委员、省政府主席。

文选骤升，奉系老臣旧部不悦，飞短流长，言及其妹隐私，更有人事纠纷不断，多方掣肘。时有王善人，设讲演设劝世治病，文选患胃病，设宴请善人。善人借题发挥说："现今富贵的人，不顾天命，任意行事，对百姓禁烟禁赌，自己却抽大烟，耍大钱，本是贵人，反而作了贱事。"省长沉思良久，说："我的亲友被我提携，抽大烟、娶姨太太，这是我的罪过呀！奈何？"善人说："以德教民，化俗成美，是长天命；以身作则，教民守法是宿命；不教不治，用权辖民是造阴命。你自己想想，怎样才能当一个了阴命、长天命的省长呢？"文选叹息说："可惜我和善人见面太晚，所以多造阴命，少长天命，上对不起国家，下对不起百姓。目前人心日下，时局不稳，我想急流勇退，善人看好不好？"善人说："好啊！天时世运，眼前就有一场变乱，不只一国有刀兵劫，还要影响整个世界，你赶快辞职还来得及。"于是，文选遂以病请辞，吃斋念佛。时为 1930 年 1月，9 月，九一八事变爆发。日寇策划"满洲国"政府，数次逼诱文选出任要职。文选辞之以病，拒绝不应。后携眷入关，隐居京津期间，静心事佛，从事慈善事业。妻子、女儿亦皆皈依佛门。女儿法名通愿上人，后为中国佛教第一圣尼。

抗战胜利，文选、张作相、王家翰于北平谒见蒋介石主席，蒋主席善加慰问，赞扬其保持民族气节，许以官位。文选固辞之。共和国时期，亦一心事佛。1950 年 4 月 23 日病逝于北京，终年 73 岁。

民国时期，翟家人才辈出。有翟树人，民国初毕业于日本东京畜牧学校；翟星枢，毕业于保定军官学校、日本法政学校；翟文翰，肄业于日本东亚预备学校；翟文源，肄业于日本早稻田大学校。其事迹，皆不知。

觉罗氏赞曰：贫贱不能移，威武不能屈，富贵不能淫。翟文选可谓其人也。一旦顿悟，弃高官如敝履。宦游于外，不忘家乡教育。生于乱世，能如此者，实在难能可贵也。

呼伦贝尔暴动之后，经过多方交涉、疏通，东北保安总司令张学良决定将呼伦贝尔青年党事件视为政治问题，以和平方式谈判解决，并请郭道甫的启蒙老师、奉天省长翟文选致函规劝。郭道甫等人鉴于继续对峙下去必将引起更大纠纷，地方秩序"不堪收拾"，原有权利亦会损失，遂决定让步（郭道甫《呼伦贝尔问题》）。郭道甫与老师翟文选的关系真可谓是世纪之交。

九　郭道甫与苏联大使加拉罕

郭道甫与加拉罕有过一段特殊的交往，加拉罕比郭道甫大 5 岁，加之加拉罕 16 岁就随父母来到中国哈尔滨，也算是中国通。郭道甫 1915 年入北京俄文法政专门学校学习俄文，因此，郭道甫与加拉罕在语言交流上是无障碍的。8 年后的 1923 年，经金永昌的推荐担任民国政府中俄交涉公署咨议处俄文翻译。据文献记载：1923 年郭道甫"又见了苏联大使加拉罕，取得赴苏护照"，[①] "是年秋，墨尔色同苏联大使加拉罕一起来到中国。9 月 2 日加拉罕抵达北京，墨尔色则回到了呼伦贝尔。"[②] 墨尔色即郭道甫，"民国十二年（1923 年）7 月，王正廷为了了解外蒙古独立情况，出资六百元，限期四个月，派郭道甫赴外蒙古考察。由此他出游外蒙古，后到苏联莫斯科等地，作《新蒙古》一书，详细介绍革命成功之后的蒙古，因而未等郭道甫考察回国，王正廷以他'赤化'为名，解除了他的职务。"[③] 这就意味着与加拉罕一起回到北京，就丢了饭碗，只好又返回家乡——呼伦贝尔。我们从郭道甫《新蒙古》一书的自序中也可以得到印证，"记者遂于一九二三年六月间，藉北京蒙藏学校派员前往外蒙招生之便，亲到库伦。蒙外蒙各界招待甚厚，迟至九月间，始克回京。"[④] 通过对三个不同文献记载的考证，可以推断郭道甫 1923 年 6 月先去库伦，后去莫斯科，与加拉罕有过密切接触，而且是一同回到北京的。正因为与加拉罕的关系，被王正廷解职，戴上"赤化分子"的帽子。随后，加拉罕在我国活动的时间长达三年（1923.9—1926.8），代表苏联政府发表过三次宣言，称为《加拉罕宣言》。鉴于加拉罕在 20 世纪 20 年代，对中苏

---

① 阿·恩克巴图、额尔很巴雅尔：《我们所知道的郭道甫》，《呼伦贝尔史志资料》（上）第一辑，1985 年。

② 朝鲁孟：《1925—1931 年间内蒙古人民革命党历史探述》，内蒙古大学硕士学位论文，2013 年。

③ 纳古单夫：《郭道甫略传》，内蒙古自治区蒙古语文历史研究室编《蒙古史文稿》第一辑，1978 年。

④ 奥登挂编：《郭道甫文选》，内蒙古文化出版社 2009 年版。

关系举足轻重的地位，我们先了解对他有个基本情况。

列夫·米哈依洛维奇·加拉罕 Лев Михайлович Карахан（1889—1937），苏联外交家，亚美尼亚人。1889年2月2日生于第比利斯。本姓加拉罕尼扬。父亲米哈伊尔·加拉罕尼扬是高加索的著名律师，1905年携家迁居哈尔滨，以后又去海参崴。加拉罕受过较完整的教育，在中学毕业后又于1910—1915年入彼得格勒大学法学系学习。加拉罕是俄国革命运动的积极参加者。早在1904年他就是俄国社会民主工党的成员，15岁就投身于反对沙皇的斗争。不久，加入俄国社会民主工党。1905年随父母离开高加索移居哈尔滨，其父在哈尔滨当律师，他补习学业，与哈尔滨的俄国社会民主工党接上关系。继续从事革命活动。1907年参与建立了出版社会主义思想书刊的印刷所，以后又参加了俄文报纸《新境报》的编辑工作。1910年他在哈尔滨被捕。被关押在道里监狱。因无证据，一个月后被释放。之后，继续在哈尔滨从事革命活动，深入中东铁路俄国工人中开展工运。1915年9月他再次被捕，流放到西伯利亚。1917年2月革命后被选为全俄第一届工兵代表苏维埃主席团委员和书记。十月革命时，担任革命军事委员会委员。1918年任副外交人民委员，曾参与筹备于1919年3月举行的共产国际成立大会。1919年7月代表苏俄政府发表《俄罗斯苏维埃联邦社会主义共和国对中国人民和中国南北政府的宣言》（即《苏俄第一次对华宣言》），宣布废除帝俄与中国签订的一切不平等条约。1920年9月，代表苏俄政府，发表第二次对华宣言。1921年出任苏联驻波兰大使。1923年9月以苏俄外交使团团长身份来华，洽商中苏复交问题，代表苏俄政府发表第三次对华宣言。1924年5月，与北洋政府外交总长顾维钧签订《中苏解决悬案大纲协定》，同时签订《中俄暂行管理中东铁路协定》。中苏建交后，出任苏联首任驻华大使。他任职期间，曾多次与孙中山接触和书信联系，并介绍鲍罗廷与孙中山会见。还与冯玉祥建立了友谊，积极支持中国北方的革命运动。他还多次到哈尔滨探亲，会见老朋友，发表演说，每次都受到欢迎。1926年8月，因中东铁路问题，在张作霖的强烈抗议下，加拉罕撤离中国，仍在外交人民委员部工作，1934年任苏联驻土耳其大使。1937年苏联肃反扩大化时遭到逮捕，并处以死刑。1956年2月给予平反恢复名誉。他为了发展苏中关系，支持中国革命做了很多工作。

《加拉罕宣言》是指苏俄外交官列夫·米哈伊洛维奇·加拉罕（Лев

了曲折，郭道甫的政治起伏与共产国际的复杂性有密切的关联，使他不断陷入极其复杂的政治旋涡之中，最终以失踪满洲里而结束了政治生涯。失踪后的种种猜测与说法使郭道甫的人生结局蒙上了神秘的色彩。65 年后的 1989 年真相大白，郭道甫蒙冤被判刑，成为苏联肃反扩大化错误的牺牲者。值得欣慰的是 20 世纪 90 年代家人历经千辛万苦获得了平反书，焦虑的心情得以释怀。郭道甫在办学、革命实践的同时著书立说，为后人留下了他的思想与主张，这一历史记录将化作永恒。时光荏苒，120 多年过去了，当研究郭道甫家世生平、革命实践与著作时，仿佛一切又回到了当年，人虽已逝去，却依旧可以从他著作的字里行间感受到一颗为少数民族教育事业而跳动的脉搏和赤子之心。

参考文献

一 著作类

1. 完颜绍元:《王正廷的外交生涯》》,团结出版社 2008 年版。

2. [俄罗斯] 乌索夫:《苏联情报机关在中国:20 世纪 20 年代》,赖铭传译,中国人民解放军出版社 2007 年版。

3. 张磊、张苹:《孙中山传》,人民出版社 2011 年版。

4. 张磊:《孙中山评传》,广州出版社 2000 年版。

5. 张宪文:《中华民国史纲》,河南人民出版社 1985 年版。

6. 何虎生:《张学良传》,中国工人出版社 2012 年版。

7. 孟松林、石映照:《达斡尔密码》,新世界出版社 2010 年版。

8. 中国第二历史档案馆编:《冯玉祥日记》,江苏古籍出版社 1992 年版。

9. 解玺璋:《梁启超传》(上、下),上海文化出版社 2012 年版。

10. 徐占江等:《呼伦湖志》第六编湖区战事纪略第二十八章第二节。

11. 内蒙古自治区达斡尔学会编:《达斡尔族研究》第五辑,1996 年 7 月(内部资料)。

12. 内蒙古自治区达斡尔学会编:《达斡尔族研究》第八辑,内蒙古大学出版社 2005 年版。

13. [日] 田中仁、江沛、许育铭:《现代中国变动与东亚新格局》(第一辑),社会科学文献出版社 2012 年版。

14. 王铎:《五十春秋——我做民族工作的经历》,内蒙古人民出版社 1992 年版。

15. 《达斡尔简史》,内蒙古人民出版社 1986 年版。

16. 《达斡尔族简史》,民族出版社 2008 年版。

17. 苏上达等:《第三届太平洋国交讨论会纪要》,观海社 1929 年版。

18. 张景川、汪永贵、李生、杨谦：《安达县志》第二十四篇人物第一章人物传略，黑龙江出版社 1992 年版。

19. 《松花江地区志》卷三十一人物志第一章人物传略。

20. 《双城县志》第十九篇人物第一章人物传略。

21. 《莫力达瓦达斡尔族自治旗概况》，内蒙古人民出版社 1985 年版。

22. 郭克兴：《黑水郭氏家乘》八卷，民国十四年（1925）—民国十五年（1926）印行出版铅印本。

23. 巴图宝音、孟志东、杜兴华主编：《达斡尔族源于契丹论》，中国社会科学出版社 2011 年版。

24. 札奇斯钦：《我所知道的德王和当时的内蒙古》，中国文史出版社 2005 年版。

25. 蒙古族通史编写组编：《蒙古族通史》，民族出版社 2001 年版。

26. 徐友春主编：《民国人物大辞典》（增订版），河北人民出版社 2007 年版。

27. 嘉庆《重修大清一统志》外藩蒙古统部。

28. 《清史稿》卷七十八地理志。

29. 李新主编：《中国新民主主义革命史长编》，肖超然等编著《国民革命的兴起，1923—1926》，上海人民出版社 1991 年版。

30. 韩狄：《清代八旗索伦部研究——以东北地区为中心》，中国社会科学出版社 2011 年版。

31. 邢广程主编：《中国边疆学》第一辑，社会科学文献出版社 2013 年版。

32. 顾维钧：《顾维均回忆录》第一分册、第二分册，中国社会科学院近代史研究所翻译组译，中华书局 1983 年版。

33. M. C. 贾比才：《中国革命与苏联顾问（1920—1925）》，中国社会科学出版社 1981 年版。

34. 呼伦贝尔档案史志局：《呼伦贝尔市人物志》，内蒙古文化出版社 2006 年版。

35. 《蒙古族简史》，内蒙古人民出版社 1985 年版。

36. 《中共中央文件选集》（一），中共中央党校出版社 1982 年版。

37. 冯玉祥：《我的生活》（上），黑龙江人民出版社 1981 年版。

38. 中共中央党史研究室科研局编：《李大钊文集》，中共党史出版社 1991 年版。

39. 《中国现代史辞典》（人物部分），近代中国出版社 1985 年版。

二　论文类

1. 纳古单夫：《郭道甫略传》，内蒙古自治区蒙古语文历史研究室编《蒙古史文稿》第一辑，1978 年。

2. 郝维民：《郭道甫与蒙古民族问题》，内蒙古大学第三次蒙古学国际学术讨论会，1998 年 8 月 18 日。

3. 金海、郝维民：《达斡尔族杰出的政治家、教育家——郭道甫传》，奥登挂编《郭道甫文选》，内蒙古文化出版社 2009 年版。

4. 阿·恩克巴图、额尔很巴雅尔：《我们所知道的郭道甫》，《呼伦贝尔史志资料》（上）第一辑，1985 年。

5. 阿日亚：《郭道甫（墨日色）有关于前苏联（包括第三国际）蒙古国家关系的史料概述》，《日记》1999 年 11 月 25 日。

6. 伊敏：《浅析郭道甫先生的政治思想——纪念郭先生诞辰一百周年》，内蒙古自治区达斡尔学会编《达斡尔族研究》第五辑，1996 年（内部资料）。

7. 特古斯：《我们那一代青年——回忆东蒙古青年运动》，《兴安革命史话》。

8. 奥登挂等：《郭道甫年鉴》，达斡尔族论坛，2012 年 8 月 30 日。

9. 内蒙古自治区达斡尔学会编：《郭道甫诞辰一百周年学术研讨会专辑》，《达斡尔族研究》第五辑，1996 年。

10. 仁钦莫德格：《沈阳东北蒙旗师范学校》，《内蒙古文史资料》第 23 辑，内蒙古人民出版社 1979 年版。

11. 李刚、叶继元：《中国现代图书馆专业化的一个重要源头——中华教育改进社"图书馆教育组"的历史考察》，《第十届海峡两岸图书资讯学学术研讨会论文集》。

12. 伊敏：《略论 1928 年呼伦贝尔暴动和平解决》，奥登挂编《郭道甫文选》，内蒙古文化出版社 2009 年版。

13. 阿日亚：《略谈郭道甫成长的周围环境和他的思想体系》，内蒙古自治区达斡尔学会编《达斡尔族研究》第五辑，1996 年。

14. 于光田：《北京政变至郭冯反张时期冯玉祥与苏联的关系》，《西南交通大学学报》（社会科学版）2010 年第 1 期。

15. 周太平：《1920 年代的郭道甫及呼伦贝尔青年党暴动试谈》，大阪大学中国文化论坛，2010 年。

16. 奥登挂：《短暂而光辉的一生——郭道甫生平简略介绍》，内蒙古自治区达斡尔学会编《达斡尔族研究》第五辑，1996 年。

17. 《我的经历见闻》，《内蒙古文史资料》第 31 辑，内蒙古人民出版社1979 年版。

18. 陈晶：《东北蒙旗师范学校张学良亲任董事长》，《辽宁日报》2014年 7 月 26 日。

19. 王旭：《关于郭道甫的一则补充史料》，《内蒙古民族大学学报》（社会科学版）2008 年 5 月第 34 卷第 3 期。

20. 吴恩远：《苏联三十年代大清洗人数考》，《历史研究》2002 年第5 期。

21. 何明江：《孙中山的改革开放思想与内蒙古的繁荣发展进步》，《"孙中山与近代中国的开放"学术研讨会论文集》，2008 年。

22. 吴伊娜：《郭道甫生平及思想研究》，内蒙古大学硕士学位论文，2008 年。

23. 张秀华：《郭道甫对蒙古民族觉醒的作用初探》，《东北亚论坛》2002年第 4 期。

24. 闫沙庆：《论郭道甫先生与东北早期民族教育》，《大连民族学院学报》2006 年第 6 期。

25. 忒莫勒：《硕果仅存的——〈东北蒙旗师范学校校刊〉创刊号》，《蒙古学信息》2004 年第 2 期。

26. 吴依桑：《达斡尔族教育史述略》，《民族研究》1997 年第 4 期。

27. 郝维民：《第一、二次国内革命战争时期的内蒙古人民革命党》，《内蒙古大学学报》（哲学社会科学版）1979 年第 2 期。

28. 陶玉坤：《郭道甫早期的民族自救活动》，《昭乌达蒙族师专学报》（汉文哲学社会科学版）1995 年第 2 期。

29. 陶玉坤：《郭道甫的民族革命思想》，内蒙古自治区达斡尔学会编《达斡尔族研究》第五辑，1996 年。

30. 陆兵、陆剑：《北京蒙藏学校》，《北京党史》1988 年第 5 期。

31. 孟彩霞：《民国时期北京蒙藏学校的文化教育》，《语文学刊》（上半年）2010 年第 5 期。

32. 吴艳：《生生不息的种子——追记诞生在蒙藏学校的第一个少数民族党支部》，《中国民族报》2011 年 6 月 3 日。

33. 姚广：《"蒙古圣人"郭道甫》，《骏马》2010 年第 2 期。

34. 孟和那苏：《试论凌升在伪满时期的思想动态》，内蒙古自治区达斡尔学会编《达斡尔族研究》第九辑，内蒙古教育出版社 2008 年版。

35. 《凌升》，新华社内蒙古频道。

36. 索日沙庆：《达斡尔族的著名爱国者凌升》，《黑龙江民族丛刊》1993 年第 3 期。

37. 《1924 年秋，李大钊出席共产国际五大后对北方区工作的部署》，《党史资料》1983 年第一辑。

38. 《中国共产党在张家口地区的建立及其活动》，《张家口地区党史资料》1991 年第 7 期。

39. 《李大钊、邓小平与冯玉祥》，《党史通讯》1985 年第 4 期。

40. 野津彰：《内蒙古赤化运动的变迁》，内蒙古大学中共内蒙古地区党史研究所编《内蒙古近代史译丛》第一辑，内蒙古人民出版社 1986 年版。

41. 包梅花：《雍正乾隆时期呼伦贝尔八旗历史研究》，内蒙古大学博士学位论文，2012 年。

42. 乌尼日：《李大钊在西北地区的革命活动》，中共中央党史研究室科研局编《纪念李大钊诞辰 100 周年李大钊研究文集》，中共党史出版社 1991 年版。

43. 韩狄：《清代"索伦部"研究述评》，《辽宁大学学报》2009 年第 5 期。

44. 刘芳：《17 世纪沙皇俄国的入侵及对达斡尔族的影响》，《黑龙江民族丛刊》2008 年第 3 期。

45. 刘敬忠、王树才：《试论冯玉祥及国民军在 1925—1927 年的政治态度》，《历史研究》2000 年第 5 期。

46. 储朝晖：《陶行知与内蒙古教育》，《教育史研究》1992 年第 2 期。

47. 陈鹏：《清代东北地区布特哈八旗建立时间考辨》，《满族研究》2010 年第 1 期。

48. 陈鹏：《清代东北地区鄂伦春编旗初探》，《东北师范大学学报》2011 年第 2 期。

49. 苏钦：《关于清代布特哈八旗的几个问题》，《黑龙江民族丛刊》2005 年第 2 期。

50. 乌尼日：《达斡尔族族源研究概况》，《内蒙古社会科学》1982 年第 6 期。

51. 乌尼日：《达斡尔族皇后—郭博勒·婉容》，《文史春秋》1994 年第 2 期。

52. 张静：《中国知识界与第三届太平洋国际讨论会》，《近代史研究》2004 年第 1 期。

53. 王永成：《中东路事件再认识》，豆丁网，2014 年 1 月 14 日。

54. 刘生荣：《郭道甫神秘失踪的革命者》，《内蒙古日报》2011 年 8 月 25 日副刊第 7 版。

55. 昆仑冷月：《玛拉沁夫、通福敖包相会》，《音乐人生》2011 年 5 月 15 日。

56. 王咏曦：《清代达斡尔族中的郭博勒氏》，《北方文物》1986 年第 1 期。

57. 吴刚：《敖拉昌兴与满文》，《满语研究》2014 年第 2 期。

58. 安娜：《清代呼伦贝尔佐领敖拉·昌兴及其巡边》，内蒙古师范大学硕士学位论文，2010 年。

59. 阿日亚：《呼伦贝尔索伦左翼旗副总管荣禄》，《内蒙古近现代总管录》，《内蒙古文史资料》第五十一辑，2001 年。

60. 阿·恩克巴图、额尔很巴雅尔：《荣禄略传》，《内蒙古近现代总管录》，《内蒙古文史资料》第五十一辑，2001 年。

61. 阿·恩克巴图、额尔很巴雅尔：《呼伦贝尔额鲁特总管凌升》，《内蒙古近现代总管录》，《内蒙古文史资料》第五十一辑，2001 年。

62. 郑大华：《论晚年孙中山"中华民族"观的演变及其影响》，《民族研究》2014 年第 2 期。

63. 阿勇：《探讨有关达斡尔的历史起源问题》，内蒙古自治区达斡尔学会编《达斡尔族研究》第九辑，内蒙古教育出版社 2008 年版。

64. 阿·恩克巴图：《达斡尔族不是契丹后裔——对于契丹与达斡尔族 DNA 研究的几点看法》，内蒙古自治区达斡尔学会编《达斡尔族研究》第九辑，内蒙古教育出版社 2008 年版。

65. 阿·恩克巴图：《19 世纪达斡尔人使用的文字》，内蒙古自治区达斡尔学会编《达斡尔族研究》第六辑，内蒙古大学印刷厂 1998 年印制。

66. 何云鹏：《试论达斡尔族民族的心理素质》，内蒙古自治区达斡尔学会编《达斡尔族研究》第六辑，内蒙古大学印刷厂 1998 年印制。

67. 碧力德、碧力格：《关于成德家族的家谱》，内蒙古自治区达斡尔学会编《达斡尔族研究》第六辑，内蒙古大学印刷厂 1998 年印制。

68. 宜日奇：《试论凌升的功过是非》，内蒙古自治区达斡尔学会编《达斡尔族研究》第六辑，内蒙古大学印刷厂 1998 年印制。

69. 孟志东：《关于凌升研究五题》，内蒙古自治区达斡尔学会编《达斡尔族研究》第六辑，内蒙古大学印刷厂 1998 年印制。

70. 奥登挂：《望世家族——郭博勒氏》，《莫力达瓦达斡尔自治旗达斡尔学会会刊》2003 年第 10 期。

71. 《郭布罗·润麒先生的讲话》，《莫力达瓦达斡尔自治旗达斡尔学会会刊》2003 年第 10 期。

72. 《勇猛的契丹族为何集体失踪》，《内蒙古晨报》2005 年 6 月 25 日。

73. 《西安惊现契丹人》，《内蒙古晨报》2005 年 1 月 15 日。

74. 《消失的民族：古墓怪异符号暴露契丹族神秘失踪之谜》，http：//cathay. ce. cn/history/200807/09/t20080709_ 16096012. shtml。

75. 吉雅泰：《内蒙古革命史上的几个问题》，《党史研究资料》1982 年第 4 期。

76. 郭道甫：《蒙古教育之方针及其办法》，《新教育评论》1926 年第 1 卷第 7 期。

77. 陶行知：《蒙古教育之方针及其办法》"按语"，《新教育评论》1926 年第 1 卷第 7 期。

78. 阿日亚：《郭道甫先生及其科左中旗学生》，《内蒙古政协》2004 年第 5 期。

79. 纳古单夫：《台湾蒙古学学者哈勘楚倫及其"大札萨"研究》，《蒙古学信息》1991 年第 1 期。

80. 汤凤云：《民国时期呼伦贝尔地区移民研究（1912—1945）》，东北师范大学硕士学位论文，2006 年。

81. 敖兴然：《达斡尔族和蒙古族祖源关系探讨》，《内蒙古社会科学》1986 年第 3 期。

82. 朝鲁孟：《1925—1931 年间内蒙古人民革命党历史探述》，内蒙古大学硕士学位论文，2013 年。

83. 《长孙眼里的阿拉善"小三爷"》，《内蒙古晨报》2010 年 9 月 20 日。

84. 阿鲁贵·萨如拉：《论清代呼伦贝尔地方的旗兵制度及其特征》，《中国边疆史地研究》2010 年第 1 期。

85. 刘存宽：《1918—1921 年的外蒙与中苏关系》，《近代史研究》1991 年第 5 期。

86. 樊明方：《北京政府废除〈中俄蒙协约〉的努力》，《中国边疆史地研究》2013 年第 3 期。

87. 樊明方：《苏俄军队进占库伦与外蒙古人民党政权的建立》，《新疆社会科学》2010 年第 3 期。

88. 黄少明：《中华教育改进社年会有关图书馆议决案对中国图书馆事业的影响》，《国家图书馆学刊》2009 年第 3 期。

89. 刘莉：《加拉罕对华活动述评》，西南交通大学硕士学位论文，2007 年。

90. 尚明轩：《民国时期的孙中山研究》，《学术月刊》2003 年第 4 期。

91. 林军：《苏俄政府在归还中东铁路问题上口径的变化——加拉罕给越飞的信》，《外交学院学报》1996 年第 1 期。

92. 《加拉罕之对华态度》，《晨报》1923 年 8 月 21 日第 3 版。

93. 百度文库：《后现代史纲要——加拉罕》。

94. 鲁宾：《为蒙古民族而奋斗的墨尔色》，《蒙古国国立大学社会科学系历史学刊》2008 年第 298 期。

95. 朝鲁孟：《1928 年呼伦贝尔运动探究》，《内蒙古大学学报》（哲学社会科学蒙古文版）2013 年第 1 期。

96. 张小艳：《阿拉善"小三爷"事件始末》，《档案与社会》2011 年 2 月。

97. 杨莲：《陶行知与中华教育改进社》，《南京晓庄学院学报》2008 年第 1 期。

98. 张建中、肖海燕：《陶行知的民族观与民族教育思想》，《民族教育研究》2013 年第 3 期。

99. 赵郁楠：《清代笔帖式之特色》，《满族研究》2006 年第 4 期。

郭道甫年表

1894 年　1 岁。

生于呼伦贝尔索伦左翼镶黄旗。本名墨尔森泰，习称墨尔色，号浚黄，汉名郭浚黄，字道甫，达斡尔族。祖父成善，民国初年任呼伦贝尔副都统署左厅正堂，谥副都统；父亲荣禄，任索伦左翼镶黄旗总管。

1900 年（也有说 1902 年）母亲与小弟弟惨死在俄国人手中。（6 岁）

早年在海拉尔满蒙小学堂读书。

1908 年，在家乡提出治乡治家的十条约章，并在莫昆（氏族）集会上宣读。（14 岁）

1909 年，拜翟文选为师，学习汉语。（15 岁）

1910 年，考入齐齐哈尔中学。（16 岁）

1911 年，读书。（17 岁）

1912 年，黑龙江省立第一中学毕业。（18 岁）

在家乡，成为呼伦贝尔青年们的榜样。

1913 年（民国 2 年），游历外蒙古一年，作《库伦游记》。（19 岁）

1915 年，考入北京俄文法政专门学校。（21 岁）

1916 年，从北京回乡组织呼伦贝尔学生会，也称"蒙古青年党"。（22 岁）

1917 年，返乡后在海拉尔创办私立学校，自任校长。这期间，他曾用拉丁字母创制达斡尔文字。（23 岁）

1918 年，用自家的房屋办学，呼伦贝尔私立小学？（24 岁）

1918 年冬，参加乌金斯克城布里亚特蒙古民族大会。（24 岁）

1919 年夏天，创办一所新式女子学校，是年秋，回到莫和尔图。（25 岁）

1920 年，为恢复海拉尔学校和扩建莫和尔图学校，奔波于京津和哈尔滨、海拉尔等地，多方募集办学资金。创制达斡尔文字。被黑龙江省督军吴俊升视为"赤化分子"通缉逮捕。（26 岁）

1922 年，以兴办呼伦贝尔蒙旗合作社为名，与共产国际派来的布里亚特蒙古人策登依喜联系，开展革命活动；经金永昌的推荐在北京蒙藏学校任教员兼学监。后应聘在北京政府外交部中俄交涉公署咨议处任翻译。（28 岁）

1923 年，任职于北京蒙藏学校，并应聘为外交部秘书、中俄交涉公署咨议处翻译。（29 岁）

4 月，《蒙古问题》一书出版

6—9 月，前往外蒙招生①，又去莫斯科，9 月同加拉罕一起回京。

11 月 20 日，在北京撰写《新蒙古》自序。

1924 年 2 月，出版《新蒙古》一书。

7 月，在南京参加中华教育改进社的全国会议。（30 岁）

1925 年初，与白云梯等筹建内蒙古人民革命党。（31 岁）

1 月，"中华民国蒙党执行会"在北京成立，白云梯任会长，郭道甫、乐景涛、李丹山、金永昌、包悦卿以及共产国际负责内蒙古工作的特派代表奥齐罗夫（俄境布里雅特蒙古人）等为执行会会员。

8 月，参加中华教育改进社在太原召开的第四届年会。

10 月 2 日，从呼伦贝尔赶到张家口。②

10 月 13 日，张家口组织内蒙古人民革命党第一次代表大会，当选为中央执行委员会常委，并任秘书长。

冬　经贝子庙去库伦。

1926 年，到伊克昭盟及阿拉善旗开展党务工作。（32 岁）

初　由库伦返回呼伦贝尔家乡。

8 月，内蒙古人民革命党的活动从内蒙古东部转到内蒙古西部。

11 月，从包头迁到宁夏银川，以鄂尔多斯为活动中心。

年底到阿拉善开展工作。

---

①　郭道甫：《新蒙古》自序，见奥登挂编《郭道甫文选》，内蒙古文化出版社 2009 年版，第 71 页。

②　野津彰：《内蒙古赤化运动的变迁》，《内蒙古近代史译丛》第一辑，内蒙古人民出版社 1986 年版。

1927 年，4 月 4 日在阿拉善爆发"小三爷事件"。

8 月，在乌兰巴托召开的内蒙古人民革命党特别会议上被撤销秘书长职务。会后，任蒙古人民共和国职工总工会主席，起草会议章程。

同年，以总工会主席身份代表蒙古赴莫斯科出席第四届世界工联会议，并当选为该会中央评议委员会委员。

1928 年，6 月末，在呼沦贝尔与外蒙古交界的绰哥托松布尔地方，以青年党的名义召集党的会议，决定举行武装暴动。（34 岁）

7 月 9 日，与福明泰共同领导呼伦贝尔暴动，要求自治。由于暴动失败，他被迫接受东北当局议和条件，只身前往沈阳会见张学良，出任东北边防长官公署咨议。

8 月 17 日，内蒙古青年党放弃了争城夺路的计划。

8 月中旬，蒙古文化促进会成立大会，郭道甫讲话。

1929 年，在沈阳发起组织蒙古文化促进会，创办东北蒙旗师范学校，任校长。（35 岁）

7 月，因中东铁路事件，中国和苏俄发生了武装冲突，呼伦贝尔变为战场。

7 月 1 日，东北蒙旗师范学校开学典礼。

8 月，在辽宁出席太平洋国际讨论会，第三次预备会上发表了关于蒙古问题的长篇讲演。

冬，在东北蒙旗师范学校，《蒙古问题讲演录》的自序是在这里写的。

1931 年，撰写《呼伦贝尔问题》。（37 岁）

九一八事变后，从沈阳回到呼伦贝尔。

12 月 11 日，经苏联驻满洲里领事馆进入苏联。

1932 年，在苏联，具体地点不详。（38 岁）

1933 年，在苏联，具体地点不详。（39 岁）

1934 年，被苏联当局逮捕并判处死刑，后改判 10 年徒刑。（40 岁）

1934— ，在苏联，平反书写在劳动改造营，情况不详。

1944 年，目前有种说法这年的冬季因肺炎病逝。享年 50 岁

1989 年 5 月 19 日，苏联国家安全委员会为郭道甫平反昭雪。

不详，最终逝世于苏联劳动改营。

未了的心愿

——后 记

　　本书是珍藏在我心底多年的一个夙愿，而当自己全身心地投入写作之中时，内心却有一种说不出的愧疚感，作为郭道甫先生的孙女，从事哲学社会科学工作已 30 多年，怎么会到现在才动笔呢？理应在郭道甫诞辰 100 周年、110 周年时就加入研究郭道甫队伍之中，哪怕是写一篇纪念文章也好，是孙女对祖父的缅怀。而今这样说不是想为自己"迟到的研究"找借口，而是谈谈自己的实际情况：一是总感自己的研究水平和能力有限，担当不起这项研究重任，唯恐拿不出像样的成果奉献给读者；二是 1993—2013 年的 20 年间，对自己所从事的思想政治理论课的管理工作和自己的业务提升投入了太多的精力，我经常将自己形容为"追赶"型或"补课"型的一代：1966 年"文化大革命"发动时，自己正值小学 3 年级，3—6 年级基本就没有上课，叫停课闹革命。1970 年复课，就自然升到初中，初中 3 年，可以说是半工半读，在"备战备荒为人民"的口号下，课堂教学经常被校内搬砖、挖地道等劳动所取代，还会定期到郊区体验生活，好在初三最后一个学期的"查漏补缺"和高中阶段的强化学习有所补救，算是真正读了两年高中。其实当年有 1975 年恢复高考制度的说法，自己是 1975 年的应届高中毕业生，却因邓小平的再次被打倒，应届考大学的希望化为泡影。毕业干什么呢？当时绝大多数青年的毕业出路就是"到农村接受贫下中农再教育"，自己在家中排行老大，按当时高中毕业生留城政策是可以不下乡的。那个红色的年代倡导的美德是"吃苦耐劳"，自己就选择了到内蒙古巴盟农村锻炼，经历了三年的知青生活，成为我人生中一段特殊的经历，它奠定了我以苦为乐的性格。1978 年考入内蒙古师范大学历史系，算是"50 后"中的幸运者）。说到管理工作和专业提升，1993 年，是我人生的重大转变，由内蒙古自治区呼和浩特市调动工作到广西壮族自治区南宁市，地域跨度之大可想而知，一转眼在广西大学摸爬滚打 22 年，始终处于工作的巅峰期，全部精力都奉献给了广西高校思想政治理论课教育教学和广西大学行政管理、教学管理与学科建设。'太认真'是自己的'别名'，甚至可以说是有些'较真'。2010年 8 月因女性（年龄）的原因卸任广西大学政治学院院长兼马克思主义研究院院长职务，这时应投入郭道甫研究工作之中了，可 2005 年之后我一门心思要实现'博士梦'，想证明"50 后"是有决心和毅力的一代，女性更不能让人看扁了。2001—2003 年研究生班毕业，获得研究生学历；2007—2008 年一直参加博士考试（当时一年有两次考试的机会），2009年 3 月终于考上广西师范大学马克思主义学院的博士研究生，2009—2010年修学位课程，2010—2011 年集中精力完成了博士毕业论文的写作和"211"工程建设项目中国—东盟政治合作的研究的结题工作（"211"工程建设建设项目系列成果之一《中国—东盟妇女理论与实践研究》和博士论文《中国化马克思主义妇女理论与实践研究》，分别于 2011 年 12 月和 2012 年 12 月在中国社会科学出版社出版）。2011 年 12 月顺利毕业于广西师范大学马克思主义学院，获得了法学博士学位，实现了博士梦的追求。人不能选择出生年代，却可以选择拼搏与追求，也算用实际行动告慰祖父——郭道甫先生，我努力了！2012 年是我人生旅途中的又一个改变，犹如当年从遥远的内蒙古自治区跨区来到陌生的广西壮族自治区一样，经广西大学校领导的安排，从广西大学政治学院调动到所属的独立学院广西大学行健文理学院任思想政治理论课教学部主任，与之前广西大学政治学院院长的职责相比轻松多了，没有学科建设和繁重的创收任务，可以兼顾自己想要做的事情了，为了完成多年的写作心愿提供了时间上的保证。恰巧自己本科所学专业为历史学，至今从事中国近现代史教学的任务也有30 多年，由于专业的缘由，对中国近现代历史事件与历史人物情有独钟，研究郭道甫家世生平、革命实践与著作应是我分内的事。尽管在清史、民国史、民族学、边疆学的研究能力和学术水平有一定的距离，而尽一份自己的研究力量却是责无旁贷的。应检讨自己不能总以工作忙或研究水平的局限而拖延这项急迫而有意义的研究工作，只能通过自己的深入研究与辛勤写作实现"30 多年"的愿望——郭道甫研究著作的出版。

　　经过 26 个月的辛勤笔耕，《呼伦贝尔之子郭道甫：家世生平、革命实践与著作研究》一书终于完稿了，积压在心底多年的巨石终于落地了，而新的忐忑又接踵而来，当本书出版的时候读者能满意吗？它毕竟耗费了自己两年多的时间与精力，2013 年 1 月拟定了写作提纲（其实从最早收集资料算起，断断续续有 30 年的时间，要特别感谢我父亲的辛勤付出，他在世时只要得到相关资料都会寄给我，我便将它保存起来），2013 年 1—3 月完成了第一章、第二章的初稿，后因父亲生病住院，还有学院思想政治理论课教学部的工作耽搁了下来。2013 年 9—11 月又集中精力查阅了相关资料，特别需要熟悉清代边疆史、民国史及苏联 20 世纪 20—30 年代的历史事件与人物，研读了郭道甫的著作，同时将写作的基本框架和主要研究思路作了进一步的充实与完善。2014 年 1—2 月夜以继日，奋笔疾书，1 月一边照顾生病的父亲一边写作，父亲在病重的情况下，口述了得到郭道甫平反书的经过，成为珍贵的遗言。3 月因父亲的病逝写作工作暂放一段，而收获的是，在整理父亲的遗物时又发现了他在世时保存的相关资料，如获至宝。4 月下旬一回到南宁，学院又任命我为管理学部主任兼思政部主任，在管理工作任务加重的情况下，5 月进入了写作的攻坚阶段，6 月底重新审视了已有的文字稿，对写作提纲和思路再度作了调整，本想在 2014 年 7—8 月完成初稿，意想不到 8—9 月身体不适，影响了写作进度，10 月在身体有所好转的情况下再度冲刺，在加班加点的情况下，11 月底总算完成了初稿，12 月初却因劳累血压高住院了，不得不修养调理了一个多月。为了保证书稿的质量，2015 年 1—3 月在病情稍有缓解的情况下，仔细通读初稿，核对史料及注释，力求准确和文字上的润色等，直至定稿。

本书的研究思路：首先将已有的资料认真加以梳理，就民国时期相关历史资料做进一步的挖掘，在郭道甫生平研究现有资料的基础上希望有所突破，对他的著作细致地研读，对研究中涉及的 20 世纪 20—30 年代内蒙古地理、历史人物进行了考证，为民国历史人物的研究尽一份微薄之力。希望自己努力做到用辩证唯物主义和历史唯物主义的史学观和方法论，从收集资料入手，对历史事实深入细致地展开研究，尽可能地恢复历史的原貌，对郭道甫生平及所从事的革命实践活动及其著作做出客观、公正的评价，对事件中的是非曲直作进行分析与剖析，并将其著作放到国际视野中进行比较研究及解读，希望呈现给广大读者一位活跃在 20 世纪 20—30 年代中国、蒙古与苏联的民国历史人物——郭道甫先生。本书共分五章，第一章郭道甫国内外研究概况；第二章郭道甫家世与生平；第三章郭道甫革命实践活动；第四章郭道甫著作研究；第五章郭道甫与近现代历史人物。写作过程充满了挑战，郭道甫研究涉及清史与人物、民国历史与人物、东北少数民族历史与人物、边疆史、清朝至民国时期东北、西北地区地理沿革、苏联历史与人物研究、郭道甫著作中的历史事件与历史人物的考证等，越研究就越感到困难，它是对作者综合性研究能力的考验。虽说自己长期在高校从事中国近现代史的教学工作，可当面对这样一个选题时，感到自己的知识结构受到了局限，难度在于之前对清史、民国史、东北少数民族史、边疆史的研究薄弱，可以说是全新的研究领域，如果不是使命感的鞭策，不会有写作的坚持，可能中途就打退堂鼓了。每当碰到写作难题时常常告诫自己，这是一次学习和提升的经历。因此，丝毫不敢怠慢，一丝不苟，全力以赴。

目前，从相关资料来看，有一种说法，郭道甫1944年（50岁）病逝于苏联劳动改造营，如果事实真是这样的话，未了的心愿就是将郭道甫1931年12月11日之后的（包括逝世的准确时间和具体安葬地点）历史事实搞清楚，希望本书的出版能够推动这一愿望的实现！

感谢所有为郭道甫研究做出过贡献的专家学者，本书借鉴和吸收了你们的相关研究成果；感谢父母（听奶奶）口述的郭道甫家世的历史片段和出版经费的资助（遗憾的是我父亲阿日亚于2014年3月7日病逝，没有看到本书的出版）。作为郭道甫遗腹子的父亲，也曾想过为郭道甫撰写传记，离休后因哮喘病复发，长期靠卧床来缓解病情，我十分能体会到父亲心有余而力不足的无奈，10年来特别是近5年身体健康每况愈下，虽说他不能完成写作愿望却留下了许多可以引用的极其珍贵的研究成果和资料，作为女儿我今天替父亲完成了这个心愿，让父亲阿日亚在九泉之下可以瞑目了。每每想到父亲阿日亚我就泪如泉涌，他从小生活在一个没有父亲的家庭环境中，4岁时与祖父荣禄经历了复杂的政治环境与压力，荣禄逝世时阿日亚才13岁。而他15岁就参加了新中国成立前的土地改革，成为离休干部。中年后，特别是在"文化大革命"期间长期受到迫害，被抄家，受隔离。1970年内蒙古在唐山办了一个干部学习班，父亲也是其中一员，却因对当时极"左"的做法想不通，以沉默来对抗被定性为革命意志衰退，1971年学习班结束时受到了不公正的待遇下放内蒙古巴盟农村劳动改造。1974年落实政策回到原单位——内蒙团委，没想到政治待遇刚刚恢复，1975 年却又因长期的政治迫害造成的后遗症眼睛一度失明。阿日亚虽没见过自己的父亲郭道甫，却从他平时的言谈话语中倍感他对父亲是那样的思念，父亲阿日亚是一个多愁善感的人，特别晚年随着年龄的增长，始终有个心结伴随着他，就是在世时没有搞清楚爷爷郭道甫的下落，即 1934 年后的情况）；感谢内蒙古达斡尔学会多年出版的多期研究文集；感谢姑姑奥登挂研究员所编的《郭道甫文选》，她在 84 岁高龄时完成《郭道甫文选》编辑和出版工作，为所有读者所敬佩；感谢姑姑伊敏教授提供的相关资料（我父亲在世时寄给他的，整理遗物时发现）；感谢斯日姐姐的相关回忆，感谢妹妹苏尼日的支持；感谢儿子张默的支持；感谢所有亲属与家人的支持；感谢内蒙古大学公共管理学院赵秀娥博士对三个重要资料的查阅与核实；感谢广西财经学院黄家周博士、副教授百忙中参与本书的校对工作；感谢中国社会科学出版社王茵博士、喻苗编辑，长期有力地支持与帮助，《呼伦贝尔之子郭道甫：家世生平、革命实践与著作研究》一书终于与广大读者见面了。因研究水平和写作能力有限，书中疏漏与不足之处在所难免，敬请有关专家学者及广大读者批评、指正、见谅。

乌尼日

2015 年 3 月 7 日

于广西大学坚韧书屋